料など、初めてクラス担任になった保育者が手にして、すぐに役立つ保育資料がたくさんあります。

　折しも、平成30年4月から、改訂（定）された幼稚園教育要領、保育所保育指針、幼保連携型認定こども園教育・保育要領が実施されます。これらでは、3歳児、4歳児、5歳児については、5領域のねらい及び内容、更に「幼児期の終わりまでに育ってほしい姿」が共通に示されています。特に、3歳児、4歳児の保育では、同じ年齢のクラスでも、集団生活経験や一日の生活のリズムが異なることに配慮しつつ、個の育ちと集団の育ちを見通した保育を展開しながら、一人ひとりに応じていくことが大切です。いずれの施設においても、幼児教育の質保証が一層期待されています。

　多くの保育者が、本書を活用し、自信と誇りをもって、よりよい保育を創っていくことを願っています。

監修　神長美津子

# 保育のきほん

大切にしておきたい要領、指針、教育・保育要領のことを分かりやすく解説しています。

### 保育のきほん

| | |
|---|---|
| 環境を通した保育 | 5 |
| 資質・能力 幼児期の終わりまでに育って欲しい姿 | 6 |
| 5つの領域 | 8 |
| 養護 | 10 |
| 計画・評価 | 11 |

### いろいろポイント

| | |
|---|---|
| 健康　食育 | 12 |
| 安全　子育て支援 | 13 |
| 専門性　認定こども園 | 14 |
| おさえておきたい基本の病気 | 16 |
| 子どもの症状を見るポイント | 17 |
| 防災のための注意点 | 18 |

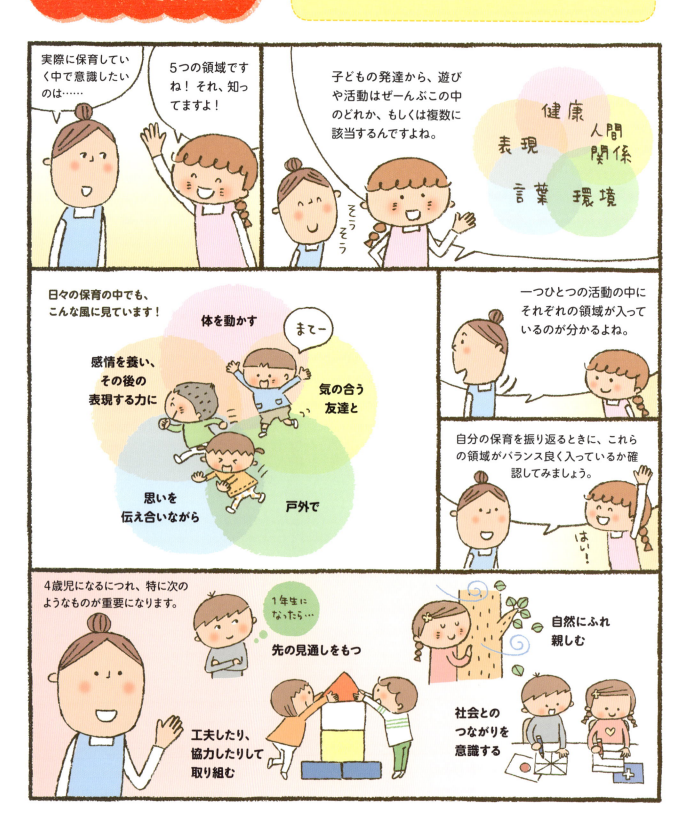

保育のきほん　5つの領域

0歳児では、養護を基盤に身体、社会、精神の3つの視点に大きく分けています。安定した中で子どもが自分から周りの環境に関わっていくことを大切にしています。

1歳以上3歳未満児では先ほどの「5つの領域」と同じですが、よりその年齢に合った形になっています。やはり保育者との関わりの中で、育んでいくことを目指しながら、ねらいが編成されていることを覚えておきましょうね。

## 養護

養護の理念では、保育者が行なう援助や関わりを、「生命の保持」と「情緒の安定」に大きく分けて構成されています。保育所保育を通じて、養護と教育の一体性がうたわれています。

### 環境に気を配ろう

　保健的で清潔・安全な保育環境は欠かせません。保育室・衣類・寝具などが衛生的に保たれるよう気を配りましょう。また、子どもが主体的に活動できるような環境をつくっておくことも養護の理念につながります。休息できるような場を整えておくことも大切です。

### 受容的な援助を心掛けよう

　子どもは、身近にいる大人から受け止められ、認められることで初めて自分を十分に発揮して周囲の環境に関わっていくことができます。そのため保育者には、常に子どもの思いを受け止めながら、それに対する関わりが求められます。一日の生活の流れを見通して、静と動のバランス良く活動できるように調整することも大切でしょう。

# 計画・評価

計画をつくり、それをもとに保育を行ない、評価していく中で保育の改善を重ねていく必要があります。

## 保育者一人ひとりが保育の振り返りをしよう

　まずは保育者一人ひとりが立案し、行なった保育を振り返ることから始めましょう。その過程で、子どもへの理解を深めます。肯定的な視点で子ども一人ひとりの良さを認め、また自らの保育の改善点を把握しましょう。

## 保育者間で共有しよう

　職員間でも振り返りを行なってみましょう。そうすることで、互いの理解と協働性が強まります。その保育の見直しが、日々の指導計画の見直し、ひいては全体的な計画の改善へとつながっていきます。

保育のきほん　養護／計画・評価

## いろいろポイント

幼稚園・保育園・認定こども園、どんな施設であっても、
知っておきたいポイントについて大切なところを確認しておきましょう。

### 健康状態の把握から始めよう

　子どもの生命を守ることと、心の安定を保つことは保育の基本です。養護の考え方にも重なる部分なので、まずはその認識をもちましょう。

　子どもの発達の状態と、日々の子どもの健康状態を確認することは重要です。0・1・2歳児の場合には、睡眠時の観察も十分に行ない、安全な午睡環境の提供にも努めましょう。

### 日々の生活で、「食」を楽しいと思えるように

　日々の食事や野菜の栽培、収穫した食材での調理などの経験を通じて、食べることを楽しいと思えるようにすることが食育の大きな意義です。領域「健康」とも密接な関連性があることを意識しながら、日々の生活と深く関わっていることに配慮しましょう。伝統的な食文化を扱う際には、栄養士や調理師など多様な人々と連携することも考えましょう。

# 安全

## 事故や災害に備えるための危機管理対策をしよう

保育者は、保育環境の整備や、職員間での打ち合わせなどを通して、日常の安全管理に留意する必要があります。また、ただ子どもから危険な物を排除するのではなく、子ども自らが危険と判断して回避できるような援助も重要です。災害の際は、引き渡しの配慮なども含め、様々な事態を想定しておきましょう。

# 子育て支援

## 保護者と子どもの育ちを喜び合おう

まずは子どもの育ちを保護者と共に喜び合えるようにしましょう。保育者の側から押し付けるのではなく、保護者の主体性や自己決定を尊重しながら、子育ての支援をできるようにしましょう。園の保護者には連絡帳や登降園時の会話、行事などを通して子どもの育ちを知らせます。地域の未就園児に対しては親子遊びの講座や給食参観などを開いたりすることも子育て支援の一つです。

保育のきほん

健康／食育／安全／子育て支援

## 専門性

### 研修を通して知識・技能の向上を図ろう

　保育の場では、管理栄養士や看護師含め、たくさんの職種の人が働いています。保育者として、子どもとの関わり方や保護者に今行なっている保育を十分に説明できるようにするといった、コミュニケーション力やプレゼンテーション力を向上させましょう。

　また、そのためには同僚と行なう園内研修をはじめとした学びの場や、外部での研修に積極的に出向くことも大切です。

## 認定こども園

### 多様な背景の子どもたちに配慮しよう

　登園時間、在園時間、入園した時期や在園期間の違いによる園生活の経験など、認定こども園では多様な背景をもつ子どもたちが在園することが、これまで以上に増えてきます。特に安全の確保や1日の生活のリズムを整えるよう工夫することが大切です。子ども一人ひとりと信頼関係を結び、生活が安定に向かうためにも保育者間での情報の共有などを大切にしましょう。

### ① アプローチできる物を増やしてみよう

子どもの思いに応える際、保育者の教材などへの知識が多いほど、より寄り添ったものを選ぶことができます。素材の良いところや特徴を把握しておきましょう。

### ② 環境について、見える物を増やそう

環境に危険な物がないかどうか、子どもの発達に沿っているかなどはただぼんやりと見ていてはなかなか見えてこないもの。他の保育室も参考にしながら気付きを増やしましょう。

### ③ 子どもの声を聴こう

保育を組み立てるうえで必要な興味・関心は日々の子どもの声に耳を傾けるところから始まります。

保育のきほん　専門性／認定こども園

# おさえておきたい 基本の病気

園でよく流行する感染症について、その症状と予防・拡大防止のために必要なことをまとめました。

## インフルエンザ

**症状**：感染後1～4日間の潜伏期を経て高熱が3～4日間続きます。全身の倦怠感や関節痛、筋肉痛、頭痛が伴い、咽頭痛、鼻汁、せきなどが出ます。一週間ほどでよくなります。

**予防・拡大防止策**
**ワクチンの接種**：乳幼児ではワクチンの有効性が低いので2～4週間あけて2回の接種が望まれます。
**マスクの装着**：患者発生時は全員がマスクの装着を心掛け、せきやくしゃみの際には人に向かってしないことを徹底しましょう。
**手洗い・消毒**：手洗いなどの手指衛生を心掛け、またつばなどの体液がついたものを中心にアルコールによる消毒を行ないます。

## 麻しん

**症状**：38℃以上の高熱、せき、鼻汁、結膜充血、目やにが見られます。熱が一時下がってから再び高くなり、耳後部に赤みが強く少し盛り上がった発しんが現れます。

**予防・拡大防止策**
**ワクチンの接種**：入園前の健康状況調査で、ワクチンの接種歴を確認します。未接種の場合には接種を強く勧めましょう。解熱した後は、3日を経過するまで登園を避けるように保護者に依頼します。

## 腸管出血性大腸菌感染症

**症状**：激しい腹痛とともに、頻回の水様便や血便の症状があります。発熱は軽度です。血便は初期では少量の血液の混入で始まりますが、次第に血液の量が増加し、典型例では血液そのものといった状態になります。

**予防・拡大防止策**
**食材の管理**：適切な温度で食材を保管したり、十分に加熱調理をしたりして、衛生的な取り扱いに留意します。
**手洗いの励行**：接触感染の対策として最も重要です。日頃から心掛けましょう。

## ノロウイルス

**症状**：潜伏期間は12～48時間で、嘔吐、下痢、腹痛、発熱などの症状が出ます。通常3日以内に回復します。嘔吐、下痢が頻繁の場合、脱水症状を起こすことがあるので尿が出ているかどうかの確認が必要です。

**予防・拡大防止策**
**別室への移動**：感染を防ぐために、換気しながら周りの子どもたちを別室に移動させます。職員は速やかに汚染物を処理します。
**消毒**：次亜塩素酸ナトリウム0.02％（糞便・おう吐物の場合は0.1％）で消毒します。バケツ、手袋、エプロン、使い捨ての雑巾やペーパータオルなどはひとまとめにしてあらかじめ準備します。

参考：2012年改訂版 保育所における感染症対策ガイドライン（厚生労働省・平成24年11月）

# 子どもの症状 を見るポイント

毎朝の健康チェックの際、異状があるかどうか気を付けておきたい主要な箇所です。

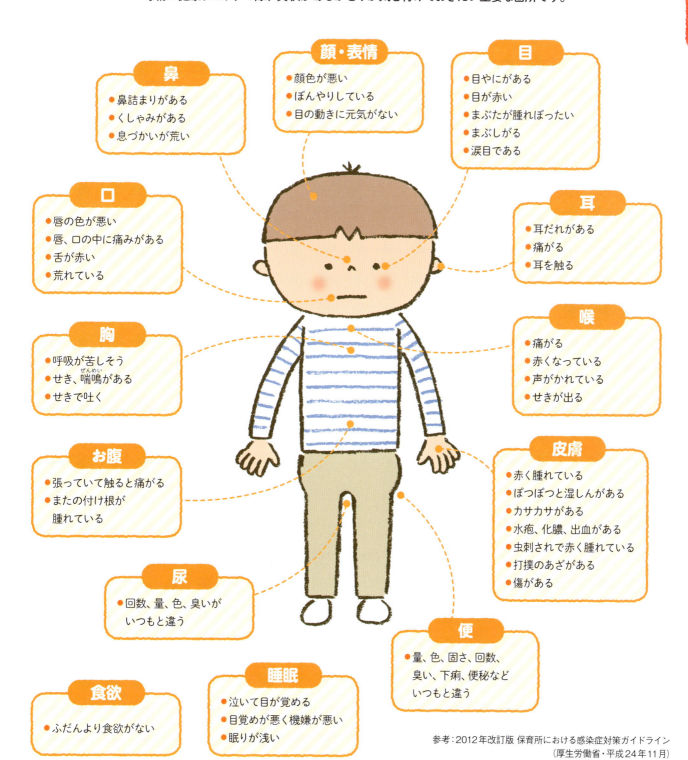

**鼻**
- 鼻詰まりがある
- くしゃみがある
- 息づかいが荒い

**顔・表情**
- 顔色が悪い
- ぼんやりしている
- 目の動きに元気がない

**目**
- 目やにがある
- 目が赤い
- まぶたが腫れぼったい
- まぶしがる
- 涙目である

**口**
- 唇の色が悪い
- 唇、口の中に痛みがある
- 舌が赤い
- 荒れている

**耳**
- 耳だれがある
- 痛がる
- 耳を触る

**胸**
- 呼吸が苦しそう
- せき、喘鳴がある
- せきで吐く

**喉**
- 痛がる
- 赤くなっている
- 声がかれている
- せきが出る

**お腹**
- 張っていて触ると痛がる
- またの付け根が腫れている

**皮膚**
- 赤く腫れている
- ぽつぽつと湿しんがある
- カサカサがある
- 水疱、化膿、出血がある
- 虫刺されで赤く腫れている
- 打撲のあざがある
- 傷がある

**尿**
- 回数、量、色、臭いがいつもと違う

**便**
- 量、色、固さ、回数、臭い、下痢、便秘などいつもと違う

**食欲**
- ふだんより食欲がない

**睡眠**
- 泣いて目が覚める
- 目覚めが悪く機嫌が悪い
- 眠りが浅い

参考：2012年改訂版 保育所における感染症対策ガイドライン
（厚生労働省・平成24年11月）

保育のきほん

おさえておきたい基本の病気／子どもの症状を見るポイント

# 防災 のための注意点

持ち出しグッズや注意事項など、災害時の被害を少しでも減らせるようなポイントです。

## 持ち出しグッズはこれ！

- クラフトテープ
- 紙
- フェルトペンなど筆記用具
- 軍手
- お尻拭き
- 紙オムツ
- ウェットティッシュ
- バスタオル
- ビニール袋・ゴミ袋
- ホイッスルライト
- お菓子
- 着替え
- ミネラルウォーター

### 保護者と共通で認識しておきたい事項

　災害のときには何かと想定外のことが起こります。引き渡しの方法や緊急連絡先も、祖父母や、近隣の住民など、保護者以外の場合も考えておく必要があります。また避難先についても、認識を共有しておきましょう。

### 避難訓練の注意事項

　雨の降っている日など、いつもと違う状況での避難訓練も想定しておきましょう。保護者と連携した引き渡し訓練も経験しておく必要があります。また、アレルギーをもつ子どもにも配慮が必要です。

# 4歳児保育のきほん

生活と遊び両面の子どもの発達と、
指導計画の書き方の基本を解説しています。

- 0〜5歳児の発達を見通そう　編集／『月刊 保育とカリキュラム』編集委員
- 発達と生活・発達と遊び　監修・執筆／塩谷 香（國學院大學特任教授、NPO法人「ぴあわらべ」理事）
- 指導計画のきほん　監修・執筆／神長美津子（國學院大學教授）

※発達と生活・発達と遊びは、『月刊 保育とカリキュラム』2015年度の連載「0〜5歳児　発達と保育」に加筆・修正を加え、再編集したものです。

# 0〜5歳児の発達を見通そう

担当する年齢の発達に加え、0〜5歳児の発達過程を見通し、日々の保育や指導計画の参考にしましょう。

※全ての子どもにあてはまるというわけではありません。

## 0歳児 / 1歳児 / 2歳児

### 発達の過程
※柴崎先生による

**0歳児**　特定の保育者との情緒的なきずなが形成され、寝返りやお座りができるようになる。周囲の環境に自発的に興味を示すようになり、手を伸ばして触り、口に持って行くようになる。また自分の気持ちを、表情や喃語などで表現する。

**1歳児**　一人で歩き始めるようになり、自分から周囲の環境を積極的に探索するようになる。親しい保育者には簡単な言葉を用いて要求や思いを表現するようになるが、知らない人に対しては人見知りもする。また物を見立てて楽しむようになる。

**2歳児**　手指や体の運動能力が向上し、生活習慣を自分から進めていこうとする。だが自我の芽生えや言葉の発達に伴い、自己主張も強くなり友達との物の取り合いが多くなる。また好きなヒーローなどになり切る遊びが盛んになる。

### 子どもの姿

#### 0歳児

**ごくごく飲んで、ぐっすり眠る**
生活リズムが大切にされることで、生理的欲求、依存的欲求が満たされ、生命の保持と生活の安定が図られます。清潔で気持ちの良い生活をします。

**だっこ 大好き**
だっこでにっこりと見つめ合ったり、笑顔を交わしたり、優しく話し掛けてもらったりなど、特定の保育者との愛情豊かで応答的な関わりにより、情緒が安定します。

**手足ぐんぐん・伸び伸び**
首が据わり、寝返り、腹ばいなど、全身の動きが活発になり、自分の意思で体を動かそうとします。

**なんでも、口で試してみたい**
オッパイを吸って、たっぷり口唇の力を使います。気になるものがあると、すぐに口元へ持って行き、口の中で感触を確かめ、試してみようとします。

**ねえ、ねえ、こっち見て・喃語**
泣く、笑う、喃語を発するなどで、自分の欲求を表現して、特定の大人と関わろうとするようになります。

**おんも（お外）、大好き！**
安心できる人的・物的環境の下で、見たり触ったりする機会を通して、周りの環境に対する興味や好奇心が芽生えてきます。

**先生がいるから遊べるよ**
保育者に見守られて、玩具や身の回りのもので一人遊びを十分に楽しむようになります。

#### 1歳児

**おいしく食べて、よく眠り**
楽しい雰囲気の中で、食事、間食をとるようになり、自分で食事をしようとするようになります。安全で健康な環境の中、生活リズムが大切にされ、安心して睡眠をとります。

**わーい、歩けた**
立って歩き、自分からいろいろな環境に関わろうとするようになります。

**自分で、自分で**
安心できる保育者との関係の下、食事、排せつ、衣服の着脱などの身の回りのことを通して自分でしようとする気持ちが芽生えます。

**なんだろう**
手先・指を使って、物のやり取りをしたり、玩具を触ったりなど、探索活動が活発になります。

**「マンマ」「マンマ」片言でお話し**
応答的な大人との関わりにより、指さし、身ぶり、片言などを使って、自分の気持ちを伝えようとするようになります。

#### 2歳児

**よいしょ よいしょ 楽しいね**
またぐ・くぐる・走る・よじのぼる・押すなど、全身を使う動きや、つまむ・丸める・めくるなどの手や指を使うことができるようになり、それを遊びとして楽しむことができるようになります。

**なんでも「ジブンデ」するの**
大人に手助けされながら、食事・排せつ・着替えなど、簡単な身の回りのことを自分でしようとします。「ジブンデ」と、よく言うようになります。

**まねっこ、大好き**
周りの人の行動に興味を示し、盛んにまねたり、歌ったりするようになります。○○になったつもりの遊び・見立てる遊びが盛んになります。

**「なんで?」「これなあに?」**
挨拶や返事など、生活に必要な言葉を使ったり、「なんで?」などの質問が盛んになったりします。繰り返しのある言葉を喜んだりもします。

## 3歳児 / 4歳児 / 5歳児

### 4歳児保育のきほん
### 0〜5歳児の発達を見通そう

| 3歳児 | 4歳児 | 5歳児 |
|---|---|---|
| 生活習慣が次第に自立するようになる。気の合う友達と一緒の遊びが盛んになり、お店屋さんごっこやヒーローごっこなどのごっこ遊びを楽しむようになる。また言葉への関心が強くなり、新しい言葉や直接体験を通した知識を積極的に取り入れていく。 | 幾つかの動きを同時にできるようになり、思い切り走る、ボールを蹴る、回転するなどの動きに挑戦するようになる。友達と言葉により気持ちや意思を伝え、一緒に遊びを進めるようになる。また様々な表現を楽しめるようになる。 | 基本的な運動や生活習慣が身につき、生活や遊びを仲間と協調的に進めていくことができる。友達と協同的な集団活動を展開できるようになり、自分の思いを言葉や様々な方法で表現できるようになる。 |

## 健康

**【3歳児】見て見て自分で…**
食事、排せつ、衣服の脱ぎ着、清潔など、基本的生活習慣がほぼ自分でできるようになり、認めてもらって自信をもち始めます。

**【4歳児】何でもひとりでするよ**
身の回りの始末はほとんど自分でできるようになり、生活の流れに見通しがもてます。

**【4歳児】こんなに動けるよ**
全身のバランスがとれて、体の動きが巧みになり「〜しながら〜する」というふたつの動きを同時にでき、片足跳びやスキップができます。

**【5歳児】園が楽しい**
基本的な生活習慣が自立し、見通しをもってみずから健康で安全な生活（食事を含む）を楽しむようになります。年長児として、年下の子どもをいたわるようになります。

**【5歳児】動いて、元気！先生より跳べるよ！**
目と手と体の全ての部位が自由に動かせるようになり、複合応用運動ができます。

## 人間関係

**【3歳児】「いれて」「だめよ」**
初めての集団生活の中で、人と関わることが楽しくもあり、戸惑ったり葛藤したりする姿もあります。

**【3歳児】お友達大好き**
自我が芽生え、大人との関係から次第に周りの人のことが分かるようになって、友達に興味をもち始め、気の合う友達と遊び出します。

**【4歳児】どうぞ、いいよ…**
友達の思いに気付き「〜だけど〜する」という自分の気持ちを抑えて我慢をしたり、譲りができるようになってくる反面、抑えがきかずトラブルも起きます。

**【5歳児】みんなと一緒に！**
友達同士の仲間意識ができ、集団を意識するとともに友達のよさに気付きます。また、規範意識が高まり、決まりや時間配分をつくり、園生活を自主的に送ろうとします。

**【5歳児】そうだ そうだ わかるよ**
友達の気持ちや立場が理解でき、他者から見た自分も分かるようになり、葛藤しながら共感性が高まって、協同しつつ共通の目標に向かう姿が見られます。

## 環境

**【3歳児】何でも触って…**
土、砂、水などの自然物や、身近な動物、昆虫などに関心をもち、怖がらずに見たり、触れたりして、好奇心いっぱいに遊びます。

**【4歳児】やってみたい！**
新しい活動にも取り組めるようになり、試す・工夫する・頑張ろうとするなどの気持ちが見られるようになります。

**【5歳児】なにか おもしろそうだな**
日常生活の中で、数量、図形、記号、文字、磁石などへの理解が深まり、比べたり、数えたり・科学遊びをしたりして興味をもって関わります。

**【5歳児】みんな命があるんだね**
動植物の飼育栽培など、様々な環境に関わる中で、友達の違う考えにふれて新しい考えを生み出したり、命の大切さが分かったりするようになります。

## 言葉

**【3歳児】おしゃべり大好き**
自分の思いを言葉にできることを楽しむ姿が見られます。

**【3歳児】「わたし」「あなた」**
イメージが豊かになり、ごっこを好み、言葉によるやり取りを楽しむ中で「わたし」などの一人称や、「あなた」などの二人称を使えるようになって喜んで遊びます。

**【4歳児】右足には右の靴だよ**
自分の位置を基準にして、上下、左右、前後、遠近が分かるようになり、物を分別したりグループ分けができるようになったりします。

**【4歳児】「どうして？」**
身近な自然など、興味をもったこと、疑問に思ったことの理由を尋ねたり、試したり、質問したりするようになり、自分のイメージをもって話すようになります。

**【5歳児】黙って考えてるの**
一人言が少なくなり、自分の行為、計画を頭の中で思考するようになり、言葉で自分をコントロールするようになります。落ち着いて人の話が聞けるようになります。

**【5歳児】言葉遊びができるよ**
語彙が増え、想像力が豊かになるとともに、日本語の仕組みに気付き、しりとり遊びや逆さ言葉で遊んだり、伝える喜びを感じたりするようになります。

## 表現

**【3歳児】ウサギさんぴょーん**
ウサギになって2拍子で跳んだり、ギャロップでウマになったり、リズムを聞き分けて身体で表現したり、盛んに歌うようになります。

**【4歳児】こんなのできたよ**
自分なりのイメージをもって、身近な素材を使って、描いたり作ったりするようになり、感じたこと、考えたことを表せるようになります。

**【5歳児】自分で作ったよ**
生活の中での感動によりイメージを膨らませたり、友達の表現にふれたりして、自己表現をしようとするようになります。

**【5歳児】みんなで作ったよ**
友達と共通のイメージや目的意識をもって、素材や用具を適切に使い、共同でさまざまな表現をするようになります。

（保育年数により経験差が見られる時期ですので、広く捉えてください）

# 発達と生活

自分のことは自分で、という態度も定着し、頑張ってやろうとしますがおっくうになってしまうこともあります。生活習慣の意味をしっかりと知らせるようにします。

## 発達の流れ　生活

### 4歳

- 尿意を感じたら自分でトイレへ行く

- クッキングを喜んでする

- 配膳の位置が理解でき、正しく並べることができるようになる

## 保育のポイント　環境・援助

### 排せつの自立へ（排便の後始末が一人でできるように）

🔊 こんなことばがけを

「紙に何も付いてなかったら拭けているよ」

**援助のポイント**
初めは後ろまで手が届かないので一緒にやってあげましょう。

**子どもには**
後始末の仕方を丁寧に教えていきましょう。

**トイレの環境構成**
ホルダーに「紙を切る長さ」のリボンを結ぶと良いでしょう。

- - - - - - - - - - - - - - - - - - - - - - - -

★ **決まったタイミングで声掛けを**

戸外遊びや散歩の前後など、活動が切り替わるときに声を掛けましょう。

散歩に行く前にトイレに行きましょう！

---

**拭き方**　特に女児の排尿後は前から後ろに向けて拭き、排便後は後ろに手を回して後ろへ拭きます。

**トイレットペーパーの使い方**

左手でホルダーを押さえながら右手でちぎります。

- 1日の生活におおよその見通しをもって行動できる
- しっかりかんで食べようとする
- 箸を使って食べられるようになる
- 苦手な物も体によいことを理解して、少しは食べようとすることもある
- 大便後の始末、女児の小便後の始末が大人の介助なしでできるようになる
- 生活の見通しをもって自分で排便、排尿ができる

**4歳児保育のきほん　発達と生活／4歳**

## 一人ひとりが見通しをもって

🔊 **こんなことばがけを**

起きたら〇〇しようね

**子どもには**
休息の意味を伝えながら子どもが自分から行なえるようにしていきます。

**援助のポイント**
なぜ休むことが必要なのか分かりやすい言葉で伝え、生活の見通しがもてるようにします。

**環境構成のポイント**
午睡の支度や片付けなど、自分でできるような方法を考えます。

**保護者には**
生活の見通しをもたせる意味について園と家庭で話し合っていきます。

お手伝いを進んでやってくれます。おうちでも〜ちゃんきっと大張り切りでやりますよ！

### ⭐ 主体的にトイレに行けるように

食事前や活動前に自分でトイレに行けるようにスケジュールを伝え、習慣づけましょう。

もうすぐ給食の時間です

### ⭐ 生活しやすいことを伝える

片付けて整理されている状態がクラスとしても気持ちが良いこと、次に使いたいときに誰もがすぐに使えることが暮らしやすいということに気付かせていきましょう。

気持ち良いね

## 発達の流れ｜生活

- 午睡をしなくなる子どもは、静かに休息をとる

- 午睡時の着替え、目覚めの身だしなみが一人でできるようになる

- 午睡の準備や後片付けが自主的にできる

## 保育のポイント｜環境・援助

### みんなで気持ち良く生活する

🔊 こんなことばがけを

「どっちが良いと思う？」

**子どもには**
いろいろな機会に生活の場を整えることの必要性に気付くことができるように声掛けをします。

★ **整理整頓の意味や必要性を知る**

用具や玩具を片付けやすくする工夫をしましょう。細かい物も箱や牛乳パック、容器などに入れていくなど子どもたちが自分でできる形態にします。

「ほかの人もすぐ使えるからいいね」

★ **絵で表示して自分でできるように**

手洗いの順番待ちやスリッパを並べておくために、足形を貼るなど、絵表示も有効です。

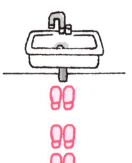

- 右利き、左利きが定まってくる
- 時間をかけると服のボタンが留められる

- 不安なときなどに気持ちの切り替えをしようとする
- 靴の左右を正しく履く

- 自分で歯磨きをする

## 健康の大切さを理解する

**こんなことばがけを**

風邪のバイキンをやっつけるにはどうしたらいいのかな？

**子どもには**
ふだんのことばがけで、清潔さが自分の健康につながることに気付かせていきましょう。

### ★ 清潔さと健康を関連して考えられるように

● **毎日の生活習慣と健康について考える機会をつくる**
清潔ばかりではなく、食事や睡眠など生活習慣が身につくことで健康につながるということをタイミングを見て話します。

● **絵カードや掲示物**
なぜ清潔が健康に大事なことなのかを説明する絵カードや、トイレや手洗い場に手洗いの方法の掲示物を表示するなど、視覚的な方法が有効です。分かりやすく、大きく書かれた物がよいでしょう。

## 手の正しい洗い方

※就学前の完成は難しいです。家庭と協力しながら子どもたちの様子を見て、意識できるよう、絵カードを使ったりことばがけを工夫したりして行なってみてください。

**❶腕まくり**
袖がぬれないように腕まくりをし、水で手をぬらします。

**❷手のひらと甲**
せっけんを手のひらに乗せ、泡立て、手のひらと甲を洗います。

**❸爪の間**
爪の間を洗います。

**❹指と指の間**
指と指の間を洗います。

**❺親指**
親指を洗います。

**❻手首**
手首を洗います。

**❼洗い流す**
水でせっけんを洗い流します。

**❽拭く**
自分のタオルで手を拭きます。

4歳児保育のきほん　発達と生活／4歳

## 発達の流れ｜生活

**4歳**

- 自分の状態と切り離して物事を一般化して考え、解決方法を考えられるようになってくる
- 他者の目を意識するようになる

- 友達と会話をしながら物事に取り組む

- 友達と主張がぶつかると、自分の気持ちを言葉で説明したり、相手の言い分を聞こうとしたりする
- ルールの大切さが理解できるようになってくる

## 保育のポイント｜環境・援助

### 一人ひとりに合わせた睡眠を

**睡眠の援助のポイント**
個人差があるので、無理に寝かせないように配慮します。

**保護者には**
睡眠の状況で子どもの体調が変わることを知らせましょう。

**こんなことばがけを**

**子どもには**
眠る意味と大切さを伝えつつ、一人ひとりの気持ちも大切にしながら、より良い睡眠につなげていきましょう。

**睡眠の環境構成**
畳やマットを敷く、クッションを用意する、静かにBGMを流すなどリラックスできる環境をつくりましょう。

### ★ 休息の大切さを理解できるように

子どもは疲れを忘れて遊んでしまいがちなので、園にいる間はなかなか休息しようとしないのが普通です。自分の健康を守るために、就学前には休息の大切さを理解できるよう、教材を使いながら説明するなど工夫しましょう。

**保護者との共有**
**休息の大切さを伝えましょう**
4歳にもなると、子どもの生活をあまり考えなくなる保護者も出てきます。遠出をして疲れを残したまま登園するようなこともあるので、休息する大切さを保護者に伝えていきましょう。

### ★ 4歳頃の睡眠は…

●**個人差が表れてくる**
体力と共に、休息の必要性にも差が表れてきます。長時間、園で過ごす子どもは、特に睡眠不足にならないよう注意しましょう。

●**強制しない**
眠くならない子どもには、「寝なくてもいいから静かにしていようね」などと、眠らなくても静かに遊ぶことを約束します。あまりエネルギーを必要としない、少人数で遊べるものを工夫しましょう。

## 5・6歳

- 生活の見通しをもって自分で排便、排尿ができる
- ドアを閉めて排せつする
- トイレの水を流す、手を洗う、スリッパをそろえる、ドアをノックするなどのマナーが身につく
- 食べ物と体との関係、食べ物の命を感じるようになる
- 苦手な物も体に良いことを理解して、食べようとする
- マナーをわきまえて、決められた時間内に食べる

### 衣服の調節ができるように

🔊 **こんなことばがけを**

**子どもには**
衣服の役割や効果を意識するようなことばがけを心掛けていきましょう。

「きれいな服に着替えると気持ち良いね」

#### ★ 衣服と衛生の関係を伝える
衣服には体内から排出する分泌物を繊維で吸い取る働きがあります。汚れたら着替えて新陳代謝を助ける必要があることを伝えていきましょう。

#### ★ 季節との関係を意識させる
日本には四季があります。暑くなれば涼しい服を着て、寒くなれば重ね着をして体温を調節する必要性を伝え、意識させます。

#### ★ 活動に合わせることを伝える
衣服は体を守ります。運動や遊びなど体を十分に動かすときには、伸縮性のある服、軽い服を着ると良いことを伝えましょう。

**保護者との共有**

**衣服の知識を家庭と共有しましょう**
衣服は健康な体を守る必需品ですが、同時に着こなしや、社会的なマナーなどの観点からも生活に欠かせないものです。家庭でもそのような視点をもって援助に協力してもらうよう伝えましょう。

### ひもの結び方
**ちょう結び**

❶ひもを1回結んでから、下から出ているほうのひもで輪を作ります。他方のひもを輪の根元手前から後ろへ1周、回します。

❷根元にできた小さな輪の中に、1周したひもを輪にして引っ張り、チョウの形にします。

**援助のポイント**
輪を作ったり、輪に絡ませたりするときは、「ゆっくりやっていいんだよ」などと言葉を掛けましょう。

---

4歳児保育のきほん　発達と生活／4歳〜5・6歳

## 発達の流れ ／ 生活

- 着替え、手洗い、トイレ、整とんなどの基本的な生活習慣が身につく
- 体温や環境に合わせて、自分で衣服の調節をする

- 必要な子どもだけが午睡をする（ほとんどの子どもが昼寝をしなくなる）

- 年下の子どもに、直接手を取る、お手本をやって見せるなどして教えることができる

## 保育のポイント ／ 環境・援助

### 友達と教え合いながら

**🔊 こんなことばがけを**

**[子どもには]**
後ろ姿など自分では確認できないところを友達同士で確認するなども促していくと効果的です。

（保育士）「後ろはお友達が見て教えてあげてね」

**[保護者には]**
できていないところは保護者が教え、自分で直せたら褒めるようにお願いします。

うまくできたら「かっこいい」って褒めてあげてくださいね

---

### ★ 友達同士で教え合うために

● **鏡を使う**
鏡を用意し、保育者が「シャツはきれいにズボンの中にしまおうね」と言って教えます。鏡を通して、友達同士で教え合い、助け合いができるような環境にしていきます。

● **積極的に褒め合うように**
子どもたちが教え合って確認しているときに、保育者が率先して子どもたちを褒め、みんなで助け合う雰囲気をつくっていきます。

### ★ 年下の子どものお世話をする

年下の子どもに対して着脱のお世話やお手伝いをすることで、自分の着脱が上手になるとともに、思いやりに気付きます。保育者がそばについてサポートしましょう。

**[保護者との共有]**
**子ども任せにしないように**
自分のことが自分でできるようになると、つい子ども任せになりますが、服の着方や靴の左右が違うことがあります。家庭でも時々確認してもらうよう伝えましょう。

---

### 衣服の脱ぎ方・着方

**脱ぐ**

❶袖口を持ち、腕を中に引き入れます。反対の腕も同様に。

❷両手で服の裾を肩の高さまで持ち上げ、襟首と衣服を持ち上げて、抜きます。

**着る**

❶服の裾を持って頭からかぶって顔を出し、袖から片腕ずつ出します。

❷裾を引っ張り下ろして、衣服を整えます。

**[着るときの援助]**
前身頃を下にして置いたり、前身頃を向こうにして持ったり、後ろ前にならないよう声を掛けて成功感をもたせます。

- 友達のエプロンのひもを結ぶ
- 汗をかいたらハンカチで拭く
- 決まりや遊びのルールなどを自発的に守るようになる
- 自分の身の回りの清潔、清掃、身だしなみに注意をする

- 1日の生活におおよその見通しをもって行動できるようになる

- 子どもたちで相談しながら、物事を進めていける場合がある

**4歳児保育のきほん　発達と生活／5・6歳**

## みんなでの生活の中で

🔊 **こんなことばがけを**

「どうしたらきれいに片付けられるかな？」

**子どもには**
「みんなでの生活」を意識させる言葉を掛け、集団生活の場が清潔で心地が良いことを感じられるようにしましょう。

### ⭐ 集団生活の中で意識を養う

● **マナー**
きれいにすることは、みんなが気持ち良く生活するために必要なことだと伝えましょう。意識が育ってくると、相手に不快な思いをさせないためのマナーも身についていきます。

● **友達との協力**
友達同士で掃除や片付けをした後、きれいになったことを確認し合うなど、子どもたちが主体的に取り組めるようにしていきます。

## 歯の正しい磨き方

※就学前の完成は難しいです。家庭と協力しながら子どもたちの様子を見て、意識できるよう、絵カードを使ったりことばがけを工夫したりして行なってみてください。

### 前歯の正しい磨き方

● **平らな部分**
1本ずつ、歯の表面に並行になるようにブラシを立てて磨きます。

● **曲面**
歯の左右の曲面は、ブラシの端を使って磨きます。

### 奥歯の正しい磨き方

● **溝**
ブラシの先を使って、溝の奥まできれいにします。

● **内側**
ブラシのサイドを使います。

● **歯と歯茎の間**
ブラシを45°に傾けて奥まで磨きます。

## 発達の流れ｜生活

### 5・6歳

- 集団の中で、自分の役割を意識する
- 友達や大人の話を聞くことができる
- 着替え、食事、手洗い、自分の持ち物の整理など、基本的な生活習慣が身につく

## 保育のポイント｜環境・援助

### 自分たちで主体的に

**こんなことばがけを**

**子どもには**
その日の活動予定を知らせておき、次の活動を意識して片付け始めている子どもに声を掛けることで、他の子どもたちにも気付かせます。

（吹き出し）これはどこに片付けると良いかな？

### ★ 主体的に片付ける

● **1日のスケジュールを事前に知らせる**
その日のスケジュールを言葉で伝えたり掲示物で知らせたりしておきます。次の活動を意識して、自分から遊びを切り上げて片付けられるようにしていきます。

● **自主性を認める**
見通しをもって片付けようとする姿を認めて褒め、生活への主体性を伸ばします。

**援助のポイント**
子どもたちと話し合いながら片付け方を工夫します。

### ★ 用具の整理・分類

● イスには番号を表示して5脚ずつ所定の場所に片付ける（もしくは床に表示してある番号の数を重ねる）など、分かりやすい表示で整理や分類ができるようにします。きちんと整理すると気持ちが良いという感覚が身につくようにしましょう。

● ハサミやセロハンテープは片付ける所に番号やイラストを表示して、同じ表示のある場所へ片付けます。

**援助のポイント**
色別、用途ごとのセットなど、使いやすく美しい収納環境をつくりましょう。

### ★ 身近な所の清掃

製作活動や食事の後など、扱いやすいサイズの雑巾や台拭き、ほうき、ちりとり、ミニブラシなどを使って自分たちできれいにします。子どもの姿を認めつつ、きれいになった心地良さを味わえるようにしていきましょう。

# 発達と遊び

## 発達の流れ

### 遊び

 **4歳**

- 他者の目を意識するようになる
- 自分と他人は違う考えをもっていることが分かり、相手の気持ちが想像できるようになる
- 全身の細かいバランスが必要なダンスや遊戯が少しずつできるようになる

## 保育のポイント

気の合う友達との遊びからより大きな集団での遊びが楽しくなって来ます。遊びをもっと楽しくするための用具の準備やルール決めなど、保育者と一緒に考えてみましょう。

### 環境・援助

### みんなで一緒に遊ぼう

> **子どもには**
> みんなで遊びを楽しめるように、優劣はつけませんが、苦手な運動ができた子どもは認め、褒めましょう。

🔊 **こんなことばがけを**

よくできたね／ケンケンがじょうずね

#### ★ 音楽やリズムに合わせて
みんなで、音楽やリズムに合わせて、自由に動きましょう。スキップや片足跳びも積極的に取り入れてみましょう。

#### ★ ポーズの名前をみんなで考える
鉄棒にぶら下がり、両足を掛けて、「ブタの丸焼き」になります。「布団干し」など、好きな名前をみんなで考えるのも楽しいでしょう。

> **環境構成のポイント**
> 状況によって、マットを敷いて安全に遊びましょう。

#### ★ ルールを導入して

● **サーキット遊び**
すべり台、マット、巧技台などでルートをつくり、順番を守って遊びます。前の人を抜かさない、逆走しない、などのルールを大切にします。

● **葉っぱのキップ**
すべり台やブランコで、滑ったりこいだりできる「キップ」を導入します。すべり台の場合は、滑り終わった子どもが葉っぱのキップを滑りたい子どもに渡すという手順で、順番を守って遊びます。

> **保護者との共有**
> **みんなで遊ぶのが苦手な子どもには**
> ごっこ遊びやゲーム遊びの中で無理なく体を動かせるようにします。保護者と公園などで遊べる鬼ごっこやボール遊びなどを知らせていきましょう。

---

4歳児保育のきほん　発達と生活／5・6歳　発達と遊び／4歳

## 発達の流れ｜遊び

### 4歳

- 右利き、左利きが定まってくる
- 走りながらボールを蹴る
- 他人の期待に応えられないときはふざけるなど感情が複雑になる
- 感情の起伏が激しくなる
- 「〜したいけれども、〜する」と我慢する

## 保育のポイント｜環境・援助

### 感謝や思いやりに気付く

**🔊 こんなことばがけを**

**子どもには**
場面ごとに言葉を掛けて、感謝や思いやりに気付くことばがけをします。

「楽しかったね」
「おにいちゃんに『ありがとう』って言おうか」

**保護者には**
子どもに感謝の念や思いやりへの気付きが育っていることを伝えます。

「『ありがとう』って、ちゃんと言えましたよ」

---

★ **思いやりに気付くように**
年下の子の寝かしつけや、着替えの手伝いを通じて、相手を思いやる気持ちに気付かせます。

★ **感謝に気付くように**
高齢者に伝承遊びを教えてもらったり、小中学生に遊んでもらったりしたときは、遊んでくれたことを説明し、感謝することを伝えます。

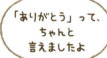

「ありがとうございました」

★ **友達との関わりの中で**

● **相手の気持ちを知る**
相手の気持ちが分からない子どもに、「○○ちゃんは、転んで痛かったのよ」と状況や気持ちを説明し、相手の思いに気付くようにします。

● **なぐさめる**
泣いている子どもをなぐさめている子がいれば、その子どもを褒め、思いやる気持ちが大切であることを子どもたちに伝えていきます。

「だいじょうぶ？」「エライね！」

- ルールを守らない友達を激しく批判する
- 「恥ずかしい」という感情が育つ
- 指を細かく動かす、楽器を操作する、などが可能になってくる
- 遊びに使う物を考えて作ろうとする

## 感じたことを表現できるように

🔊 こんなことばがけを

**子どもには**
自分のイメージに沿って、全身でいろいろな動きができるようになります。動物園で見たときのことなど、子どもの体験を呼び起こし、イメージが膨らむことばがけをします。

### ★ 造形で表現しよう

手指が器用に使えるようになって工作も上手になります。また、お面があると、子どもたちのなりたい物にすぐ変身できます。印刷したものを利用したり、お面の絵を描くところから始めたりして、作ってみましょう。

**援助のポイント**
自分で作ったお面を付けて、劇ごっこをするなど保育の中に発展させていきましょう。

### ★ 全身でなり切って表現

ザリガニを見た後などに、「お部屋が池になったよ！ ザリガニになあれ！」と保育者が魔法使いになって、イメージの世界に誘います。子どもの発想を引き出すように、「何になりたいかな？」となりたい物に変身を促すのも良いでしょう。

**援助のポイント**
「パンと手をたたいたら魔法が解けるよ」と言って締めくくります。

4歳児保育のきほん／発達と遊び／4歳

## 発達の流れ　遊び

**4歳**

- 親しい保育者や家族と不自由なく日常会話ができる
- 「ボール」「机」など自分に身近な言葉の意味が説明できる
- 「それから」「それでね」など、接続詞を使いながら、過去の出来事を話せる

## 保育のポイント　環境・援助

### 言葉で思いや感じたことを伝えよう

**🔊 こんなことばがけを**

**子どもには**
子どもが「きちんと聞いてもらえた、伝わった」と思えるように、上手に相づちを打ったり、うなずいたりして、話して伝えることへの意欲を引き出しましょう。

**援助のポイント**
「話したい内容」「話したい相手」「ゆったり聞いてくれる雰囲気」という条件がそろうと、子どもは安心でき、おしゃべりが弾みます。

---

### ★ 人の話が聞けるように

自分の思いを主張するだけでなく、他者の意見を聞くことで折り合いをつけていくことが大切です。話し合いの機会などを多くもつようにしましょう。

**援助のポイント**
「○○ちゃんが、〜って言っているよ。○○ちゃんは違うんじゃないかな？」など、十分ではない表現を補ったり、言葉にできない子どもの思いを拾って言葉にしたりしていきます。

### ★ 思っていることを話せるように

ふだん無口な子どもには、ぼそっとつぶやいたら「そうだったんだ！」と対応しましょう。自分の考えが認められるうれしさを感じられれば、また話したいという気持ちになります。

**援助のポイント**
他の子どもとしゃべり出しが重なったときは「少し待ってね。後で聞かせてね」と対応しましょう。

- 友達と主張がぶつかると、自分の気持ちを言葉で説明したり、相手の言い分を聞こうとしたりする
- 集団で遊び、自分の役割を意識する
- 縄跳びができる
- 片足立ちやつま先立ちで少しの間静止する
- はん登棒を登ったり降りたりする

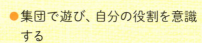

## 達成感が味わえる遊びを

 **こんなことばがけを**

**子どもには**
「すこしがんばれば、できそう」と感じるように遊びの難易度を調整し、挑戦しようと思えるようなことばがけをしましょう。

**保護者には**
できたことは、しっかりと保護者に伝えましょう。保護者からも子どもを褒めてもらい、次のやる気につなげます。

### ★ 少し難しいことに取り組む

**● チームをつくって遊ぶ**
例えばドッジボールでは、遊びの中で、思い切り投げる、受け取る、よけるなどの技能を切磋琢磨できます。チームの分け方も子どもたちに決めさせますが、実力差や勝敗へのこだわりからもめるときは、保育者がみんなで楽しむために仲立ちしましょう。

**● はしごを使って**
サーキットのコースにはしごを組み入れ、四つばいで進んでみましょう。子どもたちの興味やレベルに合わせて、微調整をするなど工夫しましょう。

### ★ 固定遊具を大変身

見慣れた固定遊具を、ロープでつないでアスレチックに変身させ、子どもの挑戦心を引き出します。「いつもと違う！」と驚くように、登園時間前に構成しましょう。

**環境構成のポイント**
ロープが途中で緩んだりほどけたりしないよう、しっかり結び、事前に安全点検を。

## 発達の流れ　遊び

**5歳**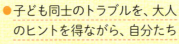

- とび箱を跳ぶ
- 自転車に乗る
- 竹馬で遊ぶ
- うれしくなくてもうれしそうな表情をするなど、状況に合わせて自分を調整する

- 子ども同士のトラブルを、大人のヒントを得ながら、自分たちで解決するようになる

- 友達との競争心が出てくる中で、嫉妬の気持ちも生まれてくる
- 友達や大人の話をしっかりと聞こうとする

## 保育のポイント　環境・援助

### 感情のコントロールができるように

🔊 **こんなことばがけを**

「うれしいね！やったね」　「やったー！」

**子どもには**
子どもにプラスの感情が出たときは、一緒に喜び、マイナスの感情が出たときは否定的な態度を取らず、受け止めましょう。

「嫌だよね…。でも、次はできるよ！」

**援助のポイント**
気持ちに寄り添い、認めることがポイントです。

---

⭐ **一人ひとりが活躍できる遊びを**

自分に自信をもち、また人を認めて褒め合う機会が増えるように、一人ひとりが活躍できるドッジボールや劇遊びなどの遊びを積極的に取り入れましょう。

⭐ **マイナス感情には**

「悲しかったね」と気持ちを受け止めるだけでは子どもが気持ちを立て直せない場合は、すぐに収めようとせず、自分で切り替えができるように少し待ってみましょう。できないようなら、再度話をしてみます。

⭐ **葛藤を味わい折り合いをつける**

● **気持ちを通訳する**
子ども同士が気持ちのすれ違いでトラブルになったときは、保育者が互いの気持ちを説明し、相手の気持ちを考えられるようにします。

● **強要しない**
けんかをしても、保育者は「仲良くしなさい」と強要せず、「一緒に遊ぶとおもしろいかもしれないよ」などと提案するように心掛けます。

「一緒に遊ぶとおもしろいかもしれないよ」

- 問題が起きたときに、原因を客観的に見ることができる
- 積み木を1個・2個・3個と数の順に積んで階段を作る

- 輪唱や交互唱など、様々な歌い方を楽しむようになる
- 「お星様キラキラ」のように手のひらを裏と表に連続して返す動作が速くできる

- 不思議なことや分からないことに出会うと、調べたり試したりしながら自分でも考えようとする
- 子ども同士で相談しながら、遊びを発展させていく

## 試行錯誤しながら表現の幅を広げよう

こんなことばがけを

**子どもには**
自分がしたい表現（目標）に向けて、自分なりに試したり工夫したりすることを認め、必要に応じてヒントを出しつつ、できたときにはしっかり褒めていきましょう。

よく考えたね
この材料を使ってみるといいかも

**保護者には**
子どもがいる前で、結果の成功・失敗よりも、繰り返し試しながら工夫する姿を褒め、保護者にも認めてもらうようにします。

今日は、夢中になってこんなことに挑戦していました。頑張ったね

### ★ 絵の具を使って

● マーブリング
水面に絵の具を落とし、その上に画用紙を置き、色を写します。偶然の模様を楽しみ、表現の幅を広げましょう。

● デカルコマニー
半分に折った画用紙の一方に絵の具を付け、閉じます。絵の具の交じり合ったときにできる新しい色や、形を楽しみましょう。

### ★ 友達と相談しながら

共同製作ならではの大きな紙芝居を作ります。4～6人のグループで話を考え、絵を描き、みんなの前でめくりながら発表します。イメージを出し合う中で友達の良さに気付いたり、自分の意見が受け入れられたりしながら、仲間と活動する楽しさを経験します。

次はどんな絵にしようか？

**援助のポイント**
目的を共有できるように、製作中は仲間との相談をサポートしていきます。

**援助のポイント**
卒園を前に「みんなで発表しよう」「おうちの人にも来てもらおう」などと伝え、目的を意識づけします。

4歳児保育のきほん　発達と遊び／5歳

# 指導計画のきほん

指導計画の仕組みと、様々な項目の書き方・考え方について見ていきます。

## 指導計画ってなぜ必要？

　指導計画とは、保育が行き当たりばったりにならないようにするためのものです。ざっくりとした計画で偶然に任せるような保育では、子どもが育つために必要な経験を得る機会を保障していくことはできません。しかし反対に、育てたい思いだけを書き込んだとしても、子どもの主体的な活動を確保できる訳でもありません。
　一人ひとりの発達を保障する園生活をつくり出し、またそれが子どもの視点に立ったものであることを意識するために、指導計画は必要なのです。

## カリキュラム・マネジメントって？

　カリキュラム・マネジメントとは、計画を作り、それをもとに保育を行ない、その後評価していく中で、保育の改善を重ねていく一連のサイクルのことです。
　園で目指す子どもの育ちに向けて、教職員全体で組織的に行なう必要があります。
　園全体で作る計画はもちろん、日々の月案・週案にも関わってくる話です。作った計画が実情に合っていたかどうか評価し、常に改善していくことは、園の保育の質の向上と共に、保育者の専門性の向上につながります。

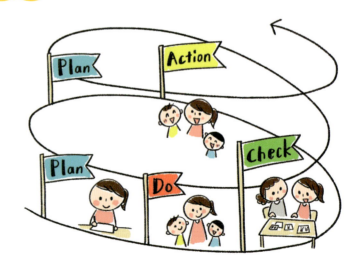

## 全体的な計画とは

全体的な計画は、子どもが園に在籍している期間の全体にわたって、保育の目標を達成するためにどのような道筋をたどり保育を進めていくかを示すものです。発達過程に沿い、それぞれの時期の生活や遊びで、子どもがしていく体験とその際の援助を明らかにすることを目的とし、園全体で作成します。

### 各施設での仕組み

年間計画、月案、週案、など作成する指導計画は全て、この全体的な計画を基盤として考えていきましょう。

〈幼稚園〉

登園してから預かり保育を受けて降園する子どもがいた場合、従来の教育課程だけでは、預かり保育の計画や食育、安全の計画をカバーしきれていない面があります。ですから、保健計画、食育計画、預かり保育の計画などと共により関連させて作成する必要があります。

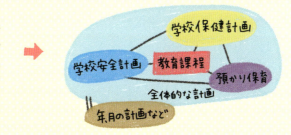

〈保育園〉

乳児・1歳以上満3歳未満児にねらい・内容が示され、全年齢に内容の取扱いが示されたことから、あらためてこれらを組み入れながら全体的な計画を作成する必要があります。なお、これに基づいて毎月の指導計画、保健計画、食育計画を立てていきます。

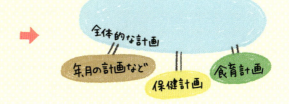

〈幼保連携型認定こども園〉

認定こども園は教育及び保育を行なう学校としての機能と、児童福祉施設としての機能を併せもっており、さらに特色として、子育て支援の義務化が挙げられます。そのため、左の図のような計画に加え、一時預かり事業や延長・夜間・休日保育といった、子育て支援の計画も関連させながら作り上げる必要があります。

## 各計画とそのつながり

全体的な計画で考えられた1年間の教育内容をもとに、それぞれの時期に必要な子どもの経験を示します。

それぞれの計画は歯車みたいに連動しているんだ!

長期の指導計画

その月における子どもの生活の流れを見通して具体的なねらいや内容、環境の構成などを中心に作ります。

1週間の保育記録を読み返し、特によく見られる、またこれまで見られなかった子どもの姿から、「なぜこのような行動をとるのか」「何が育ちつつあるのか」「そのためにどうするのか」などについて検討します。

短期の指導計画

それぞれの計画が毎日の保育とつながっているんだね!

特に、前日の子どもの姿から、一人ひとりの行動への理解を深め、それをもとにその日の子どもの活動の姿を思い描きながら、場の作り方や必要な遊具・用具、その配置、保育者の関わりなどを最も具体的に記入します。

毎日の保育

# 📝 指導計画を書いてみよう

> **まずは…**

立案時にポイントになるのは「子どもの主体性」と「指導の計画性」です。まず子ども一人ひとり異なる発達への理解を深め、それに応じて考え「子どもの主体性」を尊重します。また一方で、「全体的な計画」でつくった教育内容を、子どもたちがどのような経験を重ねて育っていけばよいか考える、「指導の計画性」への思いも大切です。その上で、保育者が指導しすぎないように、子どもが主体性を発揮できるようにバランスも一緒に考えながら、具体的なねらいや内容、環境の構成、援助を考えていきましょう。

子どもの育ちを考えて書いていくため、子どもの姿を肯定的に捉えたり、未来のことですが現在形で書いたりします。さらに、自分ひとりでなく、誰が読んでも理解できるように具体的に書くことも大切でしょう。

## 子どもの姿　よく見られる姿に注目して！

これまでには見られない、今の時期に特に現れてきた姿を抜き出して、記載します。また、クラス全体を見渡し、よく見られる姿、あるいは共通に見られる姿などに絞って取り上げます。そういった姿こそが、子どもたちが「育とうとしている」姿です。前月末の子どもの生活する姿の記録を読み返してみましょう。子どもの「生活への取り組み方」、「興味・関心や遊びの傾向」、「人との関わり方」などを具体的な3つの視点として重点的に見ていくと、まとめやすいでしょう。

> **書き方のポイント**
>
> ### 個人とクラス全体の両面から見て
> ### 3つの視点から書いてみよう
>
>  例文
> - 所持品の始末や片付けなどを自分からしようとする姿が増えている。
> - 砂や水などの感触を味わいながら遊びを楽しんでいる。
> - 気の合う友達と遊ぶが、思いが伝わらずトラブルになることもある。

4歳児保育のきほん　指導計画のきほん

## ねらい・内容

子どもの発達や興味・関心、季節の変化などを考えながら、
子どもがどういった思いでどういった経験をしていけばよいか、具体的に考えていきます。

### ねらい　どのような育ちを期待する？

　「子どもの姿」の中から分かる育ちつつあるもの（こと）を踏まえて、そこに保育者が育てたいもの（こと）を加え、ねらいとして記載します。その際、子どもの発達の状況や、季節性を取り入れて立案することで、よりその時々の子どもに合った指導計画になっていくでしょう。子どもがどのような思いをもって成長していってほしいか、という方向性を書くため、「〜を楽しむ。」や「〜を感じながら」といった表現を用いるとすっきりします。

　月案、週案、日案となるにつれ、より具体的な子どもの姿をもとに考えられていくため、ねらいも具体性がより増していきます。

**保育者の願いもあるけれど、子ども主体の表現で書こう**

- 友達に関心をもって関わり、遊ぶことを楽しむ。

## 内容　ねらいに向かうために必要な経験は?

　ねらいに書いた方向性に向けて育っていくための具体的な保育の道筋を考えていきます。
　子どもがどのような経験を積み重ねていけばよいか、ということにくわえ、保育者が指導することについて書いていきます。子どもの生活の流れに即して何が必要かを考えましょう。また、ねらいに対して、それを達成するための経験はひとつとは限らないため、複数の内容が出てくることもあります。

### ねらいひとつに対して、幾つか思い浮かべて書いてみよう

例文
- 友達に自分の思いが伝わる心地よさを知る。
- 水・砂・土・泥にふれ、感触を味わって遊ぶ。

## 環境・援助

立てたねらい・内容に対して、実際の保育でどのように関わっていくかを考えます。保育が始まる前に場を整える「環境構成」と、実際に保育をしていく中での関わりの「援助・配慮」から考えます。

### 環境　しぜんと関わっていけるように

どのような環境があれば子どもが自分から関わって経験を重ね、育っていけるかを考えます。

その際、子ども自身の気付きや発想を取り入れていくことも求められます。基本的には、「ひと」「もの」「ば」の３つの視点からだと考えやすいでしょう。

**ひと**　保育者や友達など、子どもの周囲にはたくさんの人がいます。その立ち位置や配置をどうするか、考えます。

**もの**　生活面では子どもが快適に過ごしたり、子どもの主体性を引き出したりすることを意識します。遊び面では、玩具や素材など、子どもが十分に関わっていけるように、発達に合っているかどうか考慮しながら種類や量について考えます。

**ば**　子どもが十分に活動できる時間配分をのように意識しておくか、空間の取り方や場の雰囲気がどのようになっているか想定します。

---

### 「ひと・もの・ば」と子どもの興味・関心から書いてみよう

**例文**
- 雨の日でも気持ちを発散できるように、静と動の活動のバランスに気を付け、広い空間で遊べるようにしておく。(ば)
- 感触を存分に楽しめるように、砂場の整備を怠らないようにしたり、砂遊び用の玩具を準備する。(もの・ば)

## 援助　受容的、応答的な関わりを心掛けよう

　保育者の援助には、子どもがねらいの方向に向かうために、保育者がどのように関わっていけばよいかを記載します。

　子どもが自分からやってみようと思えるようにするために、見守ったり受け止めたり、思いに応えたりする受容と応答の関わりが基本となります。また子どもの遊びが行き詰まるなどしたときには、子どもと一緒に考えたり、共に試行錯誤したりする保育者（共同作業者）としての関わりも必要でしょう。そうすることで、子どもが自信をもって環境に関わっていくことができるようになります。

### 具体的にどのような場面で、どのように関わるかを書こう

**例文**
- 子どものイメージを受け止めたり、気持ちに寄り添ったりしながら、思いが伝わるうれしさに共感していく。

## 反省・評価　子どもの育ちと自らの振り返りから考えよう

　反省・評価には、子どもがどのように育ったかの評価と、自らの保育の振り返りの2つがあります。

　子どもの育ちは、一人ひとりが計画を立てる前と保育をした後、どのような良さを発揮してどのように育ったかを見る「個人内評価」が基本です。また、保育の振り返りは、自分の立てた計画（特にねらい）が目の前の子どもの興味・関心に沿っていたか、発達の流れに合っていたかなどを見ながら、次の計画を立てる際、より良くなるように努めます。

### 書き方のポイント
#### ねらいに立ち戻って考えてみよう

- **ねらい** ▶ 友達に関心をもって関わり、遊ぶことを楽しむ。
- **例文** ● 砂場や園庭での遊びを通して、友達と存分に関わっていたが、思いが伝わらないためにトラブルもよく見られた。互いの思いを代弁しながら、引き続き遊びを楽しんでいきたい。

### 次の保育に生かそう

　子どもの姿から指導計画を立てて保育を行ない、それを反省し、また子どもの姿と発達の道筋からねらいを立てていく、というサイクルを繰り返し行ないます。保育の計画や記録は、次の日、週、月、年の計画に反映されて、ますます子どもの姿に沿った保育を行なっていけるようになります。初めは難しくても次第に子どもの目の前の姿に合った保育を行なっていけるようになります。自らの保育を振り返り、より良くしていこうとする姿勢が大切です。

## 他の配慮も

ねらいなどだけでなく、様々なことに配慮して指導計画を作成することが求められます。

### 健康・食育・安全

**その月の大切なことを具体的に書く**

それぞれの園の年間の計画をもとに、その年齢・その月において特に大切なことを書きます。例えば季節の変わり目には衣服の調整を意識することや旬の食材にふれることなどが挙げられるでしょう。というように、健康・食育・安全それぞれに配慮することを具体的に思い浮かべながら書いていきます。

### 長時間保育

**心身の疲れや午前中の保育との関連に留意**

預かり保育や早朝・延長保育など、園で長時間にわたって保育を受ける子どものために考えます。基本的には、午前中の保育で疲れた心と体を休め、切り替えていけるように、家庭的な雰囲気でゆったりと過ごすことを中心に書いていきましょう。

### 保育士等のチームワーク

**様々な職種とのチームワークを心掛けて**

クラス担任間、預かり保育担当、特別支援担当、早朝保育や延長保育の担当、看護師や栄養士など、いろいろな立場の人が子どもに関わって行なわれる保育が、スムーズにできるよう、チームワークがうまく働くように大切にしたいことを記載します。

### 家庭・地域との連携

**保護者に伝えることと、地域の子育て支援の拠点であることを考えて**

保護者に伝える園で行なっていることや地域の子育て支援の拠点として家庭や地域との連携で特に留意することを記載します。家庭への連絡や図書館や公園などの地域環境を生かすこと、地域の老人会など人と関わることなど、幅広く考えましょう。

# 文章表現・文法チェック

指導計画など、文章を書いた後には、必ず読み返してチェックするようにしましょう。気を付けておきたいポイントを紹介します。

## である調とですます調をそろえよう

一つの文章の中に、「である調」と「ですます調」を混在させると、統一感がなくなり、分かりづらくなります。しっかりとした固い印象を与える「である調」と優しい印象を与える「ですます調」を場面に応じて使い分けるようにしましょう。

**例**
- ✗ 自分のしたい遊びがはっきりとしてきましたが、物の取り合いが増えてきている。
- ○「である調」 自分のしたい遊びがはっきりとしてきたが、物の取り合いが増えてきている。
「ですます調」 自分のしたい遊びがはっきりとしてきましたが、物の取り合いが増えてきています。

## 並列で文章が続くときは…

同じ概念のものを並べて使うときには、「たり」や「や」を使います。そのとき、「〜たり、〜たり」と必ず2回以上使い、「や」も2回目以降は読点で区切るなどしておきましょう。

**例**
- ✗ 冬の冷たい風にふれたり、霜柱に触れて遊ぶ。
- ○ 冬の冷たい風にふれたり、霜柱に触れたりして遊ぶ。

- ✗ ミカンやカキやクリなど〜
- ○ ミカンやカキ、クリなど〜

## 「の」を置き換えよう

助詞の「の」が3回以上続くと文章が読みづらくなります。そこで使われている「の」にどのような意味があるか考え、置き換えられるものは置き換えることで、読みやすくしましょう。

**例**
- ✗ テラスの机の上の容器に、〜
- ○ テラスの机に置いた容器に、〜

## 主語と述語

文章の中で、「何が（誰が）」を示す主語と、「どうする、どんなだ、何だ」にあたる述語が対応するようにしましょう。

**例**
- ✗ 保育者がそれぞれの話を聞いて受け止め、仲良く遊ぶ。
- ○ 保育者がそれぞれの話を聞いて受け止め、仲良く遊べるように手助けをする。

4歳児保育のきほん　指導計画のきほん

## 📖 この本の特長

### 4歳児の保育はこの1冊から!

**特長 その1　保育のきほんが分かる!**

保育者として、また4歳児の保育に携わる者として知っておきたい「きほん」を分かりやすく解説しています。要領、指針、教育・保育要領はもちろん、子どもの発達もバッチリ!

**特長 その2　クラス運営に必要なものが1冊に!**

環境づくりやあそび、指導計画、おたより…など、クラス運営に役立つ内容を、季節や月に合わせて掲載しています。クラス担任の強い味方になること間違いナシ☆

**特長 その3　お役立ちデータ収録の 💿 CD-ROMつき!**

本書掲載の指導計画やおたよりはもちろんのこと、食育計画、避難訓練計画、保健計画…など、多様な資料をCD-ROMに収めています。あなたの保育をよりよいものにする一助にお役立てください。

収録データの詳細は、P.264をチェック!

# 📖 この本の見方・使い方

## 環境とあそび

環境づくり・保育資料・部屋飾り・あそびのヒントを掲載！春・夏・秋・冬・早春の大まかな季節の区切りで紹介しています。子どもたちの姿、保育のねらいに合わせて、あなたの保育に取り入れてみてください。

### 環境づくり

季節ごとに大切にしたい保育の環境づくりを、写真たっぷりで具体的に紹介しています。「環境づくりって実際どうしたらいいのか分からない…」。そんなときに、ぜひ参考にしてください。

**生活　あそび　家庭と　など**

テーマをアイコンで示しているので、何の環境づくりなのかがひと目で分かります。

**写真たっぷり！**
保育現場の写真たっぷりでイメージしやすくなっています。

### 保育資料

その季節にふさわしい、おはなし、うた、手あそび・わらべうた・ふれあいあそび、自然を保育資料として紹介しています。日々の保育で、「何しよう？」と悩んだときにお役立てください。

**先輩保育者のお墨付き！**
季節・年齢にぴったり！先輩保育者のおすすめを紹介しています。

※情報は2017年12月現在のものです。

# 子どもとつくる部屋飾り

子どもと一緒につくる製作＆部屋飾りのアイディアを紹介しています。一人ひとりの個性がキラリと光ります。

**ポイント**
製作のポイントや、環境づくり・援助について解説しています。

# あそび

その季節にぴったりの遊びをたっぷり紹介！ 子どもたちの興味に合うものを見つけて、繰り返し遊び込みましょう。

## ★ ちょこっと遊ぼう いっぱい遊ぼう

ふだんの保育に取り入れやすい遊びを、時間や人数に合わせて選べるように紹介しています。

## ♣ じっくりゆったり遊ぼう
～長時間保育にもおすすめ～

少人数でじっくりゆったり楽しむ遊びを紹介しています。異年齢児の交流や、長時間保育にもおすすめです。

**ポイント**
子どもの「おもしろい！」を支える環境づくりや援助のポイントを解説しています。

**あそびのコツ**
遊びがうまくいく環境づくりや援助のコツを解説しています。

**あそびメモ**
その遊びでの子どもの育ちについて解説しています。遊びのねらいを、しっかり念頭に置いて実践することが大切です。

## ♥ 行事あそび

年中行事や園行事に関連した遊びを紹介しています。

**ポイント**
遊びの解説や、行事の進行がうまくいくポイントを紹介しています。

51

# この本の見方・使い方

## 指導計画

年の計画と、4～3月の12か月分の月・週・日の計画を掲載しています。指導計画立案の際の手がかりにしてください。

※保育園・幼稚園・認定こども園のどの園形態でも参考にしていただけるように配慮した計画を掲載しています。

## 年の計画

一年間の発達や生活を見通し、Ⅰ～Ⅴ期に分け、それぞれの時期に育てたいことや、そのための保育内容を明らかにします。月の計画立案時のよりどころとなる重要なものなので、折にふれ参考にしましょう。

### 各項目について

**Ⓐ 年間目標**
園の保育・教育目標に沿って設定します。入園から終了までを見通し、どのような過程を経て目標に向かうことができるのか、子どもの発達の視点から考えることが大切です。

**Ⓑ 子どもの姿と育てたい側面**
一年間の園生活の流れを予測し、その中で見せる子どもの姿です。各園において、毎年保育実践を重ねる中で捉えた姿なので、それぞれの時期に育てたい幼児の姿でもあります。

**Ⓒ ねらい**
全体的な計画を念頭に置き、この時期に育てたいことを、子どもの実態を踏まえて具体的に示しています。

**Ⓓ 指導内容の視点**
ねらいを身につけていくために、指導する内容です。総合的に考えていくために、5つの発達の諸側面から捉えています。また、一年間という長いスパンなので、指導の「視点」として大まかに押さえています。

**Ⓔ 環境構成の要点**
指導内容に沿って、具体的な環境を構成する要点を示しています。

**Ⓕ 保育者の関わり・援助（養護含む）**
指導内容に沿って、必要な保育者の関わりや援助について記載しています。

**Ⓖ 家庭や地域との連携（保育園・幼稚園・小学校との連携も含む）**
家庭への連絡事項も含め、それぞれの時期に連携すべき内容や連携の仕方を記載しています。

**Ⓗ 園生活の自立に向けての配慮点**
子どもの園生活の自立に向けて、それぞれの時期に配慮する事項を示しています。

## 今月の保育・保育のポイント

年の計画を踏まえ、その月の保育の方向を示しています。月・週・日の計画を考えるときのよりどころとしています。

## 月の計画

その月における子どもの生活の流れを見通して作成するものです。一人ひとりを大切にしながら、集団としての育ちを図りましょう。

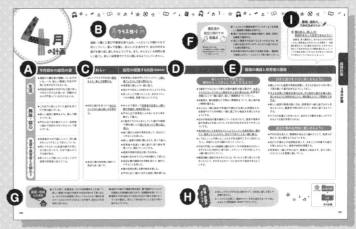

## 各項目について

### A 前月末（今月初め）の幼児の姿
前月末（今月初め）の子どもたちの生活する姿から、これまでに見られない、今の時期に顕著に現れてきた姿を捉えて記載しています。特に、子どもの生活への取り組み方、興味・関心の傾向、人との関わり方などの3つの視点でまとめています。

### B クラス作り
保育者が一年間を見通し、時期に応じて適切な働き掛けをするための視点として、今月のクラスがどうなってほしいかを記載しています。

### C ねらい
子どもの姿から育ちつつあるもの（こと）や保育者が育てたいもの（こと）ねらいとして記載しています。

### D 幼児の経験する内容
ねらいに向けて、どのような経験を積み重ねていくことが必要なのか、具体的な子どもの生活に沿って考えています。子どもが経験する事項は、保育者の指導する事項でもあります。

### E 環境と援助・配慮
子どもが発達に必要な経験をしぜんに積み重ねるために適切な環境構成と援助・配慮などを記載しています。それぞれの小見出しには、保育者の意図を視点として示しています。

### F 園生活の自立に向けての配慮点
多様化する保育のニーズに応えつつ、子どもの園生活の自立に向けての配慮点を記載しています。

### G 家庭・地域との連携
家庭が自信をもって子育てできるための支援から、地域環境を生かすことまで、具体的に記載しています。

### H 反省・評価のポイント
「子どもの発達の理解」と「保育者の指導の改善」の両面から、その月の反省・評価の観点を記載しています。

### I 要領・指針につながるポイント
指導計画の中で、要領・指針につながるポイントを解説しています。

※下線で指導計画の表中に示して、リンクできるようにしています。

# この本の見方・使い方

## 週の計画

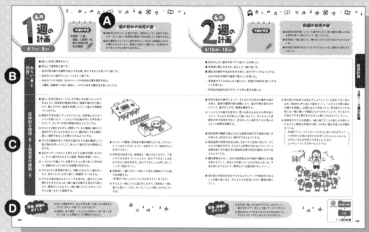

月の計画をもとに、前週の計画を振り返りながら作成します。一週間の保育記録を読み返し、心に残る子どもの姿から、ねらい、内容、環境の構成、保育者の援助を考えます。

※月により5週分を4週に分けている場合があります。

### 各項目について

**Ⓐ 前週（週の初め）の幼児の姿**
前週の生活の記録を参考にしながら振り返り、特に心に残る幾つかの出来事から、子どもの思いや経験していることを捉えて記載します。

**Ⓑ ねらいと内容**
「幼児の姿」を受けて、子どもの中に育てたいことを「ねらい」とし、ねらいをし、ねらいを身につけるために必要なことを「内容」とします。

**Ⓒ 具体的な環境と保育者の援助**
子どもがねらいを身につけていくために適切な環境と援助を記載しています。◆印の表記は「具体的な環境」で、＊印は「保育者の援助」です。

**Ⓓ 反省・評価のポイント**
指導と発達の姿の両面から考慮した、その週の反省・評価の観点を記載しています。

## 日の計画

週の計画からさらに掘り下げて、「昨日から今日へ」「今日から明日へ」の生活の流れを見通して作成するものです。

### 各項目について

**Ⓐ ねらい**
前日の子どもの姿から、子どもの中に育てたいことを「ねらい」として記載しています。ねらいは様々な経験を積み重ね、次第に身につくものなので、同じようなねらいが何日間か続くこともあります。

**Ⓑ 内容**
日のねらいを身につけるために、子どもがどのようなすればよいのか、具体的に記載しています。

**Ⓒ 環境を構成するポイント**
その日のねらいを身につけていくためには、あらかじめどのような環境が用意されればよいのか、前日の子どもの活動に沿って具体的に考え、記載しています。

**Ⓓ 予想される幼児の活動 保育者の援助**
あらかじめ用意された環境に関わって生み出される子どもの活動を予想し、そのときに必要な保育者の援助を記載しています。

**Ⓔ 反省・評価のポイント**
指導と発達の姿の両面から考慮した、その日の反省・評価の観点を記載しています。

# おたより

子どものことを家庭と共有・共感できるツールの一つです。イラストや文例など、おたよりの素材を12か月分たっぷり掲載しています。読みやすく、分かりやすいおたより作りにお役立てください。

CD-ROM収録

### レイアウト例
おたよりのレイアウト例を掲載しています。おたより作成時の参考にしてください。

### 保護者に伝わるポイント
保護者に伝わるおたより作りのポイントを示しています。

### 囲みイラスト付き文例
そのまま使える囲みイラスト付き文例です。CD-ROMにはイラストとテキストの両方が入っているので、「囲みイラスト付き文例」「囲みイラストだけ」「文例だけ」のどの方法でも使っていただけます。

### イラスト
その月にぴったりの飾り枠、季節・子ども・行事に関するイラストカットをたくさん掲載しています。CD-ROMには画像データ（PNG）で入っています。ペイントソフトで色を付けることもできます。

### 書き出し文例
月のあいさつ文や行事のお知らせなどの書き出し文例を掲載しています。

### 文章の最後にチェック！
おたよりを書くときのポイントや気を付けたい漢字・文法などを記載しています。

55

# 4歳児の保育 もくじ

- はじめに ……………………………… 2
- この本の特長 ………………………… 49
- この本の見方・使い方 ……………… 50

## ✲ 保育のきほん ✲

- 環境を通した保育 ……………………… 5
- 資質・能力
- 幼児期の終わりまでに育ってほしい姿 … 6
- 5つの領域 ……………………………… 8
- 養護 …………………………………… 10
- 計画・評価 …………………………… 11
- いろいろポイント …………………… 12

## ✲ 4歳児保育のきほん ✲

- 0〜5歳児の発達を見通そう ………… 20
- 発達と生活 …………………………… 22
- 発達と遊び …………………………… 31
- 指導計画のきほん …………………… 38
  - ●指導計画を書いてみよう ………… 41

## 環境とあそび

### 春

- 環境づくり …………………………………… 64
- 保育資料 ……………………………………… 66
- 子どもとつくる部屋飾り
  - ✲ 紙コップのにこにこフラワー ………… 67
- ちょこっと遊ぼう
  - ★ こぶたブーブー　★ おやま〜っ！ …… 68
  - ★ ともだちタッチ ………………………… 69
  - ★ ともだち列車 …………………………… 70
- いっぱい遊ぼう
  - ★ 新聞ジャンプで『ホイ　サッサ！』 … 71
  - ★ ぐるぐるアクションあそび …………… 72
  - ★ ペンタとウサコのジャンケンあそび … 73

### じっくりゆったり遊ぼう　〜長時間保育にもおすすめ〜

**爽やかな風を感じて**
- いろいろな紙でプロペラ遊び ……………………………… 74

**友達とはっけよ〜い相撲で**
- オオバコ対決　　友達と相撲をとろう　　紙で作る トントン相撲 ……………………………… 75

### 行事あそび

**親子参観**
- クルッと！クルッと！　　ジェットひこうき ……………………………… 76
- とって〜っ！！　　親イス・子イスでハイ、ポーズ！ ……………………………… 77

## 夏

- 環境づくり ……………………………… 78
- 保育資料 ……………………………… 80

### 子どもとつくる部屋飾り
- ペンギンとひんやりかき氷 ……………………………… 81

### ちょこっと遊ぼう
- ともだちフエル〜 ……………………………… 82
- のびのびパッシャン　　やおやでチャッポン！ ……………………………… 83
- あめつぶポチョン ……………………………… 84

### いっぱい遊ぼう
- フープ取り合い合戦 ……………………………… 85
- 運転士かわりま〜す！ ……………………………… 86
- 牛乳パックで水路あそび ……………………………… 87

### じっくりゆったり遊ぼう　〜長時間保育にもおすすめ〜

**色水を作って**
- 魔法の色水チップ　　ジュースやさんが始まるよ ……………………………… 88

**買い物ごっこで**
- 買い物ごっこをしよう ……………………………… 89

### 行事あそび

**運動会**
- ドーンでヨイショ！　　はさみっこ ……………………………… 90
- 連結フープにお客様　　親子でボール入れ替え大作戦 ……………………………… 91

# 4歳児の保育 もくじ

### 環境づくり ... 92
### 保育資料 ... 94
### 子どもとつくる部屋飾り
❀ お団子いっぱい！　ウサギのお月見 ... 95

### ちょこっと遊ぼう
★ グルッとまわってギュ～ッ！！ ... 96
★ ビックリくり～！！ ... 97

### いっぱい遊ぼう
★ マット運んでクルリンパ ... 98
★ 投げて！　投げて！ ... 99

### じっくりゆったり遊ぼう　～長時間保育にもおすすめ～
（絵描き歌で）
♣ 歌って描いて ... 100

（音を作って）
♣ マラカスシャンシャン　♣ 空き缶ボーボー　♣ ポンポロギター　♣ トントコ太鼓
♣ お気に入りの楽器で ... 101

### 行事あそび
（敬老の日）
♥ ナイスキャッチゲーム ... 102
♥ ○○でタッチ！ ... 103

### 環境づくり ... 104
### 保育資料 ... 106
### 子どもとつくる部屋飾り
❀ クリスマスのわくわくボード ... 107

### ちょこっと遊ぼう
★ ジャンケンぐるっとさん　★ いもイモ ... 108
★ 手・足でグルリ ... 109

### いっぱい遊ぼう
★ ロンドン列車 ... 110
★ もち　もち　モッチー ... 111

## じっくりゆったり遊ぼう　〜長時間保育にもおすすめ〜

> 糸電話を作って

- もしもし、あのね …… 112

> カードゲームで

- 絵合わせ・文字合わせ　　- 数字合わせ（神経衰弱） …… 113

## 行事あそび

> お楽しみ会

- ツンデつんでツリー …… 114

> お正月

- ふとんだこ　　- はなごま …… 115

## 環境づくり …… 116

## 保育資料 …… 118

## 子どもとつくる部屋飾り

- オニさんパンツ …… 119

## ちょこっと遊ぼう

- トンネル3　　- スリスリふうせんゲーム …… 120
- もしもしデキル！？ …… 121

## いっぱい遊ぼう

- ジグザグシュート合戦 …… 122
- おしりスリスリバトンでGO！ …… 123

## じっくりゆったり遊ぼう　〜長時間保育にもおすすめ〜

> 人形を使って

- ハンドタオル人形　　- 靴下人形　　- 簡単な舞台を作って人形劇をしよう！ …… 124

> ジャンケンで

- あっちむいてホイ　　- 勝ち抜きジャンケン
- ジャンケン陣取り　　- 足ジャンケン …… 125

## 行事あそび

> 節分

- 海賊オニごっこ …… 126

> お別れ会

- WAに入ってこちょこちょ　　- ○○ぐみ☆思い出のおやつ …… 127

# 4歳児の保育 もくじ

## 指導計画

4歳児の年の計画 …………………… 130

### 4月
今月の保育 …………………… 135
月の計画 ……………………… 136
1週の計画 …………………… 138
2週の計画 …………………… 139
3週の計画 …………………… 140
4週の計画 …………………… 141
日の計画 ……………………… 142

### 5月
今月の保育 …………………… 143
月の計画 ……………………… 144
1週の計画 …………………… 146
2週の計画 …………………… 147
3週の計画 …………………… 148
4週の計画 …………………… 149
日の計画 ……………………… 150

### 6月
今月の保育 …………………… 151
月の計画 ……………………… 152
1週の計画 …………………… 154
2週の計画 …………………… 155
3週の計画 …………………… 156
4週の計画 …………………… 157
日の計画 ……………………… 158

### 7月
今月の保育 …………………… 159
月の計画 ……………………… 160
1週の計画 …………………… 162
2週の計画 …………………… 163
3週の計画 …………………… 164
4週の計画 …………………… 165
日の計画 ……………………… 166

### 8月
今月の保育 …………………… 167
月の計画 ……………………… 168
1週の計画 …………………… 170
2週の計画 …………………… 171
3週の計画 …………………… 172
4週の計画 …………………… 173
日の計画 ……………………… 174

### 9月
今月の保育 …………………… 175
月の計画 ……………………… 176
1週の計画 …………………… 178
2週の計画 …………………… 179
3週の計画 …………………… 180
4週の計画 …………………… 181
日の計画 ……………………… 182

## 10月

| | |
|---|---|
| 今月の保育 | 183 |
| 月の計画 | 184 |
| 1週の計画 | 186 |
| 2週の計画 | 187 |
| 3週の計画 | 188 |
| 4週の計画 | 189 |
| 日の計画 | 190 |

## 11月

| | |
|---|---|
| 今月の保育 | 191 |
| 月の計画 | 192 |
| 1週の計画 | 194 |
| 2週の計画 | 195 |
| 3週の計画 | 196 |
| 4週の計画 | 197 |
| 日の計画 | 198 |

## 12月

| | |
|---|---|
| 今月の保育 | 199 |
| 月の計画 | 200 |
| 1週の計画 | 202 |
| 2週の計画 | 203 |
| 3週の計画 | 204 |
| 4週の計画 | 205 |
| 日の計画 | 206 |

## 1月

| | |
|---|---|
| 今月の保育 | 207 |
| 月の計画 | 208 |
| 1週の計画 | 210 |
| 2週の計画 | 211 |
| 3週の計画 | 212 |
| 4週の計画 | 213 |
| 日の計画 | 214 |

## 2月

| | |
|---|---|
| 今月の保育 | 215 |
| 月の計画 | 216 |
| 1週の計画 | 218 |
| 2週の計画 | 219 |
| 3週の計画 | 220 |
| 4週の計画 | 221 |
| 日の計画 | 222 |

## 3月

| | |
|---|---|
| 今月の保育 | 223 |
| 月の計画 | 224 |
| 1週の計画 | 226 |
| 2週の計画 | 227 |
| 3週の計画 | 228 |
| 4週の計画 | 229 |
| 日の計画 | 230 |

# 4歳児の保育 もくじ

## おたより

レイアウト例 …………………… 232

**4月** …………………… 234
イラスト・囲みイラスト付き文例・書き出し文例
文章の最後にチェック！ 読みやすい文章とは …………………… 235

**5月** …………………… 236
イラスト・囲みイラスト付き文例・書き出し文例
文章の最後にチェック！ 「ず」「づ」の使い分け① …………………… 237

**6月** …………………… 238
イラスト・囲みイラスト付き文例・書き出し文例
文章の最後にチェック！ 「じき」3通り …………………… 239

**7月** …………………… 240
イラスト・囲みイラスト付き文例・書き出し文例
文章の最後にチェック！ 文体を統一しよう …………………… 241

**8月** …………………… 242
イラスト・囲みイラスト付き文例・書き出し文例
文章の最後にチェック！ 重複表現 …………………… 243

**9月** …………………… 244
イラスト・囲みイラスト付き文例・書き出し文例
文章の最後にチェック！ 正しい漢字を …………………… 245

**10月** …………………… 246
イラスト・囲みイラスト付き文例・書き出し文例
文章の最後にチェック！ ひらがなと漢字を使い分けよう …………………… 247

**11月** …………………… 248
イラスト・囲みイラスト付き文例・書き出し文例
文章の最後にチェック！ 正しい送りがな …………………… 249

**12月** …………………… 250
イラスト・囲みイラスト付き文例・書き出し文例
文章の最後にチェック！ 「が」「の」の連続 …………………… 251

**1月** …………………… 252
イラスト・囲みイラスト付き文例・書き出し文例
文章の最後にチェック！ 正月のいろいろ …………………… 253

**2月** …………………… 254
イラスト・囲みイラスト付き文例・書き出し文例
文章の最後にチェック！ 敬語の「お」「ご」の使い分け …………………… 255

**3月** …………………… 256
イラスト・囲みイラスト付き文例・書き出し文例
文章の最後にチェック！ 「ず」「づ」の使い分け② …………………… 257

\ もっとサポート /
計画・資料データ集 …………………… 258
CD-ROMの使い方 …………………… 263

# 環境とあそび

保育のねらいに合わせた環境やあそびを紹介しています。
春・夏・秋・冬・早春それぞれの季節にピッタリ！

- ●環境づくり　執筆／永井由利子（松蔭大学教授）
- ●子どもとつくる部屋飾り　監修／村田夕紀（四天王寺大学教授）、内本久美（四天王寺大学非常勤講師）
- ●あそび
  - ・ちょこっと遊ぼう・いっぱい遊ぼう・行事あそび　執筆／小倉和人（KOBEこどものあそび研究所所長）
  - ・じっくりゆったり遊ぼう　執筆／中尾博美（姫路日ノ本短期大学非常勤講師・元 姫路市立保育所 保育士）

※本書掲載の『環境とあそび』の一部は、『月刊 保育とカリキュラム』2009～2017年度の連載『写真でわかる 環境づくり』『子どもと作る壁面講座』『壁面＆製作あそび』『壁面＆部屋飾り』『0～5歳児ふれあいあそび＆運動あそび』『こどものあそび0～5歳児』『じっくりゆったり遊ぼう』、特集『今月のちょきぺた』に加筆・修正を加え、再編集したものです。

# 春

## 環境づくり

春は新入園児だけでなく進級児も、担任や保育室が変わるなどの環境の変化に戸惑うことを踏まえて、安心できる環境づくりが大切です。保育者も共に遊びに参加しながら、楽しく生活できるようにしていきます。

### あそび　保育者や友達と一緒にあそびが充実するように

せんせいたべて！

「おはよう！」と元気に挨拶を交わしながら、春の園庭で伸び伸びと遊べるよう保育者も遊びに加わり、楽しさを味わえるようにしていきます。

砂場は朝から少し湿らせて、型抜き遊びができるコンディションにしておきましょう。ケーキに見立てたりしながら繰り返し型抜きの楽しさを味わえるように、砂場にいくつかのテーブルやお皿なども用意しておきます。保育者がモデルを示すことで、いろいろな型抜きをやってみようとする意欲も高まります。

### 生活　春の身近な自然に関わり戸外で遊ぶ楽しさを

**発見し感動したことを保育者や友達に伝えて**

チョウチョウが飛んで来る草花を植えておいたり、身近な自然に関わることができるようビオトープを充実させたりします。例えば、オタマジャクシの足が出てきてカエルになっていく変化に気付くなど、子どもの気付きを受け止めていきましょう。

みてみて！

**園で飼育している生き物にもふれあえる機会を**

飼育している小動物（ウサギやモルモット、ウコッケイなど）にも餌をやってみたり、ふれあったりできるような環境をつくっていきましょう。4月当初で不安定な子どもの心の安定にもつながります。

環境とあそび ● 春　環境づくり

### あそび　あそびの中で約束を守って遊べるような決まりをつくろう

　大型三輪車は憧れの乗り物です。交代に関してトラブルの多い時期でもあります。そこで、ベンチに1・2・3…と番号を付けて、「〇〇駅」などと子どもたちと名前を決めます。「ベンチの1番に座っている人が次に三輪車に乗れる」として、楽しく遊びながら交代しやすい環境をつくっておきましょう。見て分かりやすい環境をつくりクラスで共通理解していれば、保育者がそこにいなくても子どもたちだけで行動することができます。

こんどはぼくのばんだよ！かわってー！

しゅうてん、しゅうてん、〇〇えき〜

### あそび　園庭の草花をあそびに取り入れていけるように

**あそびに使ってよい草花と栽培物との違いが分かるように**

　花をままごとに使うと遊びのイメージも広がります。これから育てる花や栽培物と区別するために、プランターに「あそぼうかだん」などとプレートで表示し、遊びに使える物と使えない物を分かりやすくしておきましょう。

### 生活　自分で身支度や、持ち物の始末ができる環境

**園生活の仕方を知って自分で身支度ができるように**

　個人ロッカーの使い方として、カバンなどの物の置き方を絵で示し、日々の繰り返しの中で絵を見て確認しながら身につけていくようにします。

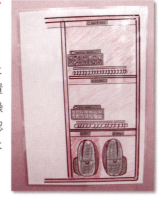

**ハサミの収納状況の確認が一目で分かる集中管理の工夫**

　ハサミを使ったら片付けるという習慣を身につけるために、誰もが確認しやすいウォールポケットを使った工夫です。

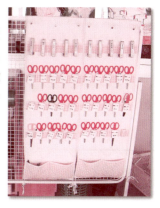

## 📖 おはなし

**バナナじけん**
作：高畠那生
BL出版

**やまださんちの てんきよほう**
作：長谷川義史
絵本館

**そらまでとんでけ**
作：寺村輝夫
絵：いもとようこ
あかね書房

**ころちゃんは だんごむし**
作：高家博成・仲川道子
童心社

**ごきげんのわるい コックさん** 紙芝居
作・絵：まつい のりこ
童心社

**おじさんのかさ**
作・絵：佐野洋子
講談社

## 🎵 うた

- おはようクレヨン　作詞・作曲：谷山浩子
- ホ！ホ！ホ！　作詞：伊藤アキラ　作曲：越部信義
- ぽかぽかてくてく　作詞：阪田寛夫　作曲：小森昭宏
- おもちゃのチャチャチャ
  作詞：野坂昭如　補詞：吉岡治　作曲：越部信義
- あめふりくまのこ　作詞：鶴見正夫　作曲：湯山昭

## ✋ 手あそび・わらべうた・ふれあいあそび

- むすんでひらいて　作詞：不詳　作曲：J.J.ルソー
- あくしゅでこんちには
  作詞：まど・みちお　作曲：渡辺茂
- だんごむしたいそう　作詞・作曲：亀井愛子
- 汽車ポッポ　作詞：富原薫　作曲：草川信
- なべなべそこぬけ　わらべうた

## 🍃 自然

🐛 **虫・小動物**
- ダンゴムシ　●テントウムシ　●オタマジャクシ
- カタツムリ　●アゲハチョウのたまご

✿ **草花**
- サクラ
- チューリップ

🍴 **食材**
- イチゴ　●サクランボ
- キャベツ

66

# 子どもとつくる部屋飾り

## 🌸 紙コップの にこにこフラワー

**準備物**
- フラワーペーパー（1/8〜1/16に切り、よくさばいて箱などに入れておく） ●紙コップ ●木工用接着剤 ●お手拭き
- フェルトペン ●ハサミ

### 作り方

1. 紙コップに切り込みを入れて開く。
2. 丸めたり、ねじったりしたフラワーペーパーを1に貼り、飾る。
3. ペンで顔を描く。

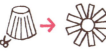

**丸める**
手のひらに乗せて
クルクルと丸める

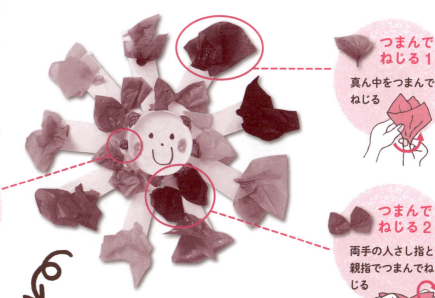

**つまんでねじる1**
真ん中をつまんでねじる

**つまんでねじる2**
両手の人さし指と親指でつまんでねじる

## 壁面飾りに

花がバラバラにならないようまとまりを作って貼ったり、和紙ひもをツルに見立てて、花の間を巡らせたりします。

### +α アレンジ メダルやフリフリフラワーでお持ち帰り

曲がるストローを付けてフリフリフラワー♪

ひもを付けてメダルに！

環境とあそび / 春 / 保育資料／子どもとつくる部屋飾り

## ★ こぶたブーブー

**1 2チームに分かれ、2人組をつくる**

歌チーム、ジェスチャーチームに分かれ、各チームで2人組をつくります。

**2 『コブタヌキツネコ』の歌で遊ぶ**

相手チームの2人組と向かい合い、歌とジェスチャーを交互にして遊びます。終わったら違う2人組を探します。ある程度繰り返したら、歌とジャスチャーを交代して遊びます。

**あそびのコツ**
初めは保育者と子どもたちで、次にチームごとにしてもOK！

コブタ　ブブブー
指で鼻をブタのように。

タヌキ　ポンポコポン
手でおなかをポンポンする。

キツネ　コンコン
手でキツネポーズ。

ネコ　ニャ〜オ
顔の横でネコポーズ。

**あそびメモ　繰り返し友達と一緒に**

それほど時間のかからない遊びですが、友達と一緒に遊ぶ楽しさや、ルールの共通理解などの育ちが望めます。繰り返し遊んで、誰とでもできるようにしていきましょう。

『コブタヌキツネコ』（作詞・作曲／山本直純）

## ★ おやま〜っ！

**1 走る・ギャロップ・スキップなどをする**

保育者の合図で、子どもは、走る・ギャロップ・スキップなどをします。

**2 2人組でおやまをつくる**

次の合図で、子どもたちは2人組になり、互いの足の裏を合わせ（手を着いてもOK）、足を高く伸ばしておやまをつくります。

**あそびのコツ**
「○○ちゃんチームのおやま高いね」「かっこいいおやまだ！足がまっすぐだね」などと声を掛けましょう。

**3 ペアを交代して繰り返す**

みんなができたら再びスタート。さっきと違う友達とおやまをつくって、繰り返します。

**あそびメモ　2人で力を合わせる**

初めのうちは、なかなか子ども同士の呼吸が合わないかもしれません。しかし、繰り返し遊び込んでいくとスムーズにできるでしょう。いろいろな友達と力を合わせる経験ができると良いですね。

## ⭐ ともだちタッチ

### 『八百屋のお店』の替え歌で遊ぶ

**❶ ○○ぐみの　おともだちと　たくさんタッチしてみよう**
手拍子をする。

**❷ いまからいくよ**
走るポーズをする。

**❸ さがしてごらん**
手を目の上に置いて探すポーズをする。

**❹ ○○人！**
保育者が人数を言うと、子どもはその人数の友達と両手タッチをし、できたら座る。繰り返し楽しみましょう。

『八百屋のお店』(作詞／不詳 フランス民謡)のメロディーで　作詞／小倉和人

**あそびのコツ**
初めは少ない人数から！

### あそびメモ
**みんなが知っている歌で**
自分でタッチした人数を把握しながら、友達とのコミュニケーションをとり、次は何人かな？　と期待感をもちながら楽しい時間を過ごせるでしょう。誰もが知っている歌を使うことも遊びをスムーズに進めるコツです。

環境とあそび

春　ちょこっと遊ぼう

## ちょこっと遊ぼう

### ★ ともだち列車

『ジャンケン列車』の替え歌で遊ぶ

❶（1番）
　ゴーゴーゴーゴー
　ともだちれっしゃ
　だんだんだんだんながくなる
　ゴーゴーゴーゴー
　ともだちれっしゃ
　さあ　あいてはきみだ　○にん

それぞれ自由に列車になって走り、保育者が「○にん！」と人数を言う。

「3にん」なら3人組になり、「ガッチャンコ！」と手をつないで輪になる。

❷（2番）
　ぐるぐるぐるぐる　わになって
　ぐるぐるぐるぐる　わになって
　ぐるぐるぐるぐる　わになって
　さあ　さいごはさようなら

輪になって回り、最後は「バイバイ」をしてバラバラになる。繰り返し遊んでみましょう。

**あそびのコツ**
友達の表情が見えるように、回るときのテンポはゆっくりと。

※繰り返し、人数を増やして楽しみましょう。途中で反対回りを入れても楽しいですよ。

『ジャンケン列車』（作詞／不詳　アメリカ民謡）のメロディーで　作詞／小倉和人

**あそびメモ**

**楽しさを感じながら**
遊びの中で、友達の人数をかぞえ、過不足を意識するなど、数の概念を覚えます。1人で感じる楽しさがあり、友達と一緒に楽しむ雰囲気も感じられる遊びです。

環境とあそび

春 ちょこっと遊ぼう／いっぱい遊ぼう

## ⭐ 新聞ジャンプで『ホイ　サッサ！』

**準備物**
新聞紙½サイズ（たくさん）

### 1 ジャンケンをして役割を決める

2人組になりジャンケンをします。勝ったら新聞紙の上に立つ「ジャンプ係」に、負ければ新聞紙を「引き抜く係」になります。

**あそびのコツ**
初めに、保育者が「引き抜く係」をしましょう。

### 2 ジャンプに合わせて、新聞紙を引き抜く

互いに声を出して、ジャンプをした瞬間、新聞紙を引き抜きます。新聞紙が破れたら新しい物に換えましょう。

せーのっ！　ジャンプ！！

### 3 ペアを交代して繰り返す

新聞紙はそのまま置き、違う友達とペアになって、同様に交代して繰り返し遊びます。

初めは後ろに下がってジャンプしていましたが、何度もするうちに真上にジャンプできるようになりました。

**あそびメモ　友達と息を合わせてタイミングをとる**

遊びの中で、友達の人数をかぞえ、過不足を意識するなど、数の概念を覚えます。跳べた、引き抜けた、など1人で感じる楽しさや、友達と一緒に楽しむ雰囲気も感じ取れる遊びです。

# いっぱい遊ぼう

## ★ ぐるぐるアクションあそび

**準備物**
マット4枚（20人想定）
●それぞれのマットの周囲を回れるように、間隔をあけて敷く。

### 1 マットの周りを散歩する
自由に散歩し、笛が2回鳴ったら、近くのマットに入ります。人数はバラバラでOK。

### 2 マットの上でアクション
保育者の合図で、マットの上でアクションをします。1つのアクションを終えたら繰り返し、アクションを1つずつ増やしていきます（1回目：ハイハイのみ、2回目：ハイハイ→クマさん歩き、3回目：ハイハイ→クマさん歩き→ウサギジャンプ　など）。

**あそびのコツ**
一度にアクションを覚えることは難しいので、一つひとつ保育者が教えていくといいでしょう。

**アクション**

❶ハイハイ

❷クマさん歩き（高ばい）

❸ウサギジャンプ（両足ジャンプ）

❹おイモゴロゴロ（横向きに転がる）

❺前回り

**あそびメモ　友達と協力する楽しさ**
偶然一緒のマットになった友達と協力して遊びを進めていく楽しさ、そして遊びを順序立てていくおもしろさなど、子どもの成長ポイントが無数に詰め込まれています。

#  ペンタとウサコのジャンケンあそび

**環境とあそび** / **春** いっぱい遊ぼう

## 1 2人でジャンケン

2人組になってジャンケンし、勝てばウサコ（ウサギになって両足ジャンプ）、負ければペンタ（ペンギンになってつま先を上げて歩く）で移動します。

## 2 ウサコ同士、ペンタ同士でジャンケン

移動して、同じ動きの相手を見つけてジャンケン。同様に、勝てばウサコ、負ければペンタになります。

↓ 慣れてきたら…

あいこのときは2人ともオオカミ（両手を上げて歩く）になって移動し、**2**と同様にオオカミを見つけてジャンケン。オオカミ同士はジャンケンをする前に、「ガオーッ」と言い合います。繰り返し遊んでみましょう。

**あそびのコツ**
役柄をしっかり表現して遊べるようになってから、オオカミを登場させましょう。

 **あそびメモ　役柄をしっかり表現**
自分がウサコなのかペンタなのか、友達から気付いてもらうことも重要です。役柄をしっかりと表現しているかがポイントです。

## 爽やかな風を感じて

風という人の目に見えないものを利用して遊び、紙プロペラが様々に舞い落ちる美しさや不思議を味わいましょう。

### ♣ いろいろな紙でプロペラ遊び

はがき、色紙、包装紙など、いろいろな厚さ、重さの紙を用意して、宙に舞う紙の動きを楽しみましょう。ベランダや遊具の上から落とすと、風を受けて舞い落ちる様子がよく分かります。

**ポイント**
いろいろな紙を用意しておき、紙によって回り方、落ちるスピードなどが違うことに気付きましょう。

#### いろいろプロペラ

**その1 帯プロペラ**
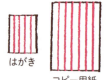
いろいろな紙を切って帯を作る。

**その2 クリッププロペラ**
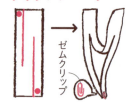
帯に切り込みを入れ、●と●を合わせてゼムクリップで挟む。

**その3 お魚プロペラ**
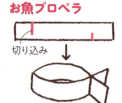
帯の両端に切り込みを入れて差し込む。

**その4 お花プロペラ**

帯に折り筋を付け、ハサミで折り筋まで切り込みを入れる(間隔は自由)。端と端をのり付けして輪にする。

**その5 メガネプロペラ**
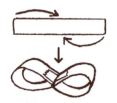
帯の中心でテープで留め、反対側も同様に。

**ほかにもたくさん！**

帯を山折り谷折りする、好きな形に切る など。

## 友達とはっけよ〜い相撲で

園生活になじんできた頃、友達の名前を呼んだり触れ合ったりして遊び、親しみをもつきっかけにしましょう。

### ♣ オオバコ対決

オオバコの茎を抜き取ります。茎を絡めて引っ張り、切れた方が負けです。

**ポイント**
強そうなオオバコを選んだり、引っ張る力を加減したりして、勝てるまで何度でも挑戦することができます。

### ♣ 友達と相撲をとろう

歌に合わせて8回四股を踏みます（腕を左右交互に前に突き出しても）。「ハッケヨイ、ノコッタ！」で相撲をとります。

**ポイント**
「○○ヤマ」「○○ウミ」など力士名を考えて呼び合うと盛り上がります。

『チビスケ ドッコイ』（わらべうた）

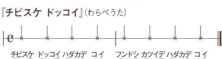

チビスケ ドッコイ ハダカデ コイ　フンドシ カツイデ ハダカデ コイ

### ♣ 紙で作る トントン相撲

作った力士を土俵に置き、行司役の「ハッケヨイ、ノコッタ！」の掛け声で土俵（箱の隅）をたたきます。先に倒れたり土俵から出たりした方の負けです。

**ポイント**
たたき方は慎重だったり大胆だったり個性が出ます。軍配やのぼり、星取表を作ると遊びが盛り上がりますよ。

**作り方**

〈力士〉
❶画用紙で筒を作り、テープで留める。

❷画用紙に好きな絵を描き、切り取る。

❸❶の筒に絵を貼り付ける。

〈土俵〉
画用紙に土俵を描いて菓子箱に貼る（保育者が作っても）。

〈その他（軍配・星取表）〉

ダダダダダーッ!!
のこったのこったー！

環境とあそび

春　じっくりゆったり遊ぼう

# 行事あそび

## 親子参観

### ♥ クルッと！ クルッと！

**準備物**
約350mlのペットボトル、クリアフォルダー、ペーパー芯、セロハンテープ、曲がるストロー

〈ゴールタワー〉ペットボトルに水を入れ、倒れないようにする。高さ10cmほどに切ったクリアフォルダーを筒状にしてペットボトルにはめ、テープで留める。

〈輪っか〉1.5cm幅に切ったペーパー芯に色を塗っておく。

机の上に輪っかとゴールタワーを置き、曲がるストローで輪っかを起こして引っ掛け、ゴールタワーに入れていきます。先に全部入れた方が勝ちです。

**ポイント**
小さな輪っかにストローを通すのは少し難しいですが、夢中になれるゲームです。じっくり落ち着いてするのが勝利へのカギ。

### ♥ ジェットひこうき

**準備物**
割り箸の袋、クリップ、色紙（¼サイズ）、曲がるストロー

折る → クリップで留める → 色紙 貼る → 下からストローを差し込む

割り箸の袋

ストローをくわえて、勢い良く吹きます。飛距離を競ったり、目標をつくったりしてもいいですね。

**ポイント**
飛ばすときの角度が飛距離を伸ばすポイントです。どの角度が一番飛ぶか、親子で実験してみましょう。

76

## 💗 とって〜っ！！

**準備物**
タオル

床にタオルをひも状に置き、親子は背中合わせでタオルをまたいで立ちます。保育者は「と、と、と、と……○○○（トンボ、トマト、とって〜っ！ のどれか）」をランダムに言い、親子は「とって〜っ！」のときだけ、足下のタオルを引っ張ります（トンボ、トマトのときは取ってはいけない）。タオルを早く取った方が勝ちです。

**ポイント**
キーワードを言う保育者のタイミングが重要です。子どもと保護者の様子を見ながら進めていくと、しぜんに盛り上がるでしょう。

環境とあそび

春　行事あそび

---

## 💗 親イス・子イスでハイ、ポーズ！

**準備物**
イス、BGM

❶ テンポの良い曲をかけながら、イス取りゲームをします。保育者の合図で座り、親子で先に座った方の膝の上に、もう1人が座ります（先に座ったのが保護者なら、保護者の膝の上に子どもが座る）。

❷ 全員が座ったら、保育者は「○○ポーズ！」と、ポーズのお題（飛行機、すべり台、コアラ、カカシなど）を言い、ペアでどんな形かを考えてポーズをとります（座っている順序は入れ替わってもOK）。全員がポーズできたら、イス取りゲームを繰り返します。

**ポイント**
イス取りゲームでは、子どもの動きの方が速くて保護者がなかなか先に座れず白熱します。ポーズをとるところでは、それぞれのペアで個性的な動きが出て盛り上がりますよ。

# 夏

## 環境づくり

シャボン玉や色水遊び、プール遊びなど、いろいろな水遊びができる季節です。子どもが安全に、主体的に遊びの中で発見したり工夫したりすることができるよう、保育者も一緒に楽しんで、一人でも安心してじっくりと関われる環境を工夫していきましょう。

### 生活・あそび　夏の生活やあそびを大切に

**お茶飲みコーナーをつくる**

水筒を持参する園では、水筒を保育室の1か所に集めて、お茶飲みコーナーをつくります。イスに座って落ち着いて飲む習慣もつきます。

**小麦粉粘土でごちそう作り**

天候が悪くて水遊びのできない日には、室内遊びを楽しめるよう小麦粉粘土などを準備し、ごっこ遊びを楽しめるようにしてもよいですね。

### あそび　クレープ紙、花びらなどで様々な色水あそびを

色水作りの素材を少しずつ変化させていきます。2色くらいのクレープ紙を細かく切っておき、少しずつ色の変化を楽しめるようにします。また、深めのスプーンやじょうご、プリンカップなど、透明のいろいろな容器に色水を入れて、ジュース屋さんなどイメージをもって遊べるようにしていきます。

### あそび　自分からやってみようと思えるプールあそび

保育者と一緒に、楽しめるよう少しずつクラスのみんなで同じ動きをしてみましょう。「ワニさん歩きしてみよう」「アザラシさんになってみよう」などと言葉を掛け、イメージをもち、なりきって動きの多様性を出せるようにしていきます。次第に顔をつけることに挑戦してみようとするでしょう。

ワニさん、お顔つけられるかな？

ワニさん歩き

宝探しゲーム

お魚さんみたいですごいね！

あったー！

環境とあそび　夏　環境づくり

## あそび　いろいろ試せる環境づくり～シャボン玉作り～

**吹くための用具を工夫して**

ラップの芯やストローを何本かを束ねた物など、シャボン玉液を吹く用具の違いによってシャボン玉の大きさやでき方の違いを楽しめます。ラップの芯には、シャボン玉液をつける側にビニールテープを巻き、口をつける側とを見分けられるよう工夫しています。

**ひとりでもじっくりと没頭して試しながら遊べる環境を**

「使えるストロー」と、「使用後のストロー」の入れ物を区別する印を付けておきます。使い方が分かって自分なりのやり方でじっくり繰り返し、ブクブクと泡を作ることも楽しめます。いろいろなシャボン玉遊びのバリエーションを楽しめるようにしましょう。

太いストローを
2本くっつけて…

## あそび　子どもの発見に共感し一緒におもしろがる

ストローだけではなく、色画用紙を丸めて作った大きな筒で膨らますシャボン玉など、いろいろなシャボン玉の楽しみ方を提案できる環境を整えておき、子ども自身が発見できるようにしましょう。共感し、一緒におもしろがる保育者の関わりが好奇心を高めていきます。シャボン玉遊びを通して、繰り返し試すおもしろさを感じることができることでしょう。

大きい！
大きい！！

「かみでつくってみる！」
という子どもの言葉から、
色画用紙の筒で
シャボン玉作りに挑戦！

## 保育資料

### 📖 おはなし

**おばけのてんぷら**
作・絵：せな けいこ
ポプラ社

**かぶとむしの ぶんちゃん**
作：高家博成・仲川道子
童心社

**なつのいちにち**
作：はた こうしろう
偕成社

**とんぼのあかねちゃん**
作：高家博成・仲川道子
童心社

**まっかっかトマト**
作：いわさ ゆうこ
童心社

**かいぶつトンボの おどろきばなし**
作：かこさとし
小峰書店

### 🎵 うた

- かたつむり　文部省唱歌
- たなばたさま
  作詞：権藤はなよ　補詞：林 柳波　作曲：下総皖一
- きらきらぼし　訳詞：武鹿悦子　フランス民謡
- うみ　作詞：林 柳波　作曲：井上武士
- しりとりうた　作詞：横笛太郎　作曲：兼永史郎

### ✋ 手あそび・わらべうた・ふれあいあそび

- 水あそび　作詞：東 くめ　作曲：滝 廉太郎
- げんきっきたいそう　作詞・作曲：阿部直美
- なんじゃもんじゃにんじゃ
  作詞：谷口國博　作曲：中川ひろたか
- たけのこいっぽんおくれ　わらべうた
- ジャンケン列車　作詞・作曲：二本松はじめ

### 🍃 自然

**🐛 虫・小動物**
- カエル　ヤゴ
- カブトムシ　トンボ

**❀ 草花**
- アジサイ　アサガオ　ヒマワリ
- エノコログサ

**🍴 食材**
- キュウリ、トマトなどの夏野菜

# 子どもとつくる部屋飾り

環境とあそび　夏　保育資料／子どもとつくる部屋飾り

## 🍀 ペンギンと ひんやりかき氷

**準備物**　〈かき氷、デザート〉●プチプチシート　●オーロラシート　●フラワーペーパー（¼～⅛サイズ）　●アルミホイル　●デザートなどの空き容器　〈ペンギン〉●色画用紙　●ハサミ　●のり　●フェルトペン

**作り方**
1 かき氷やデザートを作って（下記参照）、空き容器に入れる。
2 色画用紙でペンギンを作る。

### かき氷・デザート

イチゴをのせよう！

**1つの素材で**
〈フラワーペーパー〉丸める／ねじる
〈アルミホイル〉丸める／棒状にしてねじる

**素材を組み合わせて**
オーロラシートとフラワーペーパーを一緒に丸める
フラワーペーパーとアルミホイルで
丸めたフラワーペーパーをプチプチシートで包む

**ペンギン**
色画用紙を丸めてのりで貼る → 羽・足・おなか

### 壁面飾りに

かき氷を置く台は、長方形の箱（牛乳パックやラップの箱 など）に色画用紙を巻いています。

**+αアレンジ** レジ袋に入れてお持ち帰り♪

置いてテープで留める
牛乳パックを横長に半分に切った物
レジ袋

81

## ★ ともだちフエル〜

**合図に合わせてチームをつくり、人数で遊びを変える**

歩き回っている子どもたちに、保育者が「○人組」と合図をし、その人数でチームをつくります。人数に合わせてそれぞれの遊びを楽しみ、繰り返し楽しみましょう。

※プールでも楽しめます。

**2人組** 『あたまかたひざポン』の替え歌で遊ぶ

❶ あたま かた

❷ ひざ

❸ タッチ

❹ ひざ タッチ
　ひざ タッチ

❷・❸を2回繰り返す。

❺ あたま かた
　ひざ タッチ

❶〜❸と同様に。

❻ さいごはギュ〜ッ

**あそびのコツ**
それぞれの遊びを十分にでき、メリハリのつくように進めましょう。

『あたまかたひざポン』(作詞/不詳 イギリス民謡)のメロディーで 作詞/小倉和人

---

**3人組** 『なべなべそこぬけ』の歌で遊ぶ

輪になって歌をうたいながらギャロップで回り、次は反対回りをする。

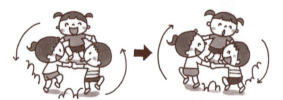

『なべなべそこぬけ』(わらべうた)

**4人組** 『ごんべさんの赤ちゃん』の替え歌で遊ぶ

❶ トントントントン
両手をグーにして上下交互に打つ。

❷ ぐるぐる
胸の前で手をかいぐりする。

❸ パッ
両手タッチ。

❹ ❶〜❸を3回繰り返す。

**あそびメモ**

**コミュニケーション力を高める**

なじみのある歌と簡単な動きなので、すぐに理解できるでしょう。友達を探して、どの遊びをするのか、友達と目や言葉でどのように伝え合っていくかを少しずつ学んで経験していく遊びです。

ピアノでマーチを弾いて「○人組」と声を掛けるとスムーズに遊べました

『ごんべさんの赤ちゃん』(作詞/不詳 アメリカ民謡)のメロディーで 作詞/小倉和人

## ⭐ のびのびパッシャン

『小さな庭』の替え歌で水慣れあそびをする

**❶ ちいさなにわを よくたがやして**

小さめの四角形を描く。

（2番）**ちゅうくらいの**
少し大きく描く。

（3番）**おおきな**
ダイナミックに描く。

**❷ ちいさなたねを まきました**

手のひらで水面をぱちゃぱちゃたたく。

（2番）**ちゅうくらいの**
動きを少し激しく。

（3番）**おおきな**
動きをダイナミックに。

**❸ ぐんぐんのびて なつになって**

座って手を伸ばす。

**❹ ちいさなはなが さきました　ポッ！**

手で花をつくり、水面からのぞかせる。

（2番）**ちゅうくらいの**
しゃがんだ状態から立ち上がって伸ばす。

（3番）**おおきな**
ジャンプする。

**あそびのコツ**
小→中→大とメリハリをつけよう！

『小さな庭』（作詞・作曲／不詳）のメロディーで　一部作詞／小倉和人

**あそびメモ　なじみの歌で水慣れを**
初めから水に入ってバチャバチャすると、水しぶきが顔に掛かって嫌がる子どももいます。これは、昨年の経験があっても、水の深さや友達関係が違うためです。なじみの手遊びで遊ぶ中で、慣れ親しんでいくことで安心できるでしょう。

---

## ⭐ やおやでチャッポン！

『八百屋のお店』の歌で水慣れあそびをする

**❶ やおやのおみせにならんだ　しなものみてごらん**

すり足で進む。

**あそびのコツ**
初めはゆっくりとしたリズムで！

**❷ よくみてごらん**

一度止まって、手で眼鏡をつくって水面をのぞく。

**❸ かんがえてごらん**

考えるポーズ。

**❹ ○○（野菜の名前を言う）「あるある」**

歩きながら「あるある」で手拍子をする。

※「ニンジン」など、最後に「ン」がつく野菜のときは、素早く座るようにすると盛り上がります。

**あそびメモ　初めはすり足で**
プールに慣れる段階では、走ると滑って転んでしまう可能性があります。水の中では、すり足ならスピードを出してもバランスをとりやすいのでおすすめです。

『八百屋のお店』（作詞／不詳 フランス民謡）

環境とあそび　夏　ちょこっと遊ぼう

## ちょこっと遊ぼう

### ★ あめつぶポチョン

**シートから落ちる水滴を見て遊ぶ**

水をシートに注ぐと、真ん中に集まってきた水が、穴から雨粒のように落ちてきます。水が流れる様子や、タライの水面にできる波紋を見て楽しみます。

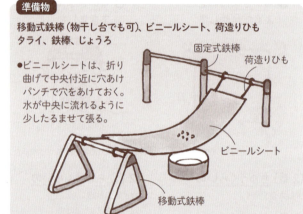

**準備物**
移動式鉄棒（物干し台でも可）、ビニールシート、荷造りひも、タライ、鉄棒、じょうろ
● ビニールシートは、折り曲げて中央付近に穴あけパンチで穴をあけておく。水が中央に流れるように少したるませて張る。

**あそびのコツ**
上も下もよく見えるような高さにシートを張ろう！

**あそびメモ　じっくりと観察しよう**
園庭にちょっとした仕掛けを作ることで、水に対しての興味が増します。水の流れや、落ちていく様子を観察していく中で、子どもたちは様々な気付きを得ることでしょう。夏ならではの経験をしていきましょう。

# ⭐ フープ取り合い合戦

**準備物**
フープ5本程度
● プールの中央に浮かばせておく。

### 1 ワニ歩きでフープを陣地に引っ張り込む

保育者の合図で、ワニ歩きでフープを取りに行き、自分の陣地（プールの底の線や縁を目印に）まで引っ張り込みます。

### 2 フープが多いチームの勝ち

全てのフープが陣地に渡ったら、数をかぞえます。フープの多いチームが勝ち。

**あそびのコツ**
「チームで力を合わせよう！」などと声を掛け、友達と協力して遊ぼう。

**あそびメモ**

**友達と協力する経験**
水に対する個々の感じ方は異なりますが、力を合わせて取り組むことはみんな同じと言えるでしょう。勝った喜び、負けた悔しさを少しでも体験できるといいですね。

環境とあそび

夏 ちょこっと遊ぼう／いっぱい遊ぼう

## いっぱい遊ぼう

準備物
フープ（人数の½）

### ★ 運転士 かわりま〜す！

**1 2人組になって ジャンケンをする**

勝ったらフープの中に、負けたら後ろにつきます。

**2 列車で歩き回り、相手を見つけてジャンケンをする**

相手を見つけてジャンケンをし、勝った列車はそのまま、負けた列車は「うんてんしかわりま〜す！」と言って前後を交代します。繰り返し遊び、合図でパートナーをチェンジします。

**あそびのコツ**
周りの子どもたちがジャンケンの勝ち負けを見届けることが大切。

不安でもだれかが助けてくれる…そんな優しい雰囲気がつくれました！

**あそびメモ　何度もチャレンジして持続性をもつ**
負けたら後ろに連なっていく「ジャンケン列車」とは違って、何度でも繰り返しジャンケンを楽しめることがこの遊びのだいご味です。フープの中に入るという楽しみを体験できる内容にすることで、持続性をもって遊べるでしょう。

86

## ★ 牛乳パックで水路あそび

### 水路をつなげて水を流して遊ぶ

砂場などで、牛乳パックを重ねてつなげていき水を流してみよう。
高低差をつけて流して遊ぶと楽しいですよ。

**あそびのコツ**
園庭の高低差を利用しよう！

**準備物**
牛乳パック
● 牛乳パックを輪切りにした物を、底と1面を切り取った物にはめ、ホッチキスの歯が外になるように留め、テープで保護。たくさん作っておく。

**環境とあそび　夏　いっぱい遊ぼう**

### あそびメモ　子どもたちの自由な発想を見守る

どうやったら流れるの？　水をどこから流そう？など、一つひとつの活動に子どもたちの考える力が必要となります。初めに、保育者が3つ程度つなげて伝えるだけで、後は子どもたちが自由な発想で遊ぶといいでしょう。保育者は見守りながら少し手伝う程度に。

## じっくりゆったり遊ぼう
～ 長時間保育にもおすすめ ～

### 色水を作って
友達との色の違いに気付いたり濃淡を比べたりして、様々な色水遊びを楽しみましょう。

#### ♣ 魔法の色水チップ

子どもたちは「シェイク」するのが大好きです。音を楽しみながらシェイクした後は、頬に当てたり、色を見せ合ったり、光にかざしたり、「まぜたらどうなる？」と新しい色水作りに挑戦します。

**作り方**
1. メモ用紙程の大きさのツルツルした紙に水性フェルトペンを塗る。
2. 細く切ったり破いたりして、ペットボトルに入れる。
3. 水を注いで出来上がり。

**ポイント**
水性フェルトペンを使うと、透明感のある色が作れます。子どもの驚きや発見に共感しましょう。

#### ♣ ジュースやさんが始まるよ

いろいろな容器とお玉やスプーンなどを用意して、色水の変化を楽しみながらジュースやさんが展開します。

**ほかにもたくさん！**

**色水ヨーヨー**
ポリ袋に色水を入れ、口を固く結んで輪ゴムを付けます。窓につるしておくと、光を通してきれいな色に。

・色水ボウリング
・色水マラカス
・色水流し　　　　　　　など

※そう麺流しの要領で。色水が混ざっていく様子がよく分かります。

**ポイント**
室内で作った色水をこぼさない、静かに運ぶなど、丁寧に扱うことも学びます。

## 買い物ごっこで

生活と密着した会話が生まれ、友達とのつながりが深まります。広告紙やカタログを利用すると準備が簡単で、少人数でも楽しめます。

環境とあそび

夏 じっくりゆったり遊ぼう

### ✿ 買い物ごっこをしよう

**売り物を作ろう**　広告紙やカタログなどの、食べ物や玩具、服などを切り取ります。

**作り方**

〈サイフ〉
❶色紙を中心に向けて折る。
❷裏返す。
❸中心に向けて折る。
❹半分に折る。
❺出来上がり。

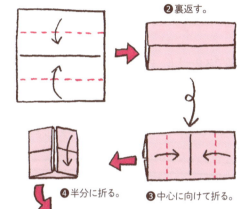

〈買い物カゴ〉
ヨーグルトなどの空き容器に持ち手（リボン・ひも）を付ける。

**遊びやすいよう、分類しよう**　切り取ったら種類別に箱に分けます。

**買い物ごっこスタート**　お店屋さんを始めます。

**ポイント**
紙やフェルトペン、ハサミなどを準備しておくと、子どもは自由にお金や財布、買い物カゴなどを作ります。

## 運動会

### ♥ ドーンでヨイショ！

① 2人1組でスタートし、力を合わせてマットの筒を倒します。ボールが2つ出てきたら、1つずつ持って次のマットへ行きます。
② マットをフープの中に立て、ボールを中に入れます。
③ 手をつないで戻り、ゴールして次走者と交代します。

※倒したマットはそのままにし、次走者は点線のルートを通ります。

**準備物**
マット、短縄、ドッジボール、フープ
● マットを短縄で縛ったものを2セット用意しておく（1つにボールを2個入れておく）。

**ポイント**
1人ではできなくても、2人で力を合わせるとできることもあるということを体感できる競技です。声を掛け合って繰り返し遊んでみましょう。

### ♥ はさみっこ

① 2人1組で棒を持ち、Aのボールを棒で挟んでBに移します。

**ポイント**
2人が同じ力加減になるよう調節しながら、息を合わせて運びましょう。

**準備物**
1mの棒2本（竹、塩ビパイプ など）、ドッジボール、フープ、カラー標識、マット

② 棒を持ったまま、カラー標識を回って再びBへ。Bのボールを棒で挟みAへ移せたら、棒をマットまで運び、ゴールして次走者と交代します。

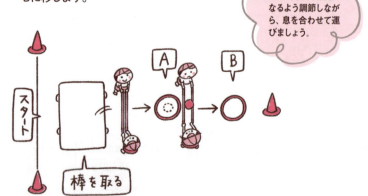

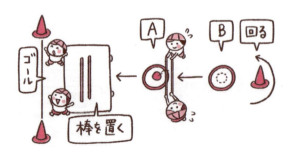

## ♥ 連結フープにお客様

チームに分かれ、親子とお客様（職員や来賓など）の3人で連結フープに入ります。スタートして、カラー標識をB→A→Cの順に回って戻り、次走者へバトンタッチ。

**準備物**
〈1チームにつき〉連結フープ1本（フープ3本をつないでテープで留める）、カラー標識3本

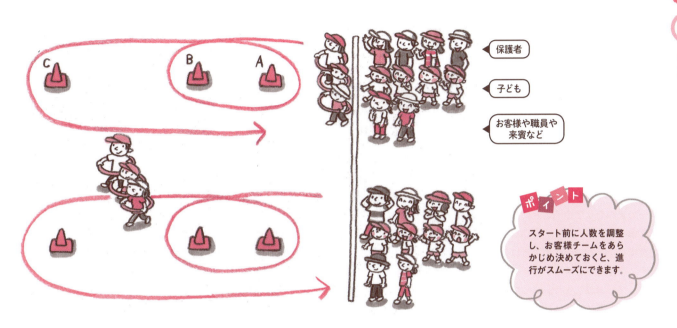

**ポイント**
スタート前に人数を調整し、お客様チームをあらかじめ決めておくと、進行がスムーズにできます。

環境とあそび

夏　行事あそび

---

## ♥ 親子でボール入れ替え大作戦

リングバトンを親子で持ち、カラー標識に掛けます。ボールをマットからマットへ移し、移し終えたらバトンを持って戻り、次の親子と交代します。

**準備物**
〈1チームにつき〉マット2枚、カラー標識1個、リングバトン1個、ドッジボール6個

**ポイント**
普段の保育の中で、異年齢で遊んでもおもしろいでしょう。協力して進めることで年下の子どもたちを思いやる気持ちが育ちます。

# 秋

## 環境づくり

体を動かして遊びたくなる季節。運動会の経験をきっかけに年長児に憧れ、新たな動きにも挑戦するようになります。また、自然の恵み豊かな秋の自然体験を通して、4歳児なりの不思議で、おもしろい体験を大切にしましょう。

### あそび・行事　運動会をきっかけに体を動かす楽しさを

年長児への憧れからまねて遊ぶ姿が見られます。リレーのまねをして走ることに興味をもつようになる4歳児も多くいます。また、リズム体操などでは年長児に衣装を借り、音楽に合わせてまねて踊ってみる姿も見られます。衣装の貸し借りができるように保育者間の連携を密にしていきましょう。いつでも踊れるようにCDなどを用意し、踊りを自分たちで楽しめるようにしていきましょう。

ねんちょうさんかっこよかったね

運動会での年長児をまねて…

子どもたちだけで、音楽をかけて踊れる環境を用意。

### あそび　友達と一緒に体を動かして遊ぶ楽しさを味わえる環境

**ぼくたちもやってみよう**

運動会が終わると、年長児をまねてエンドレスのリレーで走ることを楽しみます。無理に年長児と同じルールにしたりすることなく、一緒に走りたい友達と走ることを楽しむ姿を大切にしていきましょう。

**いつでもできる鬼ごっこの場所**

いろいろな鬼ごっこがありますが、「ひょうたん鬼」のように狭い所を通るスリルを楽しめる遊びは、4歳児に人気です。ひょうたんの形を地面に描いておくと、いつでも鬼ごっこが楽しめます。そういう園庭の使い方についても、保育者同士で話し合って環境を整えていきましょう。

バトンを持って
いけ～！
がんばれ～！

地面にひょうたんの形を描いておく

## 環境とあそび

### 秋　環境づくり

---

**あそび　身近な秋の自然物をあそびに使って**

落ち葉がたくさん積もっている季節。昨年の年中児の遊びを思い出し、自分たちもやってみようとする姿が見られます。保育者は、子どもたちの様子を見ながら、「こんなのどう？」とアイディアを提供します。

「ちょっとぬるいな〜」
「はい、あつくします！」

集めた落ち葉をお風呂に見立てておふろやさんごっこ

保育者は、「浴槽に使えるかな？」と、細長い段ボール板をクラフトテープでつなげた物を用意しました。お金やチケットも落ち葉で。お風呂をたく人も登場しています。

---

**食育　友達と一緒に収穫を楽しむ**

サトイモの収穫をする機会は貴重な経験です。友達と一緒に力を合わせて「よいっしょ！」と掘る、サトイモの葉を傘に見立てて遊ぶなど、豊かな経験は表現遊びや経験画を描くことにも展開していくことでしょう。

「よいっしょ！」

『となりのトトロ』の歌を口ずさんで、サトイモの葉を傘に見立てて遊んでいます。

---

**あそび　自然物で遊べる環境で想像力を豊かに**

**手作りの積み木で何ができるかな**

庭木のせん定で切られた枝は、小さく切ってもらい積み木に。積み上げたりつなげたりしていろいろな想像を膨らませます。

「こんなのできたよ！ケーキみたい！」

園庭の木の枝で作った積み木

**いろいろな形の落ち葉で遊ぶ**

園庭や公園にどんな葉っぱが落ちているかあらかじめ調べておきましょう。小さい、大きい、長細い、丸い、ギザギザ…など、いろいろな形の落ち葉を飾って楽しみながら遊ぶと、美的感性の育ちにつながります。

「おおきなバースデーケーキができたよ！」

「いろいろな葉をたくさん集めたね」

## 保育資料

### 📖 おはなし

パパ、お月さまとって！
作：エリック・カール
訳：もりひさし
偕成社

14ひきのおつきみ
作・絵：いわむらかずお
童心社

よーい、ドン！
作：中垣ゆたか
ほるぷ出版

まんじゅうこわい
文：斉藤洋
絵：高畠純
あかね書房

花さき山
作：斎藤隆介
絵：滝平二郎
岩崎書店

コロコロどんぐり みゅーじあむ
作・絵：いわさゆうこ
アリス館

### 🎵 うた

- とんぼのめがね　作詞：額賀誠志　作曲：平井康三郎
- 赤とんぼ　作詞：三木露風　作曲：山田耕筰
- 運動会のうた　作詞：小林久美　作曲：峯 陽
- ピクニック　訳詞：萩原栄一　外国曲
- 山の音楽家　訳詞：水田詩仙　ドイツ民謡

### ✋ 手あそび・わらべうた・ふれあいあそび

- 秘伝ラーメンたいそう　作詞：平山ラーメン　作曲：たかはしあきら
- パワフルキットちゃん　作詞・作曲：新沢としひこ
- 昆虫太極拳　作詞：ミツル．＆りょうた．　作曲：りょうた．
- くだものれっしゃ　作詞：八代球磨男　作曲：小林つや江
- かたたたき　作詞・作曲：阿部直美
- フルーツバスケット

### 🍃 自然

🐛 虫・小動物
- スズムシ　● イモムシ
- バッタ　● コオロギ

❀ 草花
- フウセンカズラ　● コスモス　● ススキ
- オシロイバナ　● ヒヤシンス、クロッカス（水栽培）

🍴 食材
- サツマイモ　● カキ

94

# 子どもとつくる部屋飾り

環境とあそび / 秋 / 保育資料／子どもとつくる部屋飾り

##  お団子いっぱい！ ウサギのお月見

**作り方**
1. 色画用紙で作ったウサギを、紙皿に貼る。
2. 周りにペンで絵を描く。

**準備物**
● 紙皿 ● 色画用紙 ● フェルトペン ● ハサミ ● のり ● 木工用接着剤

**ポイント**
白色の紙皿の裏側を使うと、膨らみでよりお団子をイメージしやすくなります。のりで付かない場合は、木工用接着剤を使いましょう。

### 壁面飾りに

みんなのお団子を大きな三方に飾りましょう！ ストローに麻ひもを差して作ったススキや落ち葉も秋らしさを表現していますね。

### +αアレンジ ポケット付き三方でお持ち帰り

ポケットにススキを差してもいいですね。

## ちょこっと遊ぼう

### ★ グルッとまわってギュ〜ッ！！

**準備物** フープ（3人に1本）

**1 3人でフープに入る**
3人1組でフープに入り、順番を決めます。

**2 走り終えたら、フープの中で抱き合う**
1番目の子どもがフープの周りを3周走り終えたら、友達とフープの中で抱き合います。2、3番目の子どもも同じようにします。

**あそびのコツ**
「ギュ〜ッ」としっかり抱き合う。

**3 『なべなべそこぬけ』を歌いながらギャロップ**
フープを両手で持って歌いながらギャロップで回ります。
同じように反対回りしたら座ります。新しいチームで繰り返し遊びます。

**あそびのコツ**
競争ではなく協力して行なう遊びなので、自分たちのペースで！

**あそびメモ　協調性や仲間意識の芽生え**
友達と協力して遊びを楽しむことは、協調性やチームとしての仲間意識の芽生えでもあります。チームの仲間や違う友達とも関係性が深まり、集団生活を有意義なものにしてくれるでしょう。

『なべなべそこぬけ』（わらべうた）

## ★ ビックリくり〜！！

> **準備物**
> 園児用イス（人数の½）、
> 紅白玉（人数の¼）
> ● イスを外向きで円形に並べる。

### 1 『大きな栗の木の下で』を歌いながら周りを回る

人数の半分がイスの周りに立ち、残りはイスに座ってランダムに玉を1つずつ持って、足の間に隠します（立っている子どもには見えないように）。立っている子どもは、『大きな栗の木の下で』を歌って手拍子しながら、イスの外を回ります。

### 2 座ってみんなで「ビックリくり〜」

歌い終わったら、イスに座っている子どもの膝の上に座ります。座ったらみんなで「ビックリくり〜」と言います。

※タイミングをとりやすくするために「せーの」と声掛けしてもいいでしょう。

### 3 座っている子どもをくすぐる

玉を持っている子どもは、膝の上に座っている子どもをくすぐります。立っていた子どもは、玉を持っている子どもと交代します（ここで、玉を回収）。

### 4 玉を違う子どもに渡す

立っている子どもは目を閉じます。「もういいかい？」などとやり取りをしながら違う子どもに玉を配り、足の間に隠します。再びスタートして遊びましょう。

「ビックリくり〜」という前にタンブリンを鳴らすとスムーズでした。

---

**あそびメモ　自分の役割を判断して楽しむ**

玉を持っている子ども、持っていない子ども、そして立っている子どもが、それぞれ自分の役割を理解して行動することが遊びを盛り上げます。子どもの笑顔や期待する姿がたくさん見られる遊びです。

『大きな栗の木の下で』（作詞／不詳　外国曲）

環境とあそび　秋　ちょこっと遊ぼう

## ★ マット運んでクルリンパ

### 1 マットを運んで、前回りをする

4〜6人でチームを作り、スタートの合図で、マットを持ってカラー標識まで行きます。全員が1回ずつ順番に前回りをします。

**準備物**
マット、カラー標識、ビニールテープ

いくぞ〜！

しぜんと子どもたち同士で息を合わせ協力して運ぶ姿が見られました！

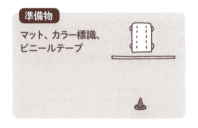
**あそびのコツ**
子どもたちだけで話をする「作戦タイム」を設けましょう。

### 2 マットを元に戻す

再び、マットを持って、元の場所へ戻ります。早く戻ってきたチームが勝ちです。

いそいで〜！

 **あそびメモ** — 友達と見通しを立てて遊ぶ
マットを目的地まで運ぶ、運んでから前回りをするなど、見通しをもつことができれば、取り組む姿勢に変化が見られます。マットの持ち方や運び方、スピード、前回りをする順序など、チームで協力し合うことが重要です。

# ⭐ 投げて！ 投げて！

### 相手の陣地を目掛けて玉を投げる

合図で自分のチームの玉を相手の陣地に投げます。マットには入らず、マットに乗っている玉に触れないようにします。陣地に入ってくるチームの玉は投げ返します。自分のチームの玉がどれだけ相手チームの陣地に入ったかを競います。

**準備物**
紅白玉（各色30〜50個）、マット
● マットを中央に並べ、両サイドにそれぞれの色の玉をランダムに置く。

**あそびのコツ**
まずは、一方から投げる遊びで楽しんでみよう。

「赤チームの勝ち！」

**あそびメモ　遊びの中で投げる運動を**
指先・手首・体のバランスを保ちながら投げることは、案外難しいことです。遠くへ飛ばすという目標やゲーム性のある内容にすることで、投げる運動を楽しみながら繰り返して身につけていきます。

環境とあそび　㊷ いっぱい遊ぼう

# じっくりゆったり遊ぼう
～長時間保育にもおすすめ～

## 絵描き歌で

地域に伝わる絵描き歌を子どもたちと楽しく歌って描き、保育者自身も子どもの世界を楽しみましょう。

### ♣ 歌って描いて

保育室では紙を広げて、屋外では地面に、自由にゆったりと遊びましょう。

**ポイント**
歌に合わせて手を動かすと、ユーモラスな絵ができます。同じ歌なのにみんな違う表情の絵を楽しみましょう。

### 絵描き歌いろいろ

**まーるくて食べるとおいしいものなーんだ?**

① まるかいて  ② ちょん  ③ まるかいて  ④ ちょん  ⑤ おさらにのせて、はいどうぞ

**数字の2はなーに?**

① にいちゃんが  ② さんえんもらって  ③ まめかいに  ④ おくちをとんがらかして  ⑤ アヒルのこ

**みみずが三びき**

① みみずが さんびき はってきて
② あさめし ひるめし ばんのめし
③ あめが ジャージャー ふってきて
④ あられが ポツポツ ふってきて
⑤ おっと たまげた たこにゅうどう

『みみずが三びき』(わらべうた)

みみずが さんびき はってきて あさめし ひるめし ばんのめし あめが ジャージャー ふってきて あられが ポツポツ ふってきて おっと たまげた たこにゅうどう

## 音を作って

身近な材料で一人ひとりお気に入りの楽器を作って、友達と鳴らし方を教え合ったり、音の違いに気付いたりして楽しみましょう。

**環境とあそび　秋　じっくりゆったり遊ぼう**

### ♣ マラカスシャンシャン

マラカスを振って遊びます。

**作り方**
① 蓋付き容器にチップを入れる。
　蓋付き容器（ペットボトルなど）
　〈チップになる物〉
　・ストローを小さく切る
　・ボタン
　・ゼムクリップ
② テープで蓋をしっかり留める。
　テープ

### ♣ ポンポロギター

指や割り箸などで輪ゴムをはじいたり、こすったり、つまんだりしてみましょう。

**作り方**
スチレン皿
ペットボトル
少し切り込みを入れて輪ゴムを掛ける。
輪ゴムを掛ける。
〈他にも〉アルミ皿
ティッシュペーパーの空き箱

### ♣ 空き缶ボーボー

ストローを飲み口に当て、息を吹きながら音のよく出る所を探します。音の出る位置を見つけたときに喜びがあります。

**ポイント**
口の周りの筋肉を鍛え、発声を良くし、表情を豊かにする効果もあります。

**作り方**
音の出る位置が見つかったらテープで留める。
曲がるストロー
空き缶
テープ

※水を入れると音が変わります。

### ♣ トントコ太鼓

空き容器を太鼓にしてバチでたたいて遊びます。

**作り方**
〈バチ〉　〈太鼓〉
① 風船の細い方を切る。
① 風船の太い方を半分に切り開く。
② 円筒にかぶせて、テープで留める。
② 結んで裏返し、キャップを作る。
③ 割り箸の先に接着剤をたっぷり付け、丸めたティッシュペーパーでくるむ。②をかぶせ、ゴムで留める。

### ♣ お気に入りの楽器で

「ここはたいこ」「つぎはギター」などと分担したり、音を合わせたりして、簡単な曲を演奏しましょう。

**ポイント**
グループで聞き合ったり、3歳児に披露したりしましょう。

## 敬老の日

### ♥ ナイスキャッチゲーム

紙コップにピンポン玉を入れて、輪ゴムを引っ張って放すと、ピンポン玉が飛びます。それをキャッチして遊ぶゲームです。

**準備物**
紙コップ（405㎖）、コピー用紙、輪ゴム、ホッチキス、ピンポン玉

紙コップ
1辺1cmの切り込みを入れる（反対側も）
切り込みに輪ゴムを引っ掛けてテープ留め
細長く折り畳んだコピー用紙をホッチキスで留める

**ポイント**
作り方も遊び方も簡単で、おじいちゃん・おばあちゃんと一緒にすぐに楽しめます。

**★アレンジ★**
● 複数人でしりとりをしながら、遊んでみましょう。
● 1人ずつキャッチできた回数を数えてみよう。何回連続でできるかな？

## ♥ ○○でタッチ！

『十人のインディアン』の歌に合わせて、
親子で体をタッチして遊びます。

### 1 あたま　かた　おひざにタッチ

向かい合わせで、自分の体を頭・肩・膝の順に触って「タッチ」で
手のひらを合わせる。2回繰り返す。

### 2 ぐるりとまわって おしりでタッチ

その場でぐるっと回っておしり同士を合わせる。

### 3 くぐって　タッチ〜

股の間をくぐってからおしりにタッチする。

**ポイント**
スタート時は、1〜3の間に「いち、に」と間を置くなど、ゆっくりとしたテンポで進めていきます。初めに保育者同士が手本を見せると、理解がスムーズになるでしょう。

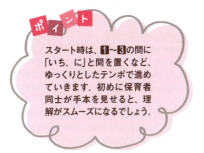

『十人のインディアン』(アメリカ民謡)のメロディーで　作詞／小倉和人

環境とあそび

秋　行事あそび

# 環境づくり

正月、豆まきなどの日本の伝統行事も遊びの中に生かせるようにするとともに、地域との交流など、様々な人との関わりを豊かにしていきましょう。また、冬ならではの遊びが体験できるよう、寒さの中でも戸外遊びも充実させていきます。

## 食育 / あそび　正月の体験をあそびの中で再現できるように

3、4人の友達と一緒に思いを伝えながら遊ぶことを楽しむようになります。身近にある材料を使ってお節料理を作り、正月ごっこを楽しむことができるよう、重箱に見立てられるいろいろな箱を用意しましょう。「お節料理」らしさを表現しようと、いろいろな物を作りながら体験を話し始めます。

おばあちゃんのいえでたべたよ

おもちもやく？

箱や色画用紙、緩衝材などを用意しておくと、それらを使ってお節料理を作り、正月ごっこを楽しんでいます。

## 生活　いろいろな人との関わりを大切に

### 和の文化にふれる機会を

正月に親戚と挨拶をするなど、いろいろな人と関わることの多くなるこの時季、日本の伝統文化にふれる機会をつくりましょう。例えば、地域の方や保護者にお茶会のご協力をお願いすれば、和の文化を取り入れることができます。畳に手をついて挨拶したりお抹茶をいただいたりすることを楽しみましょう。

**中学生による絵本の読み聞かせ**

おちゃってちょっとにがいよ。でもおいしい…

おにいちゃんこれよんで

近くの中学生との交流など、4歳児の3学期ともなると、いろいろな人との関わりを楽しむことができるようになります。ふだん経験できない大きいお兄さん・お姉さんとの関わりも、年末年始の親戚の人々とのつながりに生かせるでしょう。

環境とあそび / 冬 環境づくり

## あそび 冬の自然現象に、不思議・発見！

「雪が積もった！」という日は、冬の自然事象による偶然の環境を生かしましょう。思い切り触れて遊び、いろいろな発見や不思議さの体験ができるように、チャンスを逃さず取り入れていきましょう。

つめたいね

ゆきだるまって どうやって つくる？

あらかじめ、雪が積もったら雪遊びをすることを家庭に伝え、防水手袋や防寒着などの準備をお願いしておきましょう。

## あそび たこ揚げから縄跳びへ

冬の寒い時季だからこそ、戸外で体を動かす楽しさが味わえることでしょう。手作りの六角形のビニールだこに、紙テープの足を付けてたこ糸を持って走ります。たこを持って走る遊びが楽しめるようになると、縄跳びをしながら走ることも提案してみましょう。

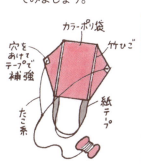

縄跳びしながら走ってみる？

## あそび 身近ないろいろな素材を組み合わせて

### 木の枝など自然物を使って

木の枝と毛糸を組み合わせ、ネックレス屋さんを楽しんでいます。自分たちで作ることができる簡単な材料なので、「これならもっと作れる」と意欲が湧きます。

### 子どもが扱いやすい素材を

いろいろな素材を組み合わせて楽しくごっこ遊びができる環境を工夫しましょう。中型積み木やゴザなども準備し、作った物の置き場所も考えます。

木の枝にも糸をぐるぐる巻いて作ります。

フラワーペーパー、牛乳パック、空き箱、色紙など、簡単な材料を用意

## 保育資料

### 📖 おはなし

**ねずみくんのクリスマス**
作：なかえよしを
絵：上野紀子
ポプラ社

**ポカポカホテル**
作：松岡 節
絵：いもとようこ
ひかりのくに

**かさじぞう**
作：松谷みよ子
絵：黒井 健
童心社

**14ひきのもちつき**
作・絵：いわむら かずお
童心社

**11ぴきのねこ**
作：馬場のぼる
こぐま社

**しゃっくりがいこつ**
作：マージェリー・カイラー
絵：S.D. シンドラー
訳：黒宮純子
らんか社

### 🎵 うた

- ジングル・ベル　作詞・作曲：J.ピアポント　訳詞：宮澤章二
- うさぎ野原のクリスマス　作詞：新沢としひこ　作曲：中川ひろたか
- お正月　作詞：東くめ　作曲：滝 廉太郎
- 一年中のうた　訳詞：岡本敏明　外国曲
- カレンダーマーチ　作詞：井出隆夫　作曲：福田和禾子

### ✋ 手あそび・わらべうた・ふれあいあそび

- 幸せなら手をたたこう　作詞：木村利人　外国曲
- うたえバンバン　作詞：阪田寛夫　作曲：山本直純
- ともだち賛歌　訳詞：阪田寛夫　アメリカ民謡
- はないちもんめ　わらべうた
- おしくらまんじゅう

### 🍃 自然

🐛 **虫・小動物**
- 木の芽
　（サクラ、カエデ、モクレン　など）

🌸 **草花**
- ポインセチア
- レンギョウ
- サザンカ　●ネコヤナギ

🍴 **食材**
- 春の七草（セリ、ナズナ、ゴギョウ、ハコベラ、ホトケノザ、スズナ、スズシロ）●ミズナ　●ネギ
- ハクサイ　●ホウレンソウ　●ミカン

# 子どもとつくる部屋飾り

環境とあそび

冬 / 保育資料／子どもとつくる部屋飾り

##  クリスマスのわくわくボード

**準備物**
- 段ボール板 ● 色画用紙 ● フェルトペン
- 綿 ● ハサミ ● のり ● 目うち ● 麻ひも

### 作り方

1. サンタやツリーなどを、色画用紙で作ったり、描いたりする。
2. 段ボール板に **1** を貼る。
3. 綿を小さく丸めて貼る。

最後に保育者が目うちで穴をあけて、麻ひもを通します。

**ポイント**
子どもたちとの話し合いの中で思いを引き出し、豊かに表現できるようにしましょう。

わたをはってかざりをつけるよ！
プレゼントをたくさんじゅんびしたよ！

## 壁面飾りに

画用紙で道を作り、作品を飾るとサンタ村の出来上がり！ 子どもたちの個性が見えて、クリスマスへのワクワク感も膨らみますね。

## +α アレンジ ツリーのオーナメントに

園や家庭のツリーに飾って大活躍！

107

## ⭐ ジャンケンぐるっとさん

**ジャンケンで勝ったら周りを走る**

2人組でジャンケンをし、負けた方が勝った方の周りを1周走ります。再びジャンケンをして、1回目の勝者がまた勝った場合は負けた方が2周走ります。どちらかが2回勝ったら、握手をしておしまいです。違う友達と繰り返し遊びます。

**あそびのコツ**
初めは1回戦のみで遊んでみましょう。

**あそびメモ　共通のルールを理解し友達との関係性を深める**

「負ければ走る」というルールを友達と確認し合いながら遊びを進めることは、2人の関係性を深めることに一役買っています。繰り返したくさんの友達と遊んでみよう。

## ⭐ いもイモ

**マットを見立ててイモになりきって遊ぶ**

中央の円から「いーも、いーも、なーにいも？」と唱え歌をうたいます。保育者はサツマイモでできる料理名を言い、子どもたちは好きなマットに行って、イモの形になって遊びます（1つのマットの定員人数を決め、空いているマットを探します）。また、中央に戻って繰り返します。

**あそびのコツ**
初めにそれぞれのイモのポーズで遊んでみると良いでしょう。

**やきいも**
マットの上に寝て、手を伸ばす（マットは石）。

**ふかしいも**
マットの下から顔を出して寝転ぶ（マットは鍋蓋）。

**大学いも**
座って、水あめが絡んでいるように腕を組む（マットはお皿）。

**準備物**
マット
- 中央に円を描き、その周りにマットを4～5か所敷いておく。

**あそびメモ　遊びながら食文化にふれる**

サツマイモを食べる機会はあると思いますが、どんな方法で調理しているか、子どもたちは知っているのでしょうか？遊びの中でも食文化を知ることができるので、子どもたちと一緒に遊びながら学んでみましょう。

# ⭐ 手・足でグルリ

### 『手をたたこう』の替え歌で遊ぶ

❶ 手をたたこう（パチン） 手をたたこう（パチン）
　みんないっしょに 手をたたこう（パチン）

♪手を たたこう～

1グループ5～6人程度で輪になり、「パチン」で手をたたく。

**あそびのコツ**
初めは、2人組、3人組で遊び始めてもいいでしょう。

❷ まわりましょう まわりましょう
　みんないっしょに まわりましょう

♪まわり ましょう～

2,3回繰り返すうちに、友達と合わせる楽しさを感じていました。

手をつないで反時計回りで回る。

❸ 足ならそう（ドン） 足ならそう（ドン）
　みんないっしょに 足ならそう（ドン）

「ドン」で両足ジャンプし、音を鳴らす。

最後の「ドン」の後、引っ張り合いをして、足が大きく動いた人が負け。

**あそびメモ**

### 仲間のきずなを深める

リズムを合わせ回ったりジャンプしたりと、人数が増えるほど難しくなります。うまく合えば、力を合わせてできた達成感を味わえます。最後に、さっきまで力を合わせていた友達との勝負になります。そのような駆け引きも、仲間のきずなを深める良いきっかけになるでしょう。

『手をたたこう』（作詞・作曲／不詳）のメロディーで　作詞／小倉和人

環境とあそび

冬　ちょこっと遊ぼう

## ★ ロンドン列車

『ロンドン橋』の歌で遊ぶ

❶ ロンドン橋が おちる おちる おちる
ロンドン橋が おちる

2人組になり、その中からロンドン橋役を3組決めます。他の2人組は2両列車になり、蛇行しながらロンドン橋をくぐっていきます。

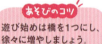

**あそびのコツ**
遊び始めは橋を1つにし、徐々に増やしましょう。

❷ さあ どうしましょう

橋役は手を下げ、列車のどちらか1両でも橋の中に捕まれば、橋役と列車役が交代します。

♪さあ どうしましょう

初めに蛇行して移動する遊びをしてから行なうと、理解が深まってスムーズにできました。

**あそびメモ　互いを思いやって行動する**

1人では、タイミングを見計らって橋を簡単にくぐり抜けることができますが、2人組になると違います。先頭の子どもは後ろの友達のことも考えて動かなければなりません。互いを思いやる気持ちを大切にしながら、活動できればいいですね。

『ロンドン橋』(作詞／高田三九三　イギリス民謡)

# ⭐ もち もち モッチー

### 『もちつき』の歌で遊ぶ

歌いながら歩き回ります。歌い終えたら保育者がもちの種類を伝え、真ん中のスペースで表現します。繰り返して遊んでみましょう。

♪もちつき〜

**あそびメモ　遊びの中で高め合う友達関係**
子どもが理解して表現できるまでには、子どもと保育者、子ども同士の言葉のやり取りが必要です。遊びの中で、互いに協力し合い、刺激しつつ、高め合える友達の関係性もいいものです。

丸もち（1人で）

丸く小さくなる。

**あそびのコツ**　初めは、丸もちだけで遊んでみましょう。

鏡もち（2人で）

1人はハイハイポーズ、もう1人が上に乗って両手を広げる。
※ハイハイポーズと上の子どもで鏡もち、手は干し柿、頭はダイダイを表します。

雑煮（3人で）

2人で向かい合わせで座り、両手をつないで両足をくっつける。1人は中に入って丸もちになる。

『もちつき』（作詞／小林純一　作曲／中田喜直）

もちつき　ぺったんこ　それつけ　ぺったんこ
ついたら　のばして　の—しもち　ぺったんこ

環境とあそび　冬　いっぱい遊ぼう

## じっくりゆったり遊ぼう
～長時間保育にもおすすめ～

### 糸電話を作って

「なぜきこえるの?」という不思議の世界を感じながら、大好きな友達と秘密の会話を楽しみましょう。

#### ♣ もしもし、あのね

「いっしょにきゅうしょくたべようね」「かえったらいっしょにあそぼうね」など、好きな友達とヒソヒソ…。

**作り方**

❶ 紙コップの底の中心に穴をあけ、たこ糸を通す。
※スチレンコップでもOK!

❷ たこ糸の端をつまようじに結び、コップの内側にテープで留める。

❸ 反対側の紙コップも同様に。

**アレンジ**

**毛糸でも聞こえるかな?**
たこ糸を毛糸に替えて会話をします。

**ふうせん糸電話でも聞こえるかな?**
風船を膨らませて糸で結び会話をします。

**3人で糸電話をするとどうなる?**
3つをつなげて3人で会話をしてみましょう。

## カードゲームで

正月遊びを経験した子どもたちが、言葉や文字、数などへの関心をもって遊べるようにしましょう。

### ♣ 絵合わせ・文字合わせ

ばらばらのカードを集めて、つながりのある絵や言葉を作りましょう。

子どもたちと3文字・4文字の言葉集めをしましょう。

**作り方**
1. 同じ大きさの厚紙に言葉集めで集まった言葉の絵を描く。
2. 絵カードの裏に「うさぎ」「ひこうき」と名称を書く(保育者、5歳児)。
3. 三等分、四等分に切り離す。

**ポイント**
文字を読んだり組み合わせたりするとき、文字の習得状況など個人差に配慮しましょう。

**アレンジ**
- 模造紙で大きく作っても楽しいです。3〜4人で元の絵に戻るように協力しましょう!
- カードを使ってしりとり、仲間集め、お話作りも楽しめます。

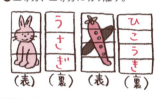

### ♣ 数字合わせ(神経衰弱)

トランプを裏返して並べ、順番にトランプをめくり、同じ数字を当てます。当たらなかったら裏返して、次の人の番になります。間違えるまで続けることができます。

**ポイント**
分かっているのに先に取られて悔しかったり、偶然が重なったり、いろいろな感情を味わいましょう。

環境とあそび / 冬 じっくりゆったり遊ぼう

## お楽しみ会

###  ツンデつんでツリー

3人チームになり、1人ずつスタート位置からツリーのパーツを運び、イスの上に積んでいきます。ツリーが完成したら、次の友達にバトンタッチ。見事、3本のツリーが完成したチームが勝ちです。
※途中で崩れた場合は、次の人が再チャレンジします。

**準備物**
牛乳パック、色画用紙、園児用イス（または大型積み木など）、お手玉（または紅白玉など）

- 牛乳パックの注ぎ口を折って平らにした物を2本、½サイズ（中にお手玉を入れる）を1本作る。長い物を2本合わせてモミの木になるように、短い物には★の飾りになるように、色画用紙を貼る。

**ポイント**
1番上の星パーツはお手玉の重りでアンバランスに。チーム内で作戦を考えたり、コツを教え合ったりする姿を大切にしましょう。

## お正月

### ❤ ふとんだこ

風を受けやすく、よく揚がるたこです。全面に絵が描けるのもうれしいですね。
素材は弱いので、丁寧に扱いましょう。

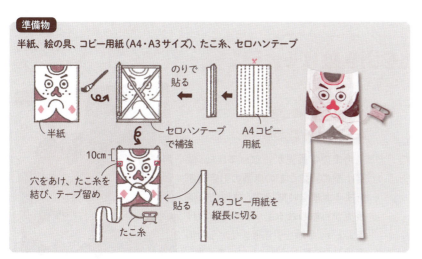

**ポイント**
まずは、たこ糸を短くして走って揚げてみましょう。風に乗ったら走るのをやめて徐々にたこ糸を長くしながら、引いて揚げてみましょう。

---

### ❤ はなごま

紙コップを切り開いて、模様を描くだけでカンタン！
回すととってもキレイです。

**ポイント**
軸の部分がとがっていないので、子どもだけでも安全に遊べるこまです。誰が1番長く回せるかを競争してもおもしろそうですね。

回すと…

環境とあそび
冬 行事あそび

## 環境づくり

年長児からの引き継ぎを大切にする時期です。また、天候や気候に合わせて、伸び伸びと戸外でも遊べる環境をつくっていきましょう。自分たちで遊びの場をつくれるようにもなり、次第にダイナミックになっていきます。

### 生活　年長児から当番活動を引き継げるように

**ごちそうあげるよ、コッケ！**

いろいろな小動物の世話を当番活動として行ない、親しみをもってふれあいを楽しめるようにします。名前を呼んでそっと関わり「ごちそうあげるよ」とおそるおそる近づいていきます。

**飼育当番の手順を年長児から教わる**

今まで年長児が行なってきた、飼育小屋の掃除などの当番の引き継ぎをする大事な時期です。意識的に年長児から教われるような時間を設けましょう。手順を引き継ぎながらの年長児との会話も大切にしていきます。

ちょっとくさくない？

○○ちゃんのうんちもくさいでしょう

名前を呼んだり、そっと触ったりと少しずつふれあう様子を見守ります。

ウコッケイとのふれあい

やりかたわかる？

うん、つぎはほうきではくのね

### あそび　年長児をまねてダイナミックに遊べるように

春の日ざしを感じる季節になると砂場遊びが活発になります。経験を重ねてきていることで、ダイナミックに遊ぶようになります。年長児の遊び方をまねて遊ぶ姿には、もうすぐ自分たちも年長になるという期待が込められているようです。保育者は、活動を予想して準備したり、共感しながら一緒に関わり楽しんだりしましょう。

年長児が遊びに使っていた透明パイプを使って、砂場遊びをしています。

## 環境とあそび ― 早春 環境づくり

### 食育／家庭と　進級に期待をもって栽培を楽しめるように

　季節の変化に気付くようになる3月。来年度の6月末の収穫に期待をもって植えられるジャガイモがおすすめです。保護者と共に体験すると、親子で共通の話題が生まれます。毎年、年長に進級する前に行なうことによって、いよいよ年長という流れを感じることもできます。土いじりをすると必ず出てくる虫に興味を示す子どももいるので、土作りなどの事前準備も子どもと共に行なうことが大切です。

### 行事／あそび　おひな様を自分たちで作ることができる環境

　作り方を説明すると同時に、作り方の図を掲示すると、それを見ながら進めることができます。園に飾ってある本物のおひな様を見に行って、えぼしや冠をかぶっていることにも気付けるようにしましょう。

### あそび　自然環境の点検と引き継ぎを

**オタマジャクシの誕生する池やビオトープ**

　子どもたちの発見を大切にできるよう点検しておきます。3月になると「オタマジャクシの卵が生まれたかな」と、子どもと一緒に毎日見てみましょう。水草の状態やビオトープの環境などの点検整備をしておきます。

**カブトムシの幼虫もお引っ越し**

　大きいペットボトルを切った容器にカブトムシのたまごを入れて腐葉土をたっぷりかぶせ、時々霧吹きをします。このように冬を越してきたカブトムシのたまごも、来年度にはふ化し、誕生するところを子どもたちと見ることができます。保育室の移動とともに引越しできるようにしておきましょう。

## 保育資料

### 📖 おはなし

**くすのきだんちは ゆきのなか**
作：武鹿悦子
絵：末崎茂樹
ひかりのくに

**ねこのおいしゃさん**
文：ますだゆうこ
絵：あべ弘士
そうえん社

**おにはそと！ ふくはうち！**
文・絵：いもとようこ
金の星社

**のはらのひなまつり －桃の節句－**
作：神沢利子
絵：岩村和朗
金の星社

**なぜ、せつぶんに 豆をまくの？** [紙芝居]
作：国松俊英
絵：藤田勝治
童心社

**いろいろじゃがいも**
作・絵：山岡ひかる
くもん出版

### 🎵 うた

- ゆきのぺんきやさん　作詞：則武昭彦　作曲：安藤 孝
- 一年生おめでとう
  作詞：佐倉智子　作曲：おざわたつゆき
- みんなともだち　作詞・作曲：中川ひろたか
- GOOD DAY GOOD BYE
  作詞：伊藤良一　作曲：内田勝人

### ✋ 手あそび・わらべうた・ふれあいあそび

- さんぽ　作詞：中川李枝子　作曲：久石 譲
- パイナポー体操　作詞：浦中こういち　作曲：小沢かづと
- そうだったらいいのにな
  作詞：井出隆夫　作曲：福田和禾子
- ゆうびんやさん　わらべうた
- いちわのからす　わらべうた

### 🍃 自然

🐛 **虫・小動物**
- メジロ　● ウグイス
- テントウムシ　● チョウチョウ

🌸 **草花**
- ナノハナ　● ヒイラギ
- チューリップ　● ウメ　● サクラ

🍴 **食材**
- ジャガイモ（植え付け）　● キャベツ
- イワシ　● シュンギク

# 子どもとつくる部屋飾り

## 🌸 オニさんパンツ

**準備物**
- 色画用紙
- 模様に使う材料（パス、フェルトペン、絵の具、新聞紙など）
- ハサミ

**作り方**
1. いろいろな技法で色画用紙に模様を付ける。
2. 1をパンツの形に切る（パンツの形に切ってから模様を付けても良い）。
3. 色画用紙でオニを作ってパンツを貼る。

**こすり出し**
パスで描いて指でこする。

**デカルコマニー**
色画用紙の上に絵の具をたらし、半分に折って開き、合わせ絵を作る。

**はじき絵**
パスで描いた模様の上から絵の具を塗る。

**ビリビリペタペタ**
新聞紙をちぎって貼る。

**スタンピング**
容器などに絵の具を付けて、型押しをする。

## 壁面飾りに

パンツをたくさん作り、麻ひもや洗濯バサミを使って飾ると干しているように見えますね。

### +α アレンジ オニさんの持ち帰りバッグに

紙袋にオニを貼り、名前を書いたパンツをつり下げています。お面や豆の持ち帰りにピッタリ！

環境とあそび / 早春 / 保育資料 / 子どもとつくる部屋飾り

119

## ⭐ トンネル３

### ３つのトンネルをくぐって遊ぶ

色チームと白チームに分かれ、初めは色チームがトンネルをします。立ちトンネルをしてくぐってもらい、お山トンネル、膝立ちトンネルと繰り返します。３つ終わればタッチでトンネル役を交代し繰り返します。

**あそびのコツ**
それぞれのトンネルに名前を付けると楽しさアップ！

立ちトンネル　／　お山トンネル　／　膝立ちトンネル
脚を広げて立つ　／　両手を着ける　／　膝をしっかり立てる

**あそびメモ　相手への思いやり**
トンネルの子どもはくぐる友達が通りやすいように、くぐる子どもは友達の足に当たらないように体を小さくするという、ねらいがあります。体を動かしながら、相手に対する思いやりの心も身につけていけると良いですね。

## ⭐ スリスリふうせんゲーム

### ２チームで風船が地面に着かないようにバレーボールのように遊ぶ

２チームに分かれ、３人ずつ対戦します。ジャンケンに勝ったチームから始め、座って風船が落ちないようにレシーブします。自分の陣地で何度はじいてもOK。相手の陣地に返します。下に落ちたら、両チームとも別の３人組と交代します。

**準備物**
風船、園児用イス

**あそびメモ　仲間と協力する**
風船を使うと、子どもが思い切りはじいてもそんなに遠くには行きません。座りながらの移動ですが、十分にラリーを続けることが可能です。周りで同じチームの子どもたちが一緒に応援しているので、一体感も生まれてきます。

## ⭐ もしもしデキル！？

### 『うさぎとかめ』の歌で遊ぶ
2人組で向かい合わせになります。

**❶ もしもしかめよ かめさんよ**

手拍子2回、相手の両手のひらに2回タッチを繰り返す。

**❷ せかいのうちにおまえほど**

上に向けた左手のひらを右手で一度たたき、相手の左手を一度たたく。これを交互に2回行なう。

**あそびのコツ**
初めは部分的に遊んでみましょう。

**❸ あゆみののろいものはない**

手をつないで回る。

**❹ どうしてそんなにのろいのか**

反対回りをする。

**あそびメモ　楽しみながら自信が生まれる**
遊びの❶から❷に変わるときが、1番混乱しがちです。この年齢になるとチャレンジすることに意欲的になり、コツコツと楽しみながら遊びを深めていくことで自信に変わるでしょう。

※慣れてきたら、回るときにジャンプしたり、中に寄ってから広がったりしてもいいでしょう。
※4人組、8人組、16人組、32人組など増やしていき、最終的に全員でできるようにしましょう。

『うさぎとかめ』（作詞／石原和三郎　作曲／納所弁次郎）

さぁ、皆でやってみよう！

環境とあそび　早春　ちょこっと遊ぼう

## ★ ジグザグシュート合戦

**準備物**
マット3枚、ボール（サッカーボール大）2個、とび箱3段（巧技台でもOK）、フープ4本
- マット同士は1枚分、間をあける。
- とび箱の上に1人ずつ立つ（ゴールマン）。

**あそびメモ  友達を意識して遊ぶ**
ジグザグに移動している相手チームの友達を意識し、次にゴールマンの友達を意識します。競う気持ちをもちつつ、友達のことも考える、そんな友達関係であり続けることが大切です。

### 1 ボールを持って走る

2チームに分かれて並びます。スタート地点のフープからボールを持って、マットの間をジグザグ走りをし、ゴールマン前のフープまで行きます。向かいから相手チームの子どもが来るのでうまくよけましょう。

**あそびのコツ**
初めにジグザグ走りで遊んでみましょう。

回数を重ねるうちに友達とぶつからないように走ったりパスでは友達の取りやすい所を考えて投げたりしていました！

### 2 ボールをゴールマンにパス

ボールをゴールマンにパスします。キャッチできればゴールマンを交代、できるまでパスします。

**あそびのコツ**
友達の取りやすい所へパスできるようにしましょう。

### 3 ボールを持ち帰り次の子どもにパス

交代した子どもがボールを持ち帰り、次の子どもに渡します。リレー形式でどちらのチームが速いかを競います。

# ⭐ おしりスリスリバトンでGO！

## 1 おしり歩きでAマットからBマットに移動。保育者に捕まらないようにバトンを渡す

Aマットに子どもたち（クラスの半数）がバトンを持って座り、Bマットに残り半分の子どもたちが座ります。保育者はそれぞれのマットの間に立ちます。合図で、Aマットの子どもはおしり歩きで進み、Bマットの子どもにバトンを渡します。保育者もおしり歩きで子どもたちを捕まえに行き、捕まった子どもはバトンを保育者に渡し、元の場所に座ります。

**準備物**　マット、リングバトン、カラー標識

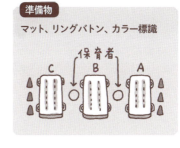

スリスリ〜

待て〜！

**あそびのコツ**　保育者と子どもの真剣勝負です。

はい！

**あそびのコツ**　バトンの受け渡しの遊びを初めにしてみましょう。

手・足・おしりをうまく使って遊んでいるうちに運転士さんになった気分で次の駅までと楽しんでいました。

**あそびメモ　友達のつながりで生まれる責任感**
友達とのつながりの中で遊びが成立していることを、遊びを進めるうちに理解していきます。「ぼくがタッチされたらまけてしまう！」という責任感が芽生え、全身を使ってバトンタッチするなどいろいろな姿が見られます。

## 2 バトンを受け取りBマットからCマットに移動。バトンを掛ける

バトンをもらった子どもはCマットにおしり歩きで行き、バトンをカラー標識に掛けます。掛けたバトンと保育者の持っているバトンの数が多い方が勝ち。

ついた！

## 3 反対側からスタートして繰り返す

今度はCマットの子どもたちがスタートし、Bマットの子どもたちにバトンを渡して、繰り返し遊んでみましょう。

環境とあそび　早春　いっぱい遊ぼう

# じっくりゆったり遊ぼう
～ 長時間保育にもおすすめ ～

## 人形を使って
見ているだけでも温もりを感じる人形を指や腕にはめ、友達と会話をしたり、お話をつくったりしましょう。

### ♣ ハンドタオル人形
指にはめ、ウサギなどに見立てて遊びます。

**アレンジ**
輪っかにハンカチをかぶせ、下から引っ張り「ばあ！」とします。

**作り方**
Ⓐ少し厚めの紙で直径4cm、高さ3cmくらいの輪っかを作っておく。

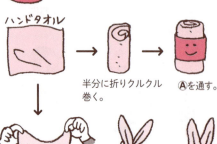

ハンドタオル → 半分に折りクルクル巻く。 → Ⓐを通す。

タオルの両端を持つ。 → 角で耳を作る。 → 下半分を折り上げる。 → Ⓐを通す。

### ♣ 靴下人形
何回も腕に通して様子を見ながら、イメージしたオリジナル人形を作っていきます。

**作り方**

靴下のかかとのある方に、フェルトを接着剤で貼って顔を作る。

### ♣ 簡単な舞台を作って人形劇をしよう！

## ジャンケンで

ジャンケンは、それ自体が遊びになる明快さ、単純さが魅力です。友達と声を合わせて一体感を楽しみましょう。

環境とあそび ／ 早春 じっくりゆったり遊ぼう

### ♣ あっちむいてホイ

ジャンケンをして勝った人が指さした方向と違う方向を向きます。

**ポイント**
リズム良くジャンケンができるようになると、楽しめる遊びです。チームで勝ち抜きにしても良いでしょう。

### ♣ 勝ち抜きジャンケン

2チームに分かれ、それぞれ縦に並んでジャンケンをします。負けたら自分の列の後ろに行き、次の人に代わります。勝ったらそのままジャンケンを続けます。

**ポイント**
チームを応援し、勝っても負けても「一体感」が味わえます。

### ♣ ジャンケン陣取り

勝ったらマスの1つに色を塗っていきます。

**ポイント**
陣地を取り合い、自分の陣地が増えるおもしろさがあります。ジャンケンはゆっくりテンポでもOK。

**アレンジ**
図案を考えると塗り絵にもなります。

### ♣ 足ジャンケン

手の代わりに足を使ってジャンケンします。全身でリズムをとりながら足に動きをつけるのがおもしろく、テンションが上がります。

## 節分

### ♥ 海賊オニごっこ

1. 海賊チームと村人チームに分かれます（海賊チームの人数が、村人チームの半分ほど）。
2. 村人チームは、海賊が攻めてくる前に宝物を隣村まで運びます。1回に持てる個数は1つです。
3. 海賊は村人を追い掛けてタッチします。タッチしたら宝物を自分たちの舟に置きます。海賊にタッチされた村人は、村に戻って宝物を持って再チャレンジします。
4. これを繰り返して、村の宝物がなくなったらおしまいです。宝物の数の多い方が勝ちです。

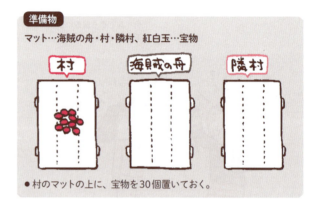

**準備物**
マット…海賊の舟・村・隣村、紅白玉…宝物

● 村のマットの上に、宝物を30個置いておく。

繰り返し遊ぶ中で、それぞれのチームで作戦を考える時間をとっても良いでしょう。

**ポイント**
初めは保育者が海賊になって遊んでみましょう。次第に、チームで意見を出し合いながら相談し、協力する姿を大切に。

## お別れ会

### ♥ WAに入ってこちょこちょ

**準備物**
園児用イス

5歳児と共同グループをつくり、グループの名前を考えます。1つのグループが中央で輪になり、他のグループはバラバラに置いたイスに座ります。『てをたたこう』の歌詞を一部変えて遊びましょう。

**ポイント**
もうすぐ卒園する5歳児と触れ合ったり、一緒に場の雰囲気を盛り上げたりして、楽しい思い出になるでしょう。

❶ てをたたこう（パン）×2
　みんないっしょにてをたたこう（パン）

❷ はいりましょう（パン）×2
　○○グループはいりましょう（パン）

❸ はじまるよ（パン）×2
　こちょこちょごっこがはじまるよ
　「ヨーイドン！」

歌いながら「パン」で手をたたく。

歌いながら「パン」で手をたたき、呼ばれたグループの子どもは輪の中に入る。歌い終わったら輪になっている子どもは手をつなぎ、中にいる子どもはコチョコチョをする。笑っても手を離さないようにしましょう。こちょこちょした子どもが輪になって繰り返す。

『てをたたこう』（作詞・作曲／不詳）のメロディーで　作詞／小倉和人

---

### ♥ ○○ぐみ☆思い出のおやつ

5歳児とクッキング活動をして、お店屋さんごっこをしてみましょう。材料をそろえて、グループごとにアレンジレシピを考えるのも活動が広がって良いでしょう。

**進め方**
❶ 5歳児と一緒にクッキングをする内容を吟味し、調理の職員と打ち合わせをしておく。
❷ クッキング当日までに、お店を作って準備を進める。
❸ クッキングを楽しみ、出来上がったらお店に並べ、他のクラスや保育者を招待する。

**ポイント**
保育者と子どもたちで相談しながら、子どもの意見を取り入れ、段取りします。お店屋さん当日のやり取りも子どもたちと決めていけるといいですね。

環境とあそび　早春　行事あそび

# 指導計画

年の計画と、4月から3月まで12か月分の月・週・日の計画を掲載!
これで、立案・作成はバッチリ!

※保育園・幼稚園・認定こども園のどの園形態でも参考にしていただけるように配慮した計画を掲載しています。

● 年の計画、月・週・日の計画
執筆／『保育とカリキュラム』東京 4歳児研究グループ
〈チーフ〉大竹節子(元・品川区二葉すこやか園園長)、小田 豊(聖徳大学教授)、神長美津子(國學院大學教授)、黒澤聡子(元・江東区立ちどり幼稚園園長)、兒玉夏子(元・東京文化短期大学教授)、坂場美枝子(北区教育委員会)、佐藤佳代子(蒲田保育専門学校学術顧問)

公立保育園第1グループ、公立保育園第2グループ、公立保育園第3グループ、公立幼稚園第1グループ、公立幼稚園第2グループ、多摩市・おだ認定こども園グループ、桐生市・すぎの子幼稚園・おおぞら保育園グループ

● 今月の保育
執筆／大竹節子(元・品川区二葉すこやか園園長)、黒澤聡子(元・江東区立ちどり幼稚園園長)、兒玉夏子(元・東京文化短期大学教授)、坂場美枝子(北区教育委員会)、佐藤佳代子(蒲田保育専門学校学術顧問)

● 月の計画 要領・指針につながるポイント
執筆／兒玉夏子(元・東京文化短期大学教授)、佐藤佳代子(蒲田保育専門学校学術顧問)

※50音順、所属は2017年12月現在

※本書掲載の指導計画は、『月刊 保育とカリキュラム』2017年度の掲載分に加筆・修正を加えたものです。

# 4歳児の年の計画

**年間目標**
- 園生活に慣れ、喜んでいろいろな活動に取り組み、日常生活に必要な習慣や態度を身につける。
- 全身のバランスをとりながら体を動かして遊ぶ楽しさを味わう。

| | | | |
|---|---|---|---|
| 子どもの姿と育てたい側面 | ●新しい生活に楽しみを感じつつも、不安を抱いたり、緊張したりする子どもがいるので、次第に保育者に親しみをもち、安心感や信頼感がもてるようにしていきたい。<br>●一人で遊ぶ子、同じ場所にいても友達との関わりがまだ見られない子、なんとなく保育者の周りにいる子など、様々な様子の子どもがいるので、一人ひとりが安心できる居場所を見つけ、自分からやりたいことを見つけて十分に遊べるようにしていきたい。 | ●園生活の1日のおおよその流れが分かり、衣服の着脱、食事、排せつなどの生活に必要な活動の必要性が分かる。自分でできることは自分でしようとする意欲を育てたい。<br>●生活の中に、保育者や友達と一緒に簡単に体を動かす遊びを取り入れ、みんなと一緒に遊ぶと楽しいという気持ちを育む。 | |
| 期 | | Ⅰ期（4～5月） | |
| ねらい | ●園生活に慣れ、保育者に親しみを感じて安心して過ごす。<br>●生活の仕方が分かり、できることは自分でしようとする。<br>●自分で好きな場や遊具、遊びを見つけて自分から遊ぶ | 楽しさを味わう。<br>●保育者や友達とふれあって遊ぶ楽しさを味わう。<br>●戸外で身近な自然にふれて気持ち良く過ごす。 | |
| 指導内容の視点<br>心と体の健康<br>人との関わり<br>環境との関わり<br>言葉の育ち<br>表現する力 | ●食事、排せつ、着脱などの基本的な園での生活の仕方を知り、自分でしようとする。<br>●保育者や友達と一緒に思い切り体を動かして遊ぶことを楽しむ。<br>●園の遊具や用具に親しみ、安全な遊び方や扱い方を知る。<br>●交通の決まりや安全な歩行や、避難の仕方を知る。<br>●園での1日の流れや生活の仕方を知る。<br>●持ち物の準備や始末を自分でしようとする。<br>●保育者とのやり取りを楽しみ、親しみをもつ。<br>●友達と一緒に楽しみながら食べる。<br>●友達と同じことをしたりふれあったりして楽しむ。<br>●戸外で身近な自然にふれ、心地良さを味わう。 | ●身近な遊具や用具などの扱い方を知り、それを使って遊ぶことを楽しむ。<br>●日常の生活に必要な挨拶をする。<br>●友達と一緒に保育者の話を親しみをもって聞く。<br>●してほしいことや困ったことなどを保育者にいろいろな方法で伝えようとする。<br>●絵本や紙芝居などの内容や物語に興味をもち楽しむ。<br>●音楽やリズムに合わせて、動いたりやり取りをしたりする。<br>●思い思いに描いたり、作ったりすることを楽しむ。<br>●生活の中で、いろいろな音・形・手触りなどがあることを感じて楽しむ。 | |
| 環境構成の要点 | ●楽しく登園できるように、家庭での遊びと関連のある材料や遊具を準備するとともに一人ひとりが落ち着ける場を確保する。<br>●徐々に遊具の種類を多く用意し、一人ひとりの子どもが自由に使い、無理なく新しいことにも興味をもって参加できるようにする。 | ●進級児には、今まで親しんできた遊具などを用意し、集団生活の経験の違いに配慮する。<br>●好きなことが見つかってきたら、少人数でじっくり取り組めるような場をつくって安心して遊べるようにする。 | |
| ☆保育者の関わり・援助<br>（養護含む） | ★保育者は一人ひとりの子どもを温かく受け止め、触れ合う中で安心感を与え、園生活の楽しさや生活の仕方が分かるように丁寧に関わる。<br>★保育者は楽しい、おもしろいと思えるような遊びを考えて、子どもと一緒に楽しむ。 | ★新入園児と進級児の遊び方や生活の仕方の違いに配慮し、一人ひとりが安心して取り組めるようにする。 | |
| 家庭や地域との連携<br>（保育園・幼稚園・小学校との連携も含む） | ●子どもたちの緊張と不安を十分に受け止めるとともに、安心して登園できるように保護者から家庭での様子を聞き、理解に努める。<br>●緊急時の連絡方法や避難場所、登降園時の交通安全について保護者へ説明し、協力を依頼する。 | ●園便りや連絡帳、保育参観などを通して子どもの様子をこまやかに伝え、園と家庭が互いに情報交換しながら子どもの成長を支え合うことができるように関係をつくる。 | |
| 園生活の自立に向けての配慮点 | ●新しい環境の中で、周りの様子を気にして、思いや考えを表出することを抑えてしまう子どももいる。一人ひとりが自分を素直に表せるように、ありのままの姿を受け止め、丁寧に関わっていく。 | | |

- いろいろな遊びに興味をもち、保育者や友達との関わりを広げる。
- 身近な社会や自然の事象に興味や関心をもち、発見を楽しんだり、考えたりして生活に取り入れる。
- 遊びの経験を広げ、いろいろな方法で表現する。
- 豊かな経験を通して生活に必要な言葉を身につける。

※保育園・幼稚園・認定こども園で参考にしていただけるよう、検討・立案しています。

| | |
|---|---|
| ●生活範囲が広がり、活発に活動するようになる。更に新しい事物への関心を高め、チャレンジする。戸外で思う存分体を動かして遊ぶ楽しさを経験しながら安全な遊具の扱い方を知るとともに、自然との関わりを十分にもてるようにしたい。<br>●周囲の子への関心が出てきて、新しい関わりが生まれ、同じ場所で遊ぶことを喜ぶ。<br>●時には思いが違ったりするが、様々な機会を通して友達とふれあい、 | 一緒に遊ぶ楽しさを味わわせたい。<br>●保育者との関わりも楽しさが増してくる。家庭ではできない、園ならではの遊びの取り入れや、子どもの興味や関心を生かして新しい遊びの楽しさを味わえるようにして、経験の幅を広げていきたい。<br>●生活の流れを分かり、身の回りの準備や片付けなどを自分でしようとする。 |

## Ⅱ期（6〜8月）

| | |
|---|---|
| ●戸外で体をいろいろに動かして遊ぶ楽しさを味わう。<br>●友達とのふれあいの中で、一緒に遊ぶことを楽しむ。<br>●思ったことや考えたことなどを表現し、いろいろな素材や用具の扱 | いを知る。<br>●身近な自然にふれて、季節感のある遊びを十分に楽しむ。<br>●梅雨時や夏の生活の仕方を知り、健康に生活する。 |
| ●伸び伸びと体を動かし、様々な遊びを楽しむ。<br>●全身を使って水遊びを楽しむ。<br>●遊具や用具の扱い方を知り、安全に使って遊ぶ。<br>●雨が続く日や暑い日の生活の仕方を知る。<br>●園生活の決まりに気付き、約束を守ろうとする。<br>●着脱や身の回りの始末の手順が分かり、自分のことは自分でする。<br>●簡単なルールのある遊びを楽しむ。<br>●友達に親しみをもち、同じことをしたり関わったりして遊ぶ。<br>●身近な動植物を見たり、触ったり世話をしたりしながら興味や関心をもつ。<br>●雨、風などの音、草花の色などに興味をもち、自然の不思議さや美しさを感じる。<br>●水や砂、土の感触を味わいながら自分なりに試したり発見したりして楽 | しむ。<br>●夏野菜を育てることに興味をもち、収穫や食べることを楽しむ。<br>●具体的な物を通して、数や量、色や形などに関心をもつ。<br>●日常生活や友達との遊びの中で必要な言葉の使い方に気付く。<br>●したいことやしてほしいこと、思ったことなどを保育者や友達に言葉で伝える。<br>●クラスの友達と一緒に絵本や童話など、繰り返しのおもしろさを楽しみ、興味をもって見たり、聞いたりする。<br>●歌や曲に合わせて楽器を使ったり、自由に動いたりして楽しむ。<br>●自分のなりたいものになって、動く楽しさを味わう。<br>●粘土など、作ったり壊したりすることを繰り返し工夫して遊ぶ。<br>●身近にあるいろいろな素材や用具に親しみ、描いたり、作ったりすることを楽しむ。 |
| ●子どもが園での遊びに興味や関心をもって自分から遊びや活動に取り組めるよう環境を構成し、一人ひとりの遊びや興味の変化を把握して、環境を再構成する。<br>●自然と十分にふれあいがもてるよう、園庭の栽培物、小動物などの環境を整備しておく。 | ●梅雨や夏ならではの季節を考え、環境を構成するとともに、静と動のバランスを考え、気持ちを発散できるように工夫する。<br>●新しい素材や遊具との出会いのコーナーをつくり、興味を広げていく。 |
| ★友達との接し方や遊びへの参加の仕方が分かるよう、場面を捉えて保育者が仲立ちとなり援助する。<br>★一人ひとりの子どもを理解し、気持ちを受け止められた喜びが感じられるように働き掛けをして、信頼感を深めていく。 | ★新しい遊びの楽しさが味わえるように、保育者がモデルとなって積極的に提案していく。<br>★みんなでルールのある遊びが楽しめるように、クラスでのゲーム遊びなどでは、視覚的にルールを知らせ、場所や時間に配慮していく。<br>★適度に休息をとれるよう、活動の時間や流れ、場の工夫をする。 |
| ●子ども同士のいざこざなどは、発達のしぜんな姿で、成長の機会であることを知らせ、理解や協力を求めていく。<br>●保育参観・保育参加の行事の中で子どもの育ちを伝えて、園の保育方針の理解を促す。<br>●保護者の不安や疑問には丁寧に対応し、家庭との信頼関係を築くよ | うにする。<br>●家庭・地域訪問などを通して、子どもの生活環境を把握し、必要に応じて安全対策などの協力を依頼する。<br>●園での生活や遊びの様子を通して子どもの成長（変容）を相互理解し、共に子育てをして信頼関係を深めていく。 |
| ●湿度と気温の高い時期で汗をかきやすいので、水分の補給、着替えなど一人ひとりの様子を把握し、子どもが自分から取り組めるようにする。活動の流れ（つながり）を大切にし、時間や教材にゆとりをもっていく。 | |

| 姿と側面 | ●9月の始まりは登園や集団生活のリズムになじめない子どもも見受けられる。園生活を取り戻すのも早い。一人ひとりが自分の思いを素直に出せるようにしていきたい。<br>●全身運動が活発になり、いろいろな運動をすることを喜んでいる。友達と関わりながら体を動かす心地良さを味わわせたい。友達との遊びを通して生活の決まりや遊びのルールの大切さに気付くようにしたい。 | ●身の回りの自然物や事象、いろいろな材料などに興味をもち、関わりをもったり、試したりするようになる。一人ひとりの思い描きをじっくりと表現する楽しさを味わえるようにしたい。 |
|---|---|---|
| 期 | Ⅲ期（9～10月） ||
| ねらい | ●いろいろな運動遊びを喜んでし、様々な体の動きを楽しむ。<br>●いろいろな素材に親しみ、イメージや思いを自分なりに表現して楽しむ。 | ●友達と関わる中で、自分の思いを、動きや言葉で表し、遊びを楽しむ。 |
| 指導内容 | ●体を十分に動かしたり休息したりして、健康な生活に必要な習慣を身につける。<br>●いろいろな遊具や用具を使い、戸外で体を動かして遊ぶことを楽しむ。<br>●みんなと一緒に運動する楽しさを味わう。<br>●休息の仕方が分かり、運動や食事の後は静かに過ごす。<br>●旬の食材から季節感を感じて味わうことを楽しむ。<br>●安全な遊び方や災害時の行動の仕方を知り、気を付けて行動する。<br>●簡単な決まりやルールの大切さに気付く。<br>●気の合う友達との関わりを楽しみ、自分の思いを伝えようとする。<br>●地域の高齢者など、身近な人に関わり、親しみをもつ。<br>●共同の遊具や用具を大切にし、みんなで譲り合って使ったり、片付けたりする。 | ●身近な秋の自然にふれ、遊びの中に取り入れて楽しむ。<br>●したこと、見たこと、感じたこと、考えたことを保育者や友達に話す。<br>●絵本や童話に親しみ、興味をもって聞き、想像することでお話の世界を楽しむ。<br>●音楽に合わせて体を動かしたり、感じたままを自由に表現したりして楽しむ。 |
| 環境 | ●園内の整備と遊具の点検を行ない、体を動かしたくなる環境をつくり十分に運動が楽しめるようにする。<br>●友達との関わりがもてる場を工夫し、一緒に活動する喜びが味わえるようにする。 | ●一人ひとりの子どもがそれぞれの興味に応じた活動に取り組めるよういろいろな素材や用具を十分に用意し、やってみようとする意欲がもてるようにする。<br>●クラスのみんなでする鬼ごっこやゲームなど、園内の場を調整して繰り返しできる環境づくりをする。 |
| 援助 | ★飼育物や捕まえた虫などとの触れ合いの中で、機会を捉えて生長や命について気付くようにする。 | ★保育者も子どもと一緒に体を動かし、運動遊びの楽しさを味わえるような、日常の体験を重ねて運動会へつながっていくことを大切にする。 |
| 連携 | ●運動会などの園行事の意味や考え方を理解して参加してもらうために、具体的な内容や方法・過程について知らせる。 | ●保護者が子どもと一緒に活動を楽しむことを通して、子どもの成長の様子や取り組もうとしている意欲など、子どもの姿を理解しやすいように伝える。 |
| 園生活の自立 | ●生活リズムをスムーズに取り戻せるようにしていく。子ども同士の模倣や認め合いを大切にし、表現する意欲や創造性が育まれるようにする。 | |

- 周りの人や物への興味や関心が強くなり、自分もやってみようとする意欲や、頑張ろうとする気持ちが見られる。一人ひとりの子どもの気持ちや考えを理解して受容し、その子なりにやり遂げた満足感がもてるようにしたい。
- 気の合う友達との遊びを通して、自分の気持ちを相手に伝えたり、話を聴いたりして、友達と遊ぶ楽しさを味わわせたい。
- 自分の思いや感じたことをその子なりに表現している。ありのままに表現する楽しさを味わえるようにしたい。

- 保育者と会話を楽しんだり、一緒に遊んだりして、保育者への親しみが増している。

## Ⅳ期（11～12月）

- 遊びや生活の中で、友達と関わりながら遊ぶ楽しさを味わう。
- 自分たちで遊びの場をつくったり、見たこと、感じたことを様々な方法で表現したりすることを楽しむ。

- 身近な自然と十分にふれあい、興味をもって見たり触れたり、遊びに取り入れたりする。
- 自分たちの生活の場を整えたり準備したりする。

---

- 戸外でのルールのある遊びに喜んで参加し、友達と体を動かすことを楽しむ。
- クラスのみんなと一緒に収穫したものを食べる楽しさを味わう。
- みんなで使う物を大切にしたり、決まりの大切さに気付いたりし、友達と楽しく生活する。
- 友達と遊びの場や遊びに必要な物を作り、考えたことを具体的に表して遊ぶ。
- 自然物などを集めたり、数えたり、分けたり並べたりすることに関心をもつ。
- 初冬の自然や年末の生活に変化のあることに気付く。
- 身近な自然の変化や彩りに気付いたり、自然物を使って遊んだりすることを楽しむ。

- 身近な地域の出来事に関心をもち、生活に取り入れる。
- 園外での集団で行動する過ごし方を知る。
- 自分の気持ちを相手に伝え、友達の話をよく聞こうとする。
- 絵本や童話などを喜んで見たり、聞いたり、ストーリーを再現したりして、いろいろな表現を楽しむ。
- 歌や簡単な合奏をみんなでする楽しさを味わう。
- いろいろな材料を自分のイメージに合わせて見立て、工夫して使う。

---

- 子ども同士が一緒に活動する楽しさが味わえるように交流の場を設け、考えたことを形にして伝え合えるような素材を用意する。
- 寒さの中でも戸外で遊べるように簡単なルールのある集団遊びなど、体を十分に動かして楽しさを味わえるような遊びを提示する。

- 体全体で季節を感じて遊べるように、冬の自然との出会いの機会を生かす。

---

- ★ 季節や、事象の変化にふれる機会をもつようにし、保育者自身が身近な事象を敏感に受け止め、子どもの感動や発想を引き出し、豊かになるように援助する。

- ★ 相手との思いが通じ合わない場面では、様子を見ながら双方の気持ちを受け止め、相手の気持ちに気付けるようにする。

---

- 作品展を通して、子どもらしい伸び伸びとした表現を楽しめるようにする。
- 保護者同士で話し合う機会や活動の場をもつようにし、親しみを深め、互いに高まっていこうとする関係づくりに配慮する。

- 年末年始の過ごし方など、親子でふれあいがより深まるような生活経験や遊びの情報を伝えていく。

---

- 自分もやってみようとする意欲や頑張る気持ちを支えていき、自分なりの表現方法や、やり遂げる満足感、達成する経験が味わえるようにする。

| 区分 | | |
|---|---|---|
| 姿と側面 | ●保育者や友達と関わって過ごすことを楽しいと感じている。友達との心地良い関わりなどの成長を大切にしていきたい。<br>●新しい活動にも進んで取り組み、試したり工夫したりして遊ぶようになる。5歳児クラスになる期待を高めながら遊びや生活習慣について、自主的に取り組む態度を養いたい。 | ●決まりを守る大切さが分かってきて、ルールのある遊びも楽しむようになる。トラブルが起きたときは保育者の援助に支えられて解決しようとする姿が見られる。仲の良い友達との遊びを通して、いろいろな考えを膨らませたり、相手に自分の考えを伝えたりして、遊びを進められるようにしたい。<br>●冬から春へと移る季節の変化への気付きを捉え、身近な自然への好奇心を高めていきたい。<br>●一人ひとりが伸び伸びと表現する姿を捉えて、その子らしさを大切にする。 |
| 期 | Ⅴ期（1～3月） ||
| ねらい | ●いろいろな遊びに興味をもち、保育者や友達と関わり、自分の力を発揮して、活動に取り組む。<br>●友達と一緒に試したり、工夫したりして遊びを進める楽しさを味わう。 | ●自分でできることは自分で行ない、生活する態度を身につける。<br>●進級することへの期待をもつ。 |
| 指導内容 | ●自分の健康に関心をもち、様々な食べ物を進んで食べる。<br>●基本的な習慣を身につける。<br>●行事を通して、伝統的な日本の食生活や遊びを知る。<br>●戸外で全身を思い切り動かして遊び、みんなと一緒に遊ぶ楽しさを味わう。<br>●簡単なルールをつくり出し、友達と一緒に遊びを楽しむ。<br>●園庭の危険な物や危険な箇所を知り、安全に気を付ける。<br>●よいことと悪いことがあることに気付き、考えながら行動する。<br>●自分なりの目当てや見通しをもって行動しようとする。<br>●園行事などで自分の役割をもち、友達と一緒に楽しんで進める。<br>●友達と楽しく生活する中で、決まりの大切さに気付く。<br>●身近な物や遊具に興味をもって関わり、試したり工夫したりして遊ぶ。<br>●冬から春にかけての自然事象に興味や関心をもち、感動したり疑問をもったりする。<br>●草木や風の様子などに気付き、冬から春への自然の変化を感じ取る。<br>●生活や遊びの中で数量や図形や、文字などに関心をもつ。 | ●自分の思ったり考えたりしたことを、言葉で相手に伝えようとする。<br>●保育者や友達の話を最後まで聞こうとする。<br>●自分の思ったことを動きや言葉や音楽などいろいろな方法で表現して遊ぶことを楽しむ。<br>●遊びに必要な物を工夫して描いたり作ったりして、それを使って友達と遊ぶ。<br>●作品を見たり飾ったりすることに興味をもつ。<br>●1年間の作品を見たり整理したりして、進級への期待をもつ。<br>●進級することを楽しみにし、保育室の準備をする。 |
| 環境 | ●年末年始後の冬休み明けは、家庭での経験を話したり聞いたりする喜びを味わえるような機会をつくる。<br>●思ったことをいろいろに表現できるような材料を用意し、自分で考えたり、試したり、工夫したりして遊びを進められるようにする。 | ●5歳児クラスの担任と連絡を取り合い、5歳児からいろいろな当番の仕事の仕方を教えてもらえる場や機会を設ける。<br>●ごっこ遊びなどにじっくり取り組めるよう遊びの場を構成し、展開に応じて変化させていく。 |
| 援助 | ★同じ目的や興味をもつ友達の考えが伝わるようにいろいろな方法で援助し、自分たちで遊びが展開できるようにする。 | ★友達との関わりの中で一人ひとりのアイディアを認めたり、取り入れたりするように援助し、それぞれの子どもが自己発揮できるようにする。 |
| 連携 | ●子どもの成長の姿を具体的に保護者に知らせ、保育者と保護者とで成長の喜びを共有する。 | ●基本的な生活習慣や態度、遊び方、友達関係などの日常生活の仕方など、保護者の不安や疑問を受け止めるとともに、進級に向けての課題について保護者と共に考え、期待がもてるようにしていく。 |
| 園生活の自立 | ●園生活を心地良く過ごす態度が身についていくようにする。子ども一人ひとりが自分の力を発揮し、友達と関わりながら生活していく喜びを味わえるようにする。 ||

（4歳児研究グループ）

## 今月の保育

### 進級の喜び、入園への期待・緊張を受け止めて

春の園環境は自然に囲まれながらも、どことなく張り詰めた感じがします。新たな担任との出会い、集団で過ごす友達との園生活。子どもは、全身で環境の変化を感じ、ドキドキ、ワクワク感を抱いています。4月は、新入園児と進級児、一人ひとりの心持ちを受け止め、保育者や友達と一緒に生活する楽しさを大切に保育を進めます。保育環境は子どもの好きな遊びややりたい遊びを用意します。さらに、園内で飼育している小動物を見たり、野外の植物を取り入れたり身近な春の自然にもふれることで緊張感も和らぐことでしょう。特に、新しい環境での生活の仕方を知り、基本的な生活習慣（身支度、衣服の着脱、手洗い、食事、排せつ、午睡）を保育者と一緒に確かめながら、自分から取り組む意欲を育むことを大切にしていきましょう。

## 保育のポイント

### 生活
#### できることは、自分で行なう喜びを

　園生活を楽しみにし、「喜んで登園する」姿を目指しましょう。新しい保育室、廊下、靴箱、ロッカー、手洗い場などの場所や使い方を知り、所持品の始末の手順を覚え、自分のことを進んで行なう喜びをもちながら、身につけられるようにしましょう。

### 興味・関心
#### 安心してクラスで過ごせるように

　保育室に親しみを持ち、進級・入園した環境で安定感を得て遊びや生活に取り組めるようにします。そのためには、子どもたちが好きな遊びや喜ぶ遊びを用意します。戸外に出て身近な春の自然にふれ、心や体を解放して動く楽しさを味わえるようにしましょう。

### 友達や保育者との関わり
#### 自分の遊びも、一緒にする遊びも楽しい

　自分でやりたい遊びを見つけたり一緒に遊びたい友達と同じ場所で遊びを楽しんだりします。その過程で満足感を得られるように、遊具や用具は十分に用意しましょう。クラスのみんなで過ごす活動は、"集まったら、楽しく"をテーマに絵本、紙芝居、パネルシアターなどの教材準備を丁寧にしておきます。

## 4月の計画

### クラス作り

進級・入園した喜びや緊張を受け止め、一人ひとりとの関わりを大切にしていく。喜んで登園し、安心した生活の中で、自分の好きな遊びを繰り返し楽しめるようにする。また、みんなといる時間も楽しく過ごし、新しい保育者やクラスに親しめるようにしていきたい。

| | 今月初めの幼児の姿 | ねらい | 幼児の経験する内容(指導内容) |
|---|---|---|---|
| 生活 | ●進級や入園を喜び登園している子がいる。一方、新しい環境に不安や戸惑いを見せる子どももいる。<br>●所持品の始末や片付けなど張り切って行なう子どもが多いが、手順が分からず戸惑っている子どももいる。 | ●新しいクラスでの生活に期待をもち、喜んで登園する。 | ●保育者に名前を呼んでもらったり、一緒に過ごしたりして安心感をもつ。<br>●保育者に親しんで一緒に遊ぶ。<br>●自分でできることを自分なりにしようとする。<br>●思ったことや困ったことを、自分なりにしぐさや表情、言葉で伝えようとする。 |
| 興味・関心 | ●これまでに楽しんでいた遊びを見つけて取り組んでいる。<br>●新しい遊具に興味をもち、喜んで関わっている。<br>●戸外に出て体を動かしたり、自然物に触れて気持ちがほぐれたりして喜んでいる。 | ●好きな遊びを見つけて自分なりに十分に遊ぶ楽しさを味わう。 | ●みんなで集まって保育者や友達と一緒に歌や手遊び、絵本を楽しむ。<br>●戸外に出て保育者とふれあいながら体を動かして遊ぶ。<br>●3歳児クラスのときにしていた遊びや家庭で慣れ親しんだ遊びを見つけて繰り返し遊ぶ。<br>●使い慣れた材料や用具を使って、自分なりに作ることを楽しむ。<br>●新しい遊具や用具に関心をもち、使って遊ぶ。<br>●保育者や友達と一緒に遊びに使う物を用意したり、場をつくったりする。<br>●遊具や用具の安全な使い方を知る。<br>●音楽に合わせてリズムや体を動かして楽しむ。 |
| 友達や保育者との関わり | ●保育者のそばで過ごしたり、同じ動きをしたりすることで安心している。<br>●同じクラスだった友達の様子が気になり見に行ったり、そばで遊んだりする姿がある。<br>●思ったことや困ったことをしぐさや表情で保育者に伝えてくる。 | ●身近な春の自然物に触れて、気持ち良く過ごす。 | ●身近な春の植物や生き物を見たり、触れたりすることを楽しむ。<br>●春の自然を感じる歌や絵本を楽しむ。<br>●戸外に出て、暖かい日や心地良い風を感じる。 |

**家庭・地域との連携**

■ クラス便り、保護者会、日々の登降園時などを通して、新しい環境での遊びの様子や生活の流れを丁寧に伝える。それぞれの保護者に安心してもらえるよう機会を捉えて一人ひとりの子どものよい点や様子、変化などを具体的に知らせる。

■ 家庭での様子や健康状態を聞き、園で配慮することなど保護者と共通理解を図りながら、信頼関係を築いていく。

■ 着替えや持ち物などに記名され自分で扱える物になっているか確認し、安心して身の回りのことに自分で取り組めるようにする。

## 園生活の自立に向けての配慮点

- 一人ひとりの健康状態やアレルギーなどを把握し、職員間で情報を共有する。
- 遊び・生活の安全な動線の確保や、遊具、用具を全職員で確認する。
- ★ 新しい環境での生活リズムをつかむまでは、特に疲れを感じやすいので、ゆったりと過ごせるような場を用意する。
- ♥ 新学期の気持ちの変化や体調を考慮し、職員間で連携しながら、一人ひとりに丁寧に関わっていく。

●は健康・食育・安全、★は長時間にわたる保育への配慮、♥は保育者間のチームワークについて記載しています。

### 要領・指針につながるポイント

✿ **園は安心、楽しいの気持ちをもって生活できるように！**

進級児、新入園児など、色々な心もちの子供がいます。保育者はどの子どもにも笑顔を！　自意識が芽生えてくる4歳児ではまずは、どの子どもも安心して生活できるように環境を整えましょう。すべての場を活用して子どもたちが安心して自分の力で歩みだしていけるようにしましょう。

## 環境の構成と保育者の援助

### 新しいクラスでの生活に期待をもって安心して過ごせるように

- 4歳児クラスになって使える場や遊具で遊ぶ喜びや、大きいクラスになってうれしい気持ちを十分に受け止め、保育者が仲間になって一緒に遊び、楽しい雰囲気をつくっていく。
- 保育室は、春の壁面などで明るい雰囲気をつくり、居心地の良い環境を整える。
- みんなと一緒に絵本や手遊びや歌などを楽しむ時間をもち、保育者やクラスの仲間と一緒に過ごす心地良さを感じられるようにする。
- 自分の所持品の置き場所にマークを付けたり、遊具や用具の絵や写真などを貼ったりして片付けの仕方が分かりやすいようにする。
- 身の回りのことを自分なりにしようとしている姿を認め、褒めたり、励ましたりしながら、自分でできたことを一緒に喜ぶ。
- してほしいことや困ったことなどがある様子にすぐに気付くようにし、手助けしながら関わりをつくっていく。
- 不安や戸惑いから保護者と離れがたい子や保育者のそばにいる子どもには、気持ちに寄り添い、スキンシップを大切にしたり、一緒に遊んだりしていく。
- 集団活動に抵抗がある子どもには、ゆったりと寄り添ったり見守ったりして、その子どものペースに合わせて参加できるようにする。

### 好きな遊びを十分に楽しめるように

- 親しんでいた遊具や用具を用意し、子どもが自分から手に取って落ち着いて遊び出せるようにしておく。
- 子どもの思いや動きを受け止め、やり始めた遊びを繰り返し楽しめるように材料を出したり、場を整えたりして環境を工夫する。
- 新しい遊具や用具の扱い方を、保育者が一緒に遊びながら見本となったり、絵表示で知らせたりして、安全に遊べるようにする。
- クラスの友達とふれあったり、自分なりの動きを楽しんだりできるような遊びを取り入れる。

### 身近な春の自然物に親しめるように

- 戸外の花を見たり、飼育物や虫などに触れたりして、気持ちが和んで、安心感をもてるようにする。
- 花びらや葉などの自然物を使って、ままごとや砂場での遊びが楽しめるように、遊具や材料を用意する。
- 保育者も一緒に戸外に出て、春風の心地良さや、見たり感じたりしたことを言葉に表していく。

指導計画　4月の計画

**反省・評価のポイント**
- ★ 新しいクラスでの生活に期待をもち、保育者に親しみ喜んで登園できたか。
- ★ 一人ひとりが新しい環境の中で、好きな遊びを見つけて楽しめるような環境構成、援助ができていたか。

# 4月 1週の計画
## 4/1(土)～8(土)

**今週の予定**
- 進級・入園、進級・入園祝い会、春の全国交通安全運動

**週の初めの幼児の姿**
- 進級児は大きくなった喜びを感じ、期待をもっている様子が見られる一方で、新しい保育室の環境に不安を感じている様子もある。
- 新入園児はうれしそうに遊び始めたり、不安から保護者となかなか離れられなかったり、緊張から固まって動けない、保育者のそばで安心するなど様々な姿がある。

## ねらい(●)と内容(・)

- ● 新しい生活に期待をもつ。
- ● 安心して保育者と過ごす。
- ・自分が落ち着ける場所や安心できる物、安心できる人を見つけて過ごす。
- ・自分のしたい遊びやしたいことをして過ごす。
- ・自分のクラスや担任、自分のマークや所持品の置き場所を知る。
- ・入園式、進級祝いの会に参加し、これから始まる園生活を楽しみにする。

## 具体的な環境(◆)と保育者の援助(*)

- ◆ 新しい生活が始まり、うれしさや楽しさを感じることができるように、保育室の環境を明るい装飾や春の花で飾ったり、親しみやすい遊具を用意したりして温かな雰囲気づくりをする。
- * 緊張や不安を感じている子どもには、保育者とのスキンシップを図ったり、一人ひとりの名前を呼んで声を掛けたりして、少しずつ不安や緊張が和らぐようにする。
- * ゆったりと関わりながら、飼育している小動物に触れたり、金魚やザリガニなどを見たりして、園が安心できる場所、楽しい場所であることを感じられるようにする。
- ◆ 子どもの動線を考えて好きな遊びをする場を構成したり、遊ぶ場を仕切ったりして、安心して遊びだせる環境を工夫する。
- ◆ 自分からやってみたいと思えるような遊びの誘いを工夫し、すぐに遊び出せるように遊具・用具を用意しておく。
- * 一人ひとりの遊んでいる様子にそっと寄り添って声を掛け、目線が合ったときなどは笑顔で対応する。
- * 子どもたちと保育者が安心して関われるように、触れ合ったり、見守ったりしながら楽しい雰囲気づくりをする。
- * 子どもが遊び始めるタイミングを見守り、遊びだしに時間がかかる子どもには一緒に遊びの様子を見ながら誘ったり、興味がもてるように一緒に動いたりしながら、だんだんと遊べるように援助する。

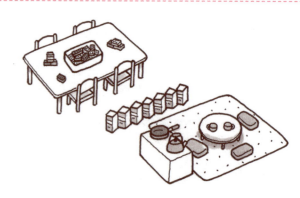

- ◆ ロッカーや靴箱、所持品の置き場所などには、子どもにとって分かりやすいように、名前やマーク、絵表示などを付けておく。
- * 所持品の始末では、保育者と一緒に行ないながら、丁寧にやり方を伝えていくとともに、自分でできることは自分で行なう姿を見守る。自分でできたことは声に出して一人ずつ認めていく。
- ◆ 保育者と一緒に行なって楽しいと思える簡単なリズム遊びを用意する。
  （手遊び：『あくしゅでこんにちは』『よろしくね』など）
- * 子どもと一緒にリズム遊びをしながら、保育者と一緒に遊ぶと楽しい、おもしろいということが感じられるようにする。

## 反省・評価のポイント

- ★ 新しい環境の中で、自分が落ち着いて過ごせる場所を見つけて、安心して過ごすことができたか。
- ★ 進級児、新入園児、一人ひとりの気持ちに寄り添って安心して過ごせる環境づくりや援助ができたか。

## 4月 2週の計画
### 4/10(月)～15(土)

**今週の予定**

### 前週の幼児の姿
- 進級児は前年度にしていた遊びをしたり、新入園児は親しみのある遊具を使って遊んだりして、楽しんでいる。
- 保育者と一緒に遊んだり、触れ合ったりしながら安心する子どもがいる。
- 所持品の始末が自分でできる子どももいれば、援助が必要な子どももいる。

---

- ● 自分のしたい遊びを見つけて遊ぶことを楽しむ。
- ● 保育者に親しみをもち、安心して一緒に過ごす。
- ● 園生活の様子や生活の仕方を知り、自分でやってみようとする。
- ・ 自分の好きな場所や遊具で遊ぶことを楽しむ。
- ・ 保育者やクラスのみんなと遊んだり、手遊びや絵本を見たりすることを楽しむ。
- ・ 所持品の始末を自分でやってできた喜びを感じる。

---

◆ 前日の遊びの様子によって、子どもたちの好きな場所や遊びを捉え、遊具の種類や数を調整したり、遊びの場を変化させたりして、遊びだしやすい環境を構成する。

＊ 一人ひとりの遊びを見守り、思いを受け止めながら声を掛けていく。子どもたちが安心して遊べるように、ゆったりした雰囲気の中で保育を行ない、自分のしたい遊びを十分に楽しめるように時間を保障する。

◆ 固定遊具や園庭で遊ぶときには遊具の遊び方や道具の使い方を知らせ、自分のしたい遊びができるようにする。

＊ 固定遊具や用具の安全な使い方をクラス全体に知らせ、子どもたちが遊びの中で、だんだんと約束を守れるようにしていく。危険な使い方や遊び方は具体的な例や状況を説明しながら伝えるようにする。

＊ 園内探検を行ない、自分の保育室以外の場所や園内にある物を知らせていく。自分たちが使いたいものがあるときには、予定を話し合うなどして、期待をもてる働き掛けをしていく。

◆ 身の回りの始末を自分でできるようにマークや絵表示のあることを繰り返し伝え、子どもたちが生活しやすい環境を整えていく。

＊ 身の回りの始末では自分でしようとしている姿を十分に受け止め、具体的に声に出して認めていく。一人ひとりの取り組みの様子を把握し、必要に応じて手伝ったり、声を掛けたりする。時には一緒に動いて確認しながら行なうことで、子どもたちが自分でできる喜びをだんだんと感じられるようにしていく。

＊ 保育者やクラスの友達と一緒に過ごすことの楽しさを感じられるように簡単な手遊びや歌、ふれあい遊びを楽しめる機会をつくる。

> 手遊び：『コンパクト』『パンやさんにおかいもの』『キャベツの中から』『あたまかたひざポン』『とんとんとんひげじいさん』『手をたたきましょう』など、
> ♪：『チューリップ』『おべんとうバス』

---

**反省・評価のポイント**
- ★ 保育者に親しみの気持ちをもち、自分のしたい遊びを見つけて、安心して過ごすことができたか。
- ★ 園生活の仕方や安全に遊ぶための約束事などを、子どもに分かりやすく伝えることができたか。

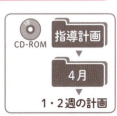

# 4月 3週の計画

4/17(月)～22(土)

**今週の予定**
● 保護者会、身体計測、避難訓練

**前週の幼児の姿**
● 保育者に親しみを感じ、一緒に遊びを楽しみながら新しい環境に少しずつ慣れてきている。今まで、楽しそうに通園していた子どもが不安に感じたり、遊具の取り合いでトラブルになったりする。
● 自分の好きな遊びを見つけて、遊ぶことを楽しんでいる。

## ねらい（●）と内容（・）

- ● 保育者と一緒に遊んだり、好きな遊具や場で遊んだりすることを楽しむ。
- ● 園庭の草花などに触れ、春の自然に親しむ。
- ・ 自分のしたい遊びやしたいことをして過ごす楽しさを感じる。
- ・ 遊具や用具の使い方が分かり、使って遊ぶ。
- ・ 園庭にある草花を見たり、触れたりする。
- ・ 保育者と触れ合いながら体を動かして遊ぶことを楽しむ。

## 具体的な環境（◆）と保育者の援助（＊）

◆ 親しみのある遊具や用具を使ってすぐに遊びだしたり、遊びの場を少しずつ広げたりできるように遊具や用具を準備する。

＊ 遊び始める場面に関わりながら、準備していた環境に子どもたちが興味をもって遊ぶときには見守る。また、興味がもてずにそのままになっている環境は整理して、子どもたちがしている遊びの場を広げるようにする。

＊ 自分のしている遊びに保育者を誘う姿が見られたときには、喜びを表し、仲間になって一緒に遊ぶ。

＊ 保育者も遊びの仲間に加わり、遊び方を伝えたり、友達関係のやり取りの様子を把握したりするようにする。

＊ 用意してある遊具や用具の使い方を遊びで使いながら知らせ、いろいろな使い方があることを知らせていく。（つい立てやゴザ、ままごと遊びの道具 など）

◆ 園庭遊びや砂場での遊びでは、扱いやすい用具や遊具を用意しておき、取り出しやすく、片付けがしやすいようにカゴに絵表示を付けて分類して置いておく。

＊ 砂の感触を十分に味わいながら型抜きやお店屋さんごっこなど子どもたちの思いを受け止めながら、遊ぶ楽しさに共感していく。

◆ 飼育物を身近な場所に置き、興味がもてるようにしていく。飼育物の動きや食べ方などをまねしているときにはその発見や表現を褒め、共感していく。

＊ 身体表現活動のときなどに飼育物の動きを取り入れるなどして、身近な存在になるようにする。

＊ 飼育物や園庭の自然物に触れて遊んでいるときには、子どもの気付きやつぶやきを受け止め、声に出して認めていく。

＊ 花の大切さや生き物には生命があることや、大切に扱う気持ちを繰り返し伝えていく。

＊ 新年度初めての避難訓練では、環境も人数も変わり、いろいろと不安に感じる子どもたちが多いので、事前に知らせて、安心して避難訓練に参加できるようにする。

## 反省・評価のポイント

★ 保育者と一緒に遊んだり、好きな遊具や用具や場で遊んだりして楽しむことができたか。
★ 身近な草花や小動物に触れて遊んだり、親しみをもったりできる援助ができたか。

## 4月 4週の計画

4/24(月)～29(土)

**今週の予定**
● 誕生会、昭和の日

### 前週の幼児の姿

- 自分のやりたい遊びを楽しみ、保育者と一緒に遊ぶことで安心している姿がある。
- 春の自然に興味をもって関わり、草花に触れたり、飼育物を見たりして過ごす。
- 遊具や用具の使い方や片付け方が分かってきて、使ったり決まった場所に片付けたりしている。

---

- ● 興味をもったことに自分から関わって遊ぶことを楽しむ。
- ● 保育者やクラスの友達と一緒に歌をうたったり、遊んだりする楽しさを感じる。
- ・自分が興味をもった場や遊具に関わり、安心して遊ぶ。
- ・友達のしていることに興味をもち、自分もやってみようとする。
- ・戸外で遊ぶ心地良さを感じる。
- ・喜んで好きな絵を描いたり、こいのぼり作りをしたりする。

---

- ◆ 遊びの様子に応じて場の広さや遊具の数を調整する。繰り返し遊んでいるときには、新しい物を出して、遊びに広がりが出るようにする。
- ＊ 自分の好きなことをして遊ぶ時間がじっくりととれるように保障する。
- ＊ 砂場や園庭で遊ぶときには、他のクラスと連絡・調整し、時間や場所が重ならないように配慮する。
- ＊ 虫探しや草花集めをしているときには、不思議さや驚きに共感しながら、生命の大切さに気付かせていく。
- ＊ 走ったり追い掛けたりして体を動かして遊ぶことを楽しめるように保育者も一緒に動いたり、追い掛けたりしながら、体を動かして遊ぶ心地良さを感じられるようにする。
（追いかけっこやリズム：『はしってはしって』『たけのこ体操』など）
- ◆ クラスのみんなで一緒に遊ぶ楽しさを感じられるように紙芝居や絵本を題材に使って表現遊びをしたり、リズム遊びをしたりする。
- ＊ 一緒に動く楽しさやおもしろさに共感し、いろいろな動きを楽しめるように声を掛けていく。
- ◆ みんなと一緒に歌う楽しさを感じられるよう、リズミカルな曲や春を感じる歌を取り入れる。
（♪：『ぽかぽかてくてく』『みどりのマーチ』）
- ＊ みんなと同じ動きやそれぞれの動きを取り入れながら、自由に表現する楽しさを感じられるようにする。

- ◆ 遊びや活動の中でいろいろな用具に触れる機会をつくる。
- ＊ 自由に絵を描いたり、作りたい物を作ったりできるようにし、できあがった物を飾る場をつくったり、話を聞いたりして認めていく。
- ◆ こいのぼり製作では、子どもの扱いやすい材料や大きさを用意し、作り方の手順を簡潔にして自分でできた喜びが感じられるようにする。
- ＊ 自分なりに色や形にこだわりをもって取り組む様子を見守り、必要に応じて手伝うようにする。
- ＊ 作ることの楽しさやできた喜びを十分に受け止め、すぐに遊びに生かせるように保育者は一緒に園庭に持って出て歩いたり、走ったりして風に泳がせる。
- ◆ 自分の作った物が分かってすぐに手に取って遊べるように飾り、遊びのイメージが広がったり、楽しい雰囲気を感じたりできるようにする。
- ＊ 自分の作った物が飾られた喜びに共感する。
- ◆ 自分の誕生日やクラスの友達の誕生日が分かるように壁面に装飾を作り、1年間を通して自分の誕生日や誕生会に期待がもてるようにする。

---

**反省・評価のポイント**

★ 一人ひとりが自分のやりたいことをして楽しんで遊ぶことができていたか。
★ 保育者やクラスの友達と一緒に歌をうたったり、遊んだりすることを楽しめるような援助ができたか。

指導計画
4月3・4週の計画

# 4月 日の計画
## 4/25(火)

| | |
|---|---|
| ねらい | ●自分のやりたい遊びを見つけて、安心してじっくり遊ぶ楽しさを味わう。<br>●保育者やクラスの友達と一緒に、体を動かして遊ぶことを楽しむ。 |
| 内容 | ●遊具や材料などに興味をもち、使い、自分なりのイメージをもって遊ぶ。<br>●保育者や友達のしていることに興味をもち、やってみる。<br>●保育者やクラスの友達と、追い掛けたり、追われたりして一緒に遊ぶことを楽しむ。 |

## 指導計画 4月 日の計画

| | 環境を構成するポイント | 予想される幼児の活動 | 保育者の援助 |
|---|---|---|---|
| 登園〜14時頃 | ●登園時、所持品の始末がしやすいような動線でテーブルやタオル掛けなどを配置する。毎日、同じ配置にしておく。<br>●前日の遊びの続きや、次に出ると思われる遊びが行なえるように、材料を目に留まる場に置いたり、すぐに提示できるようにしておいたりする。戸外では、遊び出せる遊具を事前に用意しておく。<br>●『あぶくたった』では、人数に合わせて遊び場の広さを決め、追い掛けたり追われたりする楽しさが感じられるようにする。場が広いときにはカラー標識とバーで場を区切り、動ける範囲が分かるようにする。<br>●昼食後は、ゆっくりと過ごせるような場を用意する。<br>（粘土、井型ブロック、パズル） | ●登園し、朝の挨拶をする。<br>●所持品の始末をする。<br>●好きな遊びをする。<br>（室内：ごっこ遊び、製作<br>　園庭：砂場、自然物を使ったままごと）<br>●片付けをする。<br>●クラスみんなで、園庭で、体を動かして遊ぶ。<br>●リズム：『たけのこ体操』をする。<br>●『あぶくたった』をする。<br>●昼食の準備をして食べる。<br>●休息をとる。<br>●降園の支度をする。<br>●クラスみんなで集まる。<br>●歌をうたう。（♪：『ぽかぽかてくてく』）<br>●絵本を見る。<br>（📖：『まほうのでんしレンジ』）<br>●降園する。 | ●笑顔で挨拶をし、健康観察を行なう。<br>●子どもの様子に合わせ、やりたいことにじっくりと取り組めるよう場や物を多めに用意し、保育者も個々に合わせて一緒に遊びながらそれぞれの遊びが楽しくなるように援助する。<br>●物を大事に片付けている姿を認めたり、明日使うことを楽しみにしたりできるよう声を掛けながら、片付いた気持ち良さを感じられるようにしていく。<br>●『あぶくたった』では、保育者に追い掛けられたり、触れられたりするうれしさを感じられる動きをする。また、言葉の掛け合いを楽しめるようにタイミングやことばがけを工夫する。<br>●一緒に声を出して楽しめる題材の絵本を選び、みんなで集まる楽しさを感じられるようにする。 |
| 14時頃〜降園 | ●静かに午睡に入れるように、環境をつくる。<br>●ゆったりとした雰囲気で、自分のやりたい遊びができるよう、家庭的な遊具を用意しておく。 | ●午睡をする。<br>●排せつを済ませる。<br>●おやつを食べる。<br>●好きな遊びをする。<br>（室内：折り紙、パズル、列車<br>　戸外：固定遊具、虫探し）<br>●片付けをする。<br>●降園する。 | ●ゆったりとした雰囲気で、自分のやりたい遊びができるように見守ったり、関わったりしていく。<br>●疲れが出てくるため、一人ひとりをよく見ながら関わると同時に、出す物を選んだり、落ち着けるような配置にしたりする。 |

**反省・評価のポイント**

★興味をもったことに関わって遊ぶことができるように、一人ひとりに合わせ、環境を工夫したり、援助したりできたか。
★保育者との触れ合いを楽しみながら、体を動かして遊ぶことを楽しんでいたか。

## 今月の保育

### 好きな遊びを楽しみ、戸外の自然にふれて遊ぶ

爽やかな気候に誘われて戸外で遊ぶ姿が多くなりました。新しい環境にも慣れ始め、好きな遊びを楽しみ友達とふれあって遊んでいるときの子どもたちの表情がうれしそうです。自分なりの行動ができるようになり、安定して過ごせるようになってきましたが、この時期には、新入園児と進級児、それぞれの心持ちを受け止め、保育者や友達と一緒に生活する楽しさを感じられるように保育を進めましょう。5月の保育は、基本的な生活習慣や身の回りの始末、遊びの片付けなど、できることは自分で行ない、繰り返し定着するように援助していきましょう。また、戸外遊びも広がります。みんなで安全に楽しく遊べるように、遊具の安全な使い方や生活に必要なルールについては、他年齢の保育者とも連携して園全体で保育を進めましょう。

## 保育のポイント

### 生活
#### 安全に楽しく友達とふれあって遊べるように

一人ひとりの子どもが自分なりの思いで意欲満々で遊びに取り組んでいます。4歳児は友達とも関わって遊びたい気持ちが旺盛です。一方で遊具や用具を安全に操作したり、組み合わせたりしながら扱うことには気が回りません。機会を捉えて伝えるなどして、丁寧に知らせていきましょう。

### 興味・関心
#### 飼育・栽培物や戸外の自然に興味をもつ

身近な飼育・栽培物にも興味・関心を寄せ、オタマジャクシが変化する様子や夏野菜(トマト・ナス・ピーマン)の生長にも期待をしています。戸外の自然にも目を向け、発見したり心を動かしたりする経験ができるようにしましょう。

### 友達や保育者との関わり
#### 新緑の中で好きな遊びを満喫する

こいのぼりが泳ぐ様子を見たり、新緑の風や光を全身に感じたりして、遊びを戸外に広げていきましょう。戸外で動く心地良さを体感できるような遊びも楽しみましょう。テラスやバルコニーではごっこ遊びや遊びに使う物を作ることなども楽しんでいます。同じ場で同じ物を身に着けたり持ったりしながら楽しんでいけるようにつなげていきましょう。

# 5月の計画

## クラス作り

一人ひとりが好きな遊びを存分に楽しみながら、保育者や友達と一緒に遊ぶ楽しさを感じられるようにしつつ、爽やかな季節のなか、戸外で十分に体を動かしたり、自然物に触れたりして遊ぶ機会を大切にしたい。一人ひとりの子どもの心持ちを受け止め、それぞれが安心して園生活を送れるようにしたい。

| | 前月末の幼児の姿 | ねらい | 幼児の経験する内容（指導内容） |
|---|---|---|---|
| 生活 | ●生活の仕方が分かってきて、自分のことは自分でやると張り切ってやろうとしている。<br>●登園時や活動の切り替わりに不安や戸惑いを感じている子もいるがほとんどの子どもが、安定して生活ができるようになってきている。 | ●戸外で伸び伸びと体を動かし、やりたい遊びを十分に楽しむ。 | ●自分の気に入った遊具や場所で十分に遊ぶ。<br>●なりたいものになり切って遊ぶことを楽しむ。<br>●自分で作った物で楽しんで遊ぶ。<br>●遊具の安全な使い方や遊び方、園での決まりを知って遊ぶ。<br>●鬼遊び・体操・追いかけっこなど、保育者や友達と戸外で伸び伸びと体を動かして遊ぶ。 |
| 興味・関心 | ●遊びたい気持ちが優先して、身の回りのことが後回しになることがある。<br>●春の自然や飼育物に関心をもち、関わろうとしている。 | ●保育者や友達と関わって遊び、みんなと一緒の楽しさを味わう。 | ●簡単なルールのある遊びを友達と一緒に楽しむ。<br>●保育者や友達のやっていることに関心をもち、自分もやってみようとする。<br>●みんなで歌ったり、リズムを感じて動いたりする。<br>●生活の流れや場の使い方などが分かり、自分でやろうとする。 |
| 友達や保育者との関わり | ●戸外では虫探しに夢中になっている子どもがいる。<br>●気の合う友達や保育者と一緒に、ごっこ遊びや体を動かす遊びを楽しんでいる。<br>●友達と関わる中で自分の思いを出し始めている。<br>●保育者の読み聞かせや、手遊び、リズム遊びをみんなと一緒に楽しんでいる。 | ●生活の仕方が分かり、身の回りのことを自分でやろうとする。<br>●戸外で身近な春の自然にふれたり、関わったりして遊ぶ。 | ●朝の身支度、手洗い、うがいなど自分でできたことを保育者に伝え、一緒に喜び合う。<br>●5月の風の心地良さを感じたり、草花の変化や気温の変化に気付いたりする。<br>●見つけた虫や草花を、図鑑や絵本で調べたり、飼育したりする。<br>●夏野菜を植え、収穫を楽しみに水やりをする。<br>●飼育物を大切に扱い、観察したり、世話をしたりする。 |

**家庭・地域との連携**

■園便り、クラス便り、掲示や降園時の対応で、園やクラスの活動内容、子どもたちの様子を知らせ、安心してもらうと同時に、関心ももってもらえるようにする。
■親子徒歩遠足や保護者会などの保護者が集まる機会にゲームなどを企画して、親子で一緒に遊ぶ楽しさを味わったり、保護者同士をつなげたりできるようにする。
■連休明けには生活リズムが崩れがちになると予想されるので、体調を崩さないように気を付けることを伝える。

## 園生活の自立に向けての配慮点

- 戸外遊びが増えるので、手洗い、うがいをこまめにきちんと行なうようにする。
- こどもの日にちなんだ食材やいわれなどを伝え、食する機会も設ける。
- ★♥ 朝夕、天候により気温差が大きいので、衣服の調節や水分補給を適宜行なう。
- ★ 子どもの気持ちに応じ、安心して過ごせるように、ふれあいやおしゃべりする機会を多くもち、信頼関係をつくっていく。

●は健康・食育・安全、★は長時間にわたる保育への配慮、♥は保育者間のチームワークについて記載しています。

### 要領・指針につながるポイント

**✿ 爽やかな気候の中、体も心も弾ませて！**

体が動くと心が動き、心が弾むと体も弾む子どもたち。全身のバランスをとる能力が発達し、体の動きに危なげがなくなってきています。友達と戸外で気持ち良く体を動かす楽しさを味わえるよう計画します。生活の場が広がりますので安全な遊び方やルールなどを丁寧に伝えましょう。

## 環境の構成と保育者の援助

### 好きな遊びと、保育者や友達と一緒に過ごす楽しさを味わえるように

- 一人ひとりの興味・関心を丁寧に受け止め、一緒に遊びながら遊びが広がるように、場・用具・材料など必要な物を提供する。
- 友達と同じ物が持ちたい、使いたいという気持ちを受け止め、用意できる物は多めに用意する。できない場合は保育者が仲立ちとなり、どうすれば良いかを一緒に考えていく。
- 簡単なルールのある集団遊びを通して、一緒に遊ぶ楽しさ、おもしろさを、保育者も一緒に遊びながら十分に味わっていけるようにする。
- 歌や手遊び、体操やダンスなど、楽しい動きやリズムを感じられるようにする。楽しい活動をみんなで楽しむことを大切にする。
- 活動に参加しにくい子どもは、ただ誘うのではなく、気持ちを探り、思いを受け止めて、一人ひとりに応じた対応をしていく。
- 園での生活のルールや、遊具の安全な使い方などは分かりやすいように絵カードを使ったり、実際にやって見せたりしながら知らせていく。

### 自分のことを自分でしようとする気持ちがもてるように

- 朝の支度や食事、着替え、遊びなど身の回りのことの準備、片付けなど、自分で取り組みやすいように動線や環境を整える。
- タイミングよく認めたり褒めたりしながら、自分でできた喜びが感じられるようにする。
- 一人ひとりの状態を把握し、必要に応じて時間を十分にとり、見守ったり励ましたりしていく。
- 連休明けは一人ひとりと言葉を交わしながら、より丁寧に個別対応していく。

### 新緑のなか、戸外での遊びを満喫できるように

- 伸び伸びと体を動かす遊びに誘い、楽しんでいく。また、楽しい気持ちや感じたことを、子どもとの会話でやり取りしながら風の心地良さを感じていく。
- テラスやベランダも使い、製作やごっこ遊びなど、遊びの幅を広げていく。
- 子どもが見つけたり集めたりした自然物を、遊びに取り入れ楽しめるように、空き容器、飼育箱、紙、両面テープなど必要な物を用意する。
- 飼育物や栽培物の変化の気付きに共感し、興味をもって世話ができるよう一緒に行なう。また、図鑑を用意し、興味をもった物を調べられるようにする。

### 反省・評価のポイント

- ★ それぞれに好きな遊びを見つけ、十分に楽しんだり、友達や保育者と一緒に楽しんだりできたか。
- ★ 園生活のルールや安全な遊び方の知らせ方や、一人ひとりへの援助の仕方は適切で、自分のことを自分でしようとする意欲を引き出し、伸ばす働き掛けができていたか。
- ★ 身近な春の自然にふれたり、関わったりすることができる環境に子どもを出合わせることができたか。

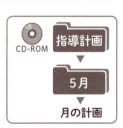

指導計画 5月の計画

145

# 5月 1週の計画
5/1(月)〜6(土)

**今週の予定**
- 憲法記念日、みどりの日、こどもの日の集い、母の日

**前週の幼児の姿**
- 登園時に少し不安を表す子どももいるが、日中は自分のやりたいことを見つけて遊んでいる。
- 園での過ごし方が分かってきて自分のことは自分でしようとする姿が見られる。
- 室内に飾られたこいのぼりを見ながら、友達と自分で作った物を紹介し合っている。

## ねらい(●)と内容(・)
- ● 自分の好きな遊びや場を見つけ安心して過ごす。
- ● 朝の支度や身の回りの始末の方法が分かり、できることは自分でしようとする。
- ・ 友達と継続して楽しんでいるものや、興味のあるもの、やりたいことを見つけて遊ぶ。
- ・ 保育者に自分のしたいことや、してほしいことを伝える。
- ・ 生活の流れや、持ち物などの始末の仕方が分かり、自分でしようとする。

## 具体的な環境(◆)と保育者の援助(＊)

◆ 登降園時の支度や着替え、食事、午睡の準備など生活に必要なことを順番で追った絵や写真などで分かりやすく表し掲示する。

＊ 身の回りのことはその子どもに合ったことばがけをし、必要に応じて時間に余裕をもって対応し、繰り返し知らせていく。

＊ 繰り返し行なうことで、できることが増えていくことの喜びを、機会を捉え共感していく。

＊ 休み明けは喜んで登園し、経験したことを保育者に伝えようとする姿や、反対に不安を示し登園を嫌がる姿などがあるので一人ひとりの心の様子を見て、より丁寧に対応していく。

◆ 好きな遊びを見つけて遊び始められるように、ブロック、ままごと、パズルなど取り出しやすいようにしておく。

◆ ベランダやテラスも使い、一人でじっくりと取り組めるコーナーも構成する。

＊ こどもの日の集いは、体操やかけっこ、玉入れなど、みんなが楽しめるものを取り入れていく。

◆ 集いでは、作ったこいのぼりを飾り、見せ合ったり、歌をうたったりして楽しい雰囲気づくりをする。また、体操やかけっこが楽しめるよう、音響やライン引き、玉入れ道具を準備する。
（♪：『こいのぼり』『金太郎』、📖：『金太郎』）

◆ 遠足ごっこを楽しめるように、シートやかばん、旗などを用意する。
（♪：『ぽかぽかてくてく』など）

＊ リュックやシート、水筒の取り扱いなど、遠足当日も自分でやってみようとする姿を大切に見守り、必要に応じた援助をする。家庭の状況に配慮しつつ、保護者と一緒に準備していけるようにする。

◆ 園庭を遠足コースに見立てて、いつもと違う気分を味わえるよう構成する。

**反省・評価のポイント**
- ★ 身の回りの始末の仕方を、子どもが分かりやすい方法で知らせ、それぞれのペースで自分でやれるように援助できたか。
- ★ 一人ひとりが好きな遊びを選んで楽しんだり、友達と一緒にやりたい遊びを楽しんだりできたか。

## 5月 2週の計画
5/8(月)～13(土)

**今週の予定**
- 親子徒歩遠足、愛鳥週間

**前週の幼児の姿**
- こどもの日の集いにクラスのみんなと参加しそれぞれが楽しめた。
- 身近な草花や虫に興味をもち、戸外遊びを好む子どもが増えてきている。
- 親子徒歩遠足を楽しみにしている。

---

- 友達や大人と関わりながら、戸外遊びを楽しむ。
- 土作りや苗植えを通して夏野菜を育てることを楽しみにする。
- 戸外で興味のあることや、やりたいことを見つけて遊ぶ。
- 親子徒歩遠足に参加し友達や保護者とオリエンテーリング、集団遊びなどを楽しむ。
- 土に触れ、キュウリ、ナス、ピーマンなどの夏野菜を観察したり植えたりして大きくなることを楽しみにする。

---

◆ 戸外でも自分で遊びを見つけられるように、遊具や用具が出し入れしやすいよう準備しておく。
（シート、コンテナ、三輪車、砂遊び用具 など）

＊ 一人ひとりが好きな遊びや気に入った場で遊べているか把握し、保育者も鬼ごっこなどで積極的に遊びに関わる。

＊ 園庭や遊具の安全な使い方を他クラスとも確認し、職員で共通認識をもって関われるようにする。
（三輪車や固定遊具の使用の仕方 など）

◆ 親子徒歩遠足では、自然の中で伸び伸びと親子で交流できるもの、子どもと保護者に別れて互いに見合うものなど遊びを工夫し、必要な物を準備する。
（オリエンテーリング、なべなべそこぬけ、しっぽ取り（保護者対子ども、保護者同士、子ども同士））

◆ オリエンテーリングではテーマを決め、カードなどあらかじめ準備しておく。
（きれいな色やおもしろい形を5つ見つけよう など）

＊ 出発前に親子でけがのないようにと伝え、一緒に体をほぐしていく。

＊ リュックからシートを出して敷くなど、子どもがやってみようとする姿を、保育者と共に見守り励ますように、保護者には行動の前に声を掛ける。
（♪：『おべんとうばこ』など）

◆ 苗を植える土の準備を子どもと一緒に行なえるよう、十分な広さのシートを準備する。

＊ 土作りや苗植えをしながら、苗や種の形や匂いなどに、触れられるようにする。

＊ キュウリ、ナス、ピーマン、ゴーヤ、オクラなど、栽培物は育てていく過程でも誤飲の心配のない種類を選ぶ。
（📖：『にんじんばたけのパピプペポ』、♪：『やさいの歌』）

◆ 水やり用のじょうろを、子どもが取り出しやすい場所に多めに用意する。

＊ 母の日のプレゼント作りでは、母に関する歌をうたったり、日頃保護者にしてもらっていることを話題にしたりして感謝の気持ちをもてるようにしていく。
（♪：『おかあさん』）

**指導計画 5月1・2週の計画**

**反省・評価のポイント**
★ 戸外で友達や保育者と関わりながら自分の好きな遊びを見つけて遊びを楽しんでいたか。
★ 遠足や夏野菜植えなど身近な自然にふれて遊べるような環境構成や援助ができていたか。

CD-ROM 指導計画 ▼ 5月 ▼ 1・2週の計画

# 3週の計画 5月

5/15(月)～20(土)

**今週の予定**
● 避難訓練

**前週の幼児の姿**
- 遠足で楽しんだしっぽ取りを「やりたい」と保育者に言ってくる。
- 友達や保育者と戸外で一緒に追い掛けっこなどを繰り返し楽しむ。
- 葉や花などを摘んでままごとに使っている。
- 植えた野菜の苗にうれしそうに水やりをしている。

## ねらい(●)と内容(・)

- ● 保育者や気の合う友達と好きな遊びやごっこ遊びを楽しむ。
- ● 身近にある自然にふれ、見たり触れたり世話をしたりする。
- ・ 保育者や友達と関わって遊ぶなかで、自分のしたいことを楽しむ。
- ・ ごっこ遊びに必要な物を、身の回りにあるもので簡単に作ったり、身に着けたりしながら遊ぶ。
- ・ 夏野菜の世話、オタマジャクシやダンゴムシの観察などをして自然に親しむ。

## 具体的な環境(◆)と保育者の援助(＊)

- ◆ 遊び道具やごっこ遊びでなり切って遊べる曲などを準備する。
（大型積み木、しっぽ取りのリボン、ヒーロー物の曲）
- ＊ 子どもと一緒になって遊び、子どもが遊びのおもしろさを感じられるようにする。また入り切れずに見ている子どもには、無理強いはせず、きっかけを見つけて誘っていく。
- ◆ やりたい遊びの雰囲気が出るような、お面やマント、スカートや、作るための材料などを用意する。（画用紙、ゴム、ペン、広告、風呂敷）
- ＊ イメージを膨らませるような小道具の布などを用意し、遊びが展開できるようにする。
- ◆ 友達と同じようにしたがる子どもの様子があるので、製作の材料は多めに用意する。
- ＊ いろいろな意見が出たら、"いろいろあっていいよね" と感じられるように保育者が仲立ちし、気持ちを出すことは良いこととして受け止め、友達へ知らせていく。

- ＊ 先週に引き続いて、簡単なルールのある集団遊び（しっぽ取り など）も取り入れみんなで楽しむ時間をつくる。
- ＊ 水やりは、苗に声を掛けるなどしてやり、大事に育てていく。初めは自由に行なうが、やりたい子どもが増えていったら、順番などを決めていく。
- ◆ 子どもが戸外で発見した植物や虫を入れておく、簡単なペットボトルやフードパックなどの入れ物を準備しておく。
- ＊ 見つけたものを観察した後は、満足できたらまた自然に戻すよう声を掛けていく。（チョウ、ダンゴムシ、ツマグロヨコバイ）
- ◆ どこで何を発見したか描けるように、園庭やよく行く公園の地図を大きな模造紙などに描いて貼っておく。
- ＊ 発見を共有し、次回の楽しみにつなげていく。見つけられない子どものヒントになるようにしていく。
- ◆ アオムシやオタマジャクシを育てる飼育箱を用意する。
- ＊ 変化に気付けるように、日々さりげなく気に掛けていく。成虫になったら成長を喜び、逃がす。
- ◆ 外から帰ったり虫などに触れたりした後には手洗いうがいをしっかり行なえるように改めて知らせ、絵にして掲示する。
- ＊ 慣れてくると、おろそかになることもあるので、機会を捉えて手洗いの大切さを伝える。

**反省・評価のポイント**
- ★ 友達と関わりをもちながらも、好きな遊びやごっこ遊びなど自分のしたいことが楽しめていたか。
- ★ 夏野菜やダンゴムシなどの身近な自然に親しみ、関心をもてるきっかけづくりや、環境づくりができたか。

# 5月 4週の計画

5/22(月)～31(水)

**今週の予定**
● 誕生会

**前週の幼児の姿**
- 戸外の幾つかの場所で、虫を取ったり、花や葉を摘んだりして保育者に見せに来る。
- 気の合う友達や保育者を誘って追い掛けっこやごっこ遊びがすぐに始まる。
- 野菜の苗の水やりの順番を楽しみにしている。

---

- 砂遊びなど自分の好きな遊びを十分に楽しむ。
- 友達とごっこ遊びや集団遊びを一緒になって楽しむ。
- みんなで歌や手遊び、紙芝居やお話を楽しむ。
- 戸外でじっくり遊んだり、体操、集団遊びをして伸び伸びと体を動かして遊んだりする。
- 友達と一緒に歌や手遊びを楽しんだり、みんなで紙芝居を観たり、話を聞いたりすることを十分に楽しむ。

---

◆ 戸外でも体操や集団遊びの曲が掛けられるようにCDデッキやCDなどを準備する。
（フープ取り、しっぽ取り、網投ーげた、いろいろ何色、『マッチョまん体操』など）

＊ 保育者も楽しんで一緒に仲間になり遊んでいく。

＊ 体操だけでなくリズムに合わせて歩く、走るなど、単純だけれどみんなで楽しめる遊びを取り入れ、一緒に遊ぶと楽しいということが感じられるようにする。

◆ 暑くなってくるので、水分補給ができるように準備する。

＊ 子どもの顔色に気を配り、水分補給しているか確認をし、熱中症には十分に気を付ける。

＊ 子どもが戸外で発見した物を図鑑で調べたり、引き続き地図に書き込んだりして、楽しみを継続していく。

＊ 子どもが興味をもって行動しようとしたときには、できるだけすぐに取り組めるようにする。時々順番など確認しながらみんなが楽しみにできるようにする。

＊ 水やりをしながら野菜の変化に気付けるようにことばがけをし、子どもの発見に共感して、収穫を楽しみにしていく。

＊ アオムシやオタマジャクシの世話をしながら子どもの発見を大切にし、友達にも知らせて関心を広げていく。

◆ 砂場でじっくりと遊べるような、バケツ、シャベルなどの用具は十分に用意する。

＊ 子どもの遊び具合を見ながら、水も用意し、砂の変化や団子作りも楽しんでいく。

◆ 食前後や行動の展開前などのちょっとした時間にも集まって、友達と一緒に手遊びをしたり紙芝居を観たりできるような機会をつくり、生活が楽しくなるようにする。
（手遊び：『大きくなったらなんになる』『げんきにしごと』）

＊ 子どもたちが歌を覚えて楽しめてきたら、子どもから言葉を引き出し替え歌にし、継続して楽しく歌えるように工夫する。

＊ お話をじっくり味わえるように、長さや興味を見極め、ゆったりとした時間をもつようにするなど工夫する。

◆ 気候の良いときにはテラスやベランダで食事が楽しめるように机・イスを用意する。

＊ いつもと違う雰囲気の中、楽しい食事ができるようにする。

---

**反省・評価のポイント**

★ 自分の好きな遊びや砂遊びなどを友達と楽しんだり、戸外で友達と一緒に伸び伸びと体を動かして楽しんでいたか。

★ 自分の好きな遊び、友達と集まってみんなで楽しむ時間など子どもたちが気持ち良く生活できるような生活の組み立てができたか。

指導計画 / 5月3・4週の計画

# 5月 日の計画
## 5/24(水)

**ねらい**
- 自分の好きな遊び方や居場所を見つけて友達と遊びを十分に楽しむ。
- 身近な素材で自分なりのイメージをもち、工夫しながら作ることを楽しむ。
- フープ取りのルールを守って、友達と一緒に楽しむ。

**内容**
- 自分の好きな遊びや方法、居場所を見つけて楽しく遊ぶとともに同じ遊びをする友達と関わって楽しむ。
- 身近な素材や用具で作りたい物を工夫して作り、見立てて遊ぶ。
- 友達と一緒に音楽を聞いて動いたり、フープに駆け込んだりする。

指導計画　5月 日の計画

| 環境を構成するポイント | 予想される幼児の活動 | 保育者の援助 |
|---|---|---|
| ●子どもたちが十分に遊べるよう各コーナーの構成をしていく。<br>●製作は扱いやすい身近な素材や用具を用意しておく。<br>（空き箱、空き容器、段ボール板、色紙、ハサミ、のり、セロハンテープ など）<br>●探した虫や花を入れるための飼育箱など透明の容器を用意する。<br>●フープは人数分用意する。<br>●フープ取りは、人数が多いとき、あるいは場所が狭いときはグループ分けをし、十分に動ける広さを確保する。<br><br><br>●午睡までの間、ゆったりと過ごせる場所を準備する。<br>●活動の準備や片付けに必要な目印、カゴなどはその都度点検する。 | ●登園し、朝の挨拶や身支度を行なう。<br>●好きな遊びをする。<br>　（室内：ごっこ遊び、製作、ブロック など<br>　　戸外：草花・虫探し、かけっこ、<br>　　　　　固定遊具、しっぽ取り など）<br>●片付けをする。<br><br>●クラスのみんなでフープ取りをする。<br>●フープ取りのルールを確認する。<br>●音楽を聞いて動く。<br>●フープに入ることを喜ぶ。<br>●友達と声を掛け合ったり、二人で一つのフープに入ったりする。<br><br>●片付けて、排せつ、手洗い・うがいをする。<br>●食事の準備や当番活動をする。<br>●コップや食具を配る。<br>●友達と楽しく食事をする。<br>●食事の片付けをし、ゆったりと過ごす。<br>●絵本を見る。（📖：『ぼく、だんごむし』）<br>●午睡をする。<br>●おやつの準備をし、楽しく食べる。<br>●好きな遊びをする。<br>●片付けて降園する。 | ●登園を見守り、一人ひとりの子どもに声を掛け健康状態を知る。<br>●子どもの思いを受け止め、必要に応じて材料・用具のアドバイスをする。<br>●子どもの興味が広がるよう、図鑑などを用意する。<br>●子どもから出た遊びを見守っていく。状況に応じ、保育者も一緒になって遊び、ルールを確認しながら友達と遊ぶことが楽しくなるように援助する。<br>●しばらくは全員がフープに入れるようにし、満足感を味わえるようにしてゲームを楽しいものにしていく。<br>●子どもから出る楽しいやり方を取り入れるなどして、楽しくできるようにする。<br>●参加しようとしない子どもは保育者が一緒に動き、少しずつ楽しさを味わえるようにしていく。<br>●一緒に食べながら、食材や調理方法・マナーに気付けるようにしていく。<br>●ゆったりとした雰囲気で遊べるよう声を掛けていく。<br>●迎えに来た保護者に子どもの姿と活動を伝えていく。 |

**反省・評価のポイント**
★ 自分の好きな遊びをしながら、同じ遊びをする友達とも工夫したり楽しんだりできたか。
★ クラスの友達みんなと一緒に、フープ取りのルールを守って動いたり、フープに駆け込んだりして遊ぶ楽しさが分かるよう援助できたか。

# 6月

## 今月の保育

### 友達と様々な遊びを繰り返し楽しむ

保育室でビー玉転がしをして遊んでいたかと思うと雨上がりの園庭に飛び出して行き、ボールを転がして的当てをするなどして喜ぶ3人組。友達と同じ場で同じ遊びをすることがとても楽しいようです。それぞれが自分の思い通りに遊びを進めようとしますが、それが友達に伝わらずいざこざも生じます。保育者は互いの思いに気付けるように援助をし、友達と一緒に遊ぶ楽しさを十分に味わうことができるようにしていきます。雨が続いたり急に暑くなったりしますので、季節の変化も園生活に取り入れ、園舎内も工夫しながら、動と静のバランスを大切にした遊びを計画していきます。さらに健康に過ごすことができるよう環境を整え、こまやかで柔軟な対応をしていきましょう。

指導計画 6月

## 保育のポイント

### 生活
#### 梅雨期の健康な生活の仕方を知る

蒸し暑くなり、汗をかくことが多くなります。喉が渇いたら水分をとる、汗を拭く、ぬれた衣服を着替える、雨具の扱い方の手順など、この時季の過ごし方を絵やカードなどにして分かりやすく知らせていき、自分から気付いて行なえるように進めていきます。

### 興味・関心
#### 身近な自然事象に親しめるように

雨降りの園庭の様子や、栽培物・飼育物の様子を子どもたちと一緒にじっくり観察するなどして、梅雨期の自然にふれる機会をつくっていきます。子どもたちの小さな発見や気付きに驚いたり共感したりしながら、身近な自然事象への興味・関心を広げていきましょう。

### 友達や保育者との関わり
#### 様々な遊びを楽しみ、豊かな体験を

梅雨期は室内で過ごすことが多いので、今まであまり触れてこなかった素材や用具などを幾つか用意して、様々な遊びを体験できるように工夫していきます。また、大型ブロックや中型積み木、好きな体操やダンスなどができる場を構成し、体を十分に動かして楽しめる環境も整えましょう。

## 6月の計画

### クラス作り

梅雨の季節の自然や天候の変化を生かして遊ぶとともに安全で健康な生活の仕方が身につくようにしていく。自分が興味をもった遊びや場に自分から関わり、繰り返し遊ぶようになってきているので、さらに興味をもって遊び、保育者との関わりも深めていく。また、友達に親しみや関心をもてるようにもしていく。

| | 前月末の幼児の姿 | ねらい | 幼児の経験する内容(指導内容) |
|---|---|---|---|
| 生活 | ●生活の仕方が分かり、自分の持ち物の始末や着替え、片付けなど身の回りのことを自分で行なおうとする姿が増えている。<br>●鬼遊びや体操など、みんなで体を動かして遊んでいる。 | ●梅雨期ならではの活動や生活の仕方を知る。 | ●身近な自然事象や飼育物、栽培物を見たり触れたりして興味・関心をもつ。自分から関わって遊ぶ。<br>●雨の日の安全な過ごし方を知る。<br>●健康で安全な生活の仕方を知って自分で行なう。<br>●水遊びやプール遊びの約束事や着替えの方法を知る。 |
| 興味・関心 | ●自分の好きな遊びや場を見つけ、繰り返し楽しんでいる。<br>●親しみをもった友達と同じ場にいたり、同じ物を持って遊んだりしている。<br>●草花や虫、栽培物などの身近な自然に興味や関心をもち始めている。 | ●いろいろな遊びに関心をもち、遊びや生活を十分に楽しむ。 | ●楽しく遊びながら水・砂・土の感触を味わう。<br>●身近な素材や材料を使って見立てて遊ぶ。<br>●自分が作った物を使って楽しく遊ぶ。<br>●友達とリズム遊びや体操、運動遊びなどをして十分に体を動かす。 |
| 友達や保育者との関わり | ●やりたい遊びやしたいことを保育者に伝えてくる。<br>●みんなと一緒にする活動も楽しんでいる。<br>●自分の思いを言葉や動きで表すようになっているが、友達に伝わらないことも多い。 | ●保育者や友達に親しみや関心をもって関わり、一緒に遊ぶことを楽しむ。 | ●同じ場にいる友達と関わったり、一緒にいたい友達と同じ動きをしたりして楽しむ。<br>●自分の思いを言葉や動きで表して相手に伝える。<br>●保育者に親しみをもち、感じたことを十分に伝える。<br>●保育者が仲間になって遊ぶことを喜ぶ。<br>●友達と一緒に歌をうたう、絵本を読む、絵を描く心地良さを味わう。 |

**家庭・地域との連携**

■ クラス便りや保育参観を通して、子どもたちの日常の姿や成長について具体的に知らせていく。また、この時期、友達への関心が高まるとともに思いが通らないことも多くなるが、相手の思いに気付いたり、関わり方を知ったりする良い機会になることも知らせる。また、状況や対応を個別に丁寧に伝える。

■ 感染症や食中毒防止のために必要なこと(弁当への配慮、手洗い・うがいの励行 など)を具体的に知らせる。また、園で着替えの機会が増えることから、着替えの補充の協力を求める。

## 園生活の自立に向けての配慮点

●は健康・食育・安全、
★は長時間にわたる保育への配慮、
♥は保育者間のチームワークについて記載しています。

- ● 雨が降り、室内で遊ぶ日が多くなるので、室内での過ごし方を再確認し、安全に遊べるようにする。
- ● 雨具の扱い方について具体的に知らせ、身につくようにする。
- ● 夏野菜の栽培を通して、生長への興味・関心や収穫に期待をもてるようにする。
- ★ 蒸し暑い日や梅雨寒の日など、天候や気候に応じて、子どもたちの体調を把握し、休息や水分補給できるようにする。

### 要領・指針につながるポイント

**❀ 友達と関わって遊ぶことを十分楽しめるように！**

友達と一緒に遊びたい、関わりたいという気持ちが高まっています。この気持ちは「人間関係」づくりの基本。一緒にいたい、同じ物を持ちたい、作って遊びたいなどができるよう環境の工夫を。雨も活用して一緒に活動できる場をつくったり、友達と楽しめる遊びを取り入れたりしましょう。

## 環境の構成と保育者の援助

### 梅雨期の天候に応じた遊びや生活ができるように

- ● 歯の健康やうがい、手洗い、水分補給の大切さを絵本や紙芝居、保育者の話を通して、具体的に知らせ、生活の中で身につくようにしていく。
- ● 水や泥を使って遊んだ後で衣服が汚れたり、汗をかいたりしたときに自分で着替えることができるように、着替えの場を準備しておき、必要に応じて励ましたり、認めたりしていく。
- ● 雨の日の安全な遊び方や過ごし方について、機会を捉えて具体的に分かるように知らせる。
- ● 雨の日には体を動かして思い切り遊べるような場の構成をし、一日の流れに静と動のバランスをとるように組み立てる。また、異年齢の子どもとの関わりをもつ機会ができるように時間や場所の調整をしていく。
- ● プールの身支度や、プール遊びの約束事について絵表示を見せたり、保育者の動きで示したりしながら伝え、プール遊びへの期待をもてるようにするとともに、水の危険性についても伝えていく。
- ● 今年初めてのプール遊びなので、それぞれのペースで楽しめる遊びを工夫する。

### いろいろな遊びに興味をもって関われるように

- ● 水・砂・土、絵の具などの感触を楽しみ、自分なりに関わって繰り返し遊べるよう、必要な遊具や用具を準備したり、保育者も一緒に楽しんだりする。
- ● 簡単に作って遊ぶことができる教材を用意しておき、身近な材料に触れながら、製作する楽しさが感じられるようにする。
- ● 飼育物や栽培物の変化していく様子を保育者も一緒に興味をもって関わる。
- ● 雨の降る様子など、自然事象への関心が高まるよう、傘を差して園庭散歩など楽しむようにする。

### 保育者や友達に関心をもって関わり、一緒に遊ぶことができるように

- ● 一緒に動いたり友達と関わったりできるような活動を通して、みんなと一緒は楽しいという気持ちを共感できるようにしていく。
- ● 遊びの場や遊具の数を保障し、一緒に遊びたい友達と安心して遊べるようにする。
- ● 友達と関わりの際に起こる、一人ひとりの気持ちを受け止め必要に応じて代弁していく。

★ 梅雨期の天候に応じた遊びや生活ができるような生活の流れや環境構成がされていたか。
★ 自分のやりたいと思ったことを十分に楽しむとともに、保育者や友達に関心をもって関わり、一緒に遊ぶことを楽しめたか。

# 1週の計画 6月

**6/1(月)～10(土)**

**今週の予定**
● 歯と口の健康週間、時の記念日、入梅

### 前週の幼児の姿
● 親しみをもった友達と同じ場にいたり、ふれあったりするうれしさを感じている。
● いろいろな遊具や材料に興味をもち、使って遊ぶようになってきている。
● 砂や草花、虫など自然物に触れたり、保育者や友達と簡単なリズム遊びや鬼遊びをしたりして、戸外で遊ぶ気持ち良さを感じている。

## ねらい（●）と内容（・）

● いろいろな素材や材料に触れたり、使ったりして遊ぶ楽しさを味わう。
● 自分の好きな遊びに取り組み、同じ場にいる友達とふれあって遊ぶことを楽しむ。
・ 水・砂・土を使って遊び、その感触を存分に楽しんだり、解放感を味わったりする。
・ いろいろな材料に触れて、自分なりに作ったり、作った物を使って遊んだりする。
・ 天候に応じた生活の仕方を知り、できることは自分で行なう。
・ 歯磨きの大切さや正しい磨き方を知る。

## 具体的な環境（◆）と保育者の援助（＊）

◆ 水・砂・土・泥を使って遊ぶことを十分に楽しめるように必要な遊具や用具を用意する。
（バケツ、タライ、じょうろ、カップ、足拭きマット、ビーチサンダル など）

◆ 砂を掘り起こしたり、必要に応じて乾燥している部分、湿っている部分を作ったりする。また、じっくりと遊べるよう日差しが強い日には日よけやパラソルなどを設置する。

＊ 保育者も一緒に遊びながら、水・砂・土に触れる気持ち良さや、形が変化するおもしろさに共感し、十分に楽しめるようにする。

＊ 遊んだ後の汗の始末や着替えに自分で取り組もうとする姿を認めながら、一人ひとりの様子に応じて具体的な方法を知らせ、気持ち良さが味わえるようにする。

◆ 身近な材料を選び、それぞれ子どもたちが見立てたり自分なりのイメージを広げたりできるように出し方・置き方も工夫する。
（空き箱・空き容器、カップ、ペーパー芯、粘土、いろいろな大きさや形の画用紙、広告紙、フラワーペーパー など）

＊ 自分なりのイメージをもって作っている姿を受け止め、見立てて作ることや作った物で遊ぶことを十分に楽しめるようにしていく。

（自分で少し手を加えて形になるうれしさが感じられるような製作物：お面ベルト、マント、ステッキ、剣、ベルト、スカート、バッグ）

ピクニックにでかけよう

◆ クラスの友達や保育者と『いちごみるくゲーム』（フルーツバスケットの変形版）の遊びを楽しめるよう、子どもと一緒にイスを並べて場づくりする。

＊ 各自で、自分の役のイチゴやミルクを描いたペンダントを作って使って遊ぶ。

◆ 歯の健康の大切さを分かりやすく伝えるために、歯に関する絵本や紙芝居、ペープサートなどを活用したり、親子で歯磨き指導を受ける機会をつくったりする。

◆ 時計や時間を身近に感じるような機会をつくる。
（歌や手遊び、時計を擬人化したペープサートやお話、製作 など）

## 反省・評価のポイント

★ いろいろな素材や材料と出会い、触れたり使ったり、作ったりして遊ぶ楽しさを十分に味わえたか。
★ 友達といることが楽しい、一緒にふれあって遊ぶことが楽しいと感じられるような環境構成や援助、雰囲気づくりができたか。

## 6月 2週の計画

6/12(月)〜17(土)

**今週の予定**
- 保育参観、父の日

**前週の幼児の姿**
- 水・砂・土・泥に十分に触れて、解放感を味わいながら存分に楽しんでいる。
- 自分なりに作ったり、作った物を使って遊んだりすることを楽しんでいる。
- 遊びに必要な身支度や、衣服がぬれたり汚れたりしたら着替えることが分かり、自分でやろうとする姿が見られる。

---

- 興味をもった遊びや活動に自分から取り組んだり、友達とのふれあいを楽しんだりする。
- 梅雨の季節を感じたり、身近な自然物に興味や親しみをもったりする。
- いろいろな材料や用具を使って遊んだり、自分なりに作ったり、動かしたりして遊ぶことを楽しむ。
- 簡単なルールのある遊び、リズム遊び、巧技台など、みんなで一緒にする遊びに喜んで取り組む。
- 雨の日の自然事象や、栽培物・飼育物の様子に興味をもち、見たり触れたりする。

---

◆ 楽しんでいる遊びの続きがすぐできるようにしたり、遊びがさらに広がるきっかけになるような物を予測して置いておいたりする。自分から遊びに取り組んでいるような材料、用具、空間の取り方など環境を構成しておく。

＊ 作りながら、のりやハサミなど用具の使い方を知る活動を取り上げる。作った物を使って遊べる空間や飾る場をつくり、楽しさを感じられるように援助する。
（アジサイやカタツムリ・オタマジャクシやカエル・雨の滴・父の日のプレゼントなどの製作、作った物を飾る場、水たまりや草むらに見立てた壁面や動かして遊ぶ場 など）

◆ 雨の日でも、室内で体を動かして遊ぶことを楽しめるような場をつくったり遊び方を提示したりする。
（巧技台、マット、フープ、新聞紙ボールを使った遊び など）

＊ 機会を捉えて傘を差して園庭の散歩をするなどを計画して、いつもと違う様子や発見を楽しめるようにする。

＊ 他クラスや異年齢児と連携して、安全に配慮しながら空いている場所を上手に使ったり、互いの場所を行き来したりして異年齢でも十分に遊べるようにする。

＊ 思い切り体を動かして踊ったり、簡単なルールのある遊びをしたりして、気分転換や気持ちの切り替えができるようにする。その中で楽しい雰囲気づくりを心掛け、みんなで一緒に取り組んだりふれあったりする楽しさが十分に感じられるようにする。（リズム遊び、引っ越し鬼、身体表現 など）

◆ 季節を感じたり、栽培物・飼育物に興味や関心をもったりできるような絵本や図鑑、歌、手遊びを取り入れる。
（📖：『ぞうくんのあめふりさんぽ』『ちいさなきいろいかさ』、生き物の図鑑 ♪：『カタツムリ』『あめふりくまのこ』『雨のワルツ』など）

＊ 雨が降っている様子や水たまりにふれて、子どもたちが感じたことや発見したことに共感したり、気付きを引き出すような言葉を掛けたりする。

＊ 野菜の苗やアサガオに水やりをしたり、飼育物にエサをやったりして様子を見ることを、保育者も一緒に楽しみながら親しみの気持ちや興味がもてるようにしていく。

---

**反省・評価のポイント**
★ 興味をもった遊びに進んで取り組み、友達とのふれあいやつながりを楽しめたか。
★ 雨の季節の特徴を捉えて遊びや生活に取り入れて楽しめるような環境構成の工夫や援助ができたか。

# 3 6月 週の計画
6/19(月)〜24(土)

**今週の予定**
- 身体計測、誕生会

**前週の幼児の姿**
- 身近な素材を使って自分なりに作ったり、描いたりすることを繰り返し楽しんでいる。
- みんなで一緒に取り組む活動に喜んで参加し楽しんでいる。
- 雨の日の自然の様子や栽培物などに興味や関心をもって見たり、気付いたことを保育者や友達に話したりする姿が見られる。

## ねらい(●)と内容(・)

- ● 自分が興味をもった遊びや活動に取り組み、遊びの楽しさや解放感を味わう。
- ● 一緒にいたい友達や同じ場で遊ぶ友達と、関わりをもって遊ぶ楽しさを味わう。
- ・ いろいろな素材や新しい材料を使って、自分なりに表現したり試したりして遊ぶ。
- ・ 解放感を味わいながら、色水遊び、フィンガーペインティングなどの新しい活動を楽しむ。
- ・ 友達との遊びの場で、自分の思いを自分なりの言葉や動きで表現して遊ぶ。
- ・ 友達と同じものを身に着けたり、同じ動きをしたりして遊ぶうれしさを感じる。

## 具体的な環境(◆)と保育者の援助(＊)

＊ 新しい活動に興味をもって取り組み、解放感や自分なりに表現することを楽しめるように援助する。
（フィンガーペインティング、絵の具のぬたくり、大きな紙に描く、ダイナミックな泥んこ遊び、小麦粉粘土、はじき絵、クレープ紙の色水、手作りの虫カゴで虫探し など）

◆ 新しい材料や用具は、子どもの姿を予測したりその場の状況に応じたりしながら、子どもが自分の興味に応じて取り出したり、片付けたりできるように工夫する。
（用意する分量、一度に出す分量、取り出す方法、しまい方、分類、表示、子どもの動線に配慮した場作りや配置 など）

＊ 一人ひとりが興味をもったことやしたいことを楽しんでいる様子に共感する。遊びの楽しさを十分に味わえるよう、材料や空間を再構成し、遊びやイメージが広がるヒントを出したりことばがけをしたりする。

◆ 落ち着いて遊びを楽しめるように、遊びの場を動と静で分けたり、音響などを使って遊ぶときは空間や距離に配慮したりする。ゴザやサークル、つい立てなど、それぞれの遊びの場を確保できるものを用意する。

◆ 子どもの動きや言葉から遊びのイメージを受け止め、簡単なやり取りができたり、一緒に遊ぶおもしろさを感じたりできるような用具や小物、場作りの道具などを用意する。
（レストランごっこのエプロン・三角巾・小さな机やイス、アイドルごっこの衣装・マイク・ステージ・客席、乗り物ごっこのハンドル・帽子・乗り物 など）

＊ 一人ひとりの子どもの思いや動きを保育者が丁寧に受け止めながら、同じ場にいる友達に思いや動きが伝わっていくように言葉を補うなどの援助をする。

＊ 友達とのいざこざが生じたときには、それぞれの子どもの思いを十分に受け止め、必要に応じて相手に思いを伝えるための具体的な言葉を知らせる。

## 反省・評価のポイント

★ 友達と一緒に遊んだり、関わったりしながら、一人ひとりが自分なりの思いや動きを表すことを楽しんでいたか。

★ 遊びに応じて、材料や空間などの環境を適時に再構成していけたか。

# 6月 4週の計画

6/26(月)〜30(土)

## 今週の予定
- プール開き、避難訓練

## 前週の幼児の姿
- いろいろな素材や材料に触れ、一人ひとりが笑顔でその遊びをいろいろ試したり楽しんだりしている。
- 自分の興味をもった遊びを楽しみ、同じ場に友達がいる楽しさや、友達と同じ動きをしたり簡単なやり取りをしたりするうれしさを感じている。

---

- プール遊びや水を使った遊びに喜んで参加し、水に親しんだり、解放感を味わったりする。
- みんなで経験することや友達と一緒に活動する中で、自分なりの動きを表すことを楽しむ。
- プール遊びの身支度の仕方や約束事を知る。
- いろいろな水遊びに取り組み、繰り返したり、試したり、解放感を味わったりする。
- みんなで一緒に活動し、声や動きをそろえたり、自分なりの動きを出したりする。
- 栽培物の生長に興味や関心をもち、世話をしたり、収穫したりする。

---

* プール遊びの約束事について、絵表示や実際にその場面で保育者が動きながら具体的に示し、遊びの楽しさや期待感と共に、水の危険性についてもしっかりと伝えていく。また、きちんと聞く姿勢が子どもに身につくようにする。

* 水遊びの後の足や体の拭き方や、プールの身支度で水着などの始末の仕方などを個別に丁寧に知らせていく。自分でできた喜びを味わう経験を増やしていくことで、自分から進んで取り組めるようにしていく。

* プールでの遊びでは、少しずつ水に親しめるようなものを工夫したり、楽しい遊びを提案したりして、子どもの姿に合わせて変化をつける。

◆ 水を使った遊びを通して、繰り返し試すことや、水の感触、不思議さ、解放感を楽しめるように材料や用具を用意しておく。（色水遊び、染め紙、にじみ絵、シャボン玉遊び、水鉄砲、ペットボトルや牛乳パックのシャワー など）

* 色水遊びなど、自分なりに繰り返し試したり、水の色の変化に気付いたり不思議さを感じたりすることを楽しめるように援助する。

◆ プール遊びや水遊びの後は疲れが出るので、水分補給や体を休められるような場をつくったり、一人ひとりのペースでできる遊びを用意したりする。（横になって体を休められるカーペット、ゆったりとしたオルゴール曲、塗り絵 など）

* みんなで一緒に音楽に合わせて体を動かしたり、表現遊びを楽しんだりする機会をつくり、みんなで声や手拍子、動きをそろえることや、伸び伸びと自分なりに動くことを楽しめるようにしていく。

* 野菜の色や形、香り、大きさ、感触などに興味や関心をもてるように、保育者も子どもと一緒に水やりや収穫をしたりなど、言葉を掛けたりして生長や収穫を共に喜ぶ。

◆ 収穫した物をみんなで一緒に味わう機会をつくる。

* 避難訓練では、安心して参加できるよう、内容や避難の仕方、約束を分かりやすく伝える。真剣に取り組む必要性を感じて取り組めるように保育者の態度で示していく。

## 反省・評価のポイント

★ いろいろなプール遊びや水遊びに喜んで取り組めるよう教材の準備や環境づくりができたか。
★ 一人ひとりが自分なりの試しや動きを楽しんだり、解放感を味わったりしていたか。

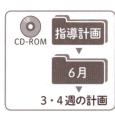

# 6月 日の計画
## 6/6(火)

**ねらい**
- 自分のやりたい遊びや場で遊ぶことを楽しむ。
- 『いちごみるくゲーム』をクラスの友達や保育者と一緒に楽しむ。

**内容**
- いろいろな遊びの中から自分のやりたい遊びを選んで十分に楽しむ。
- 身近な素材を使って作ったり、作った物で遊んだりする。
- 『いちごみるくゲーム』のやり方が分かり、喜んで参加する。
- 友達と一緒に動く楽しさを感じる。

| | 環境を構成するポイント | 予想される幼児の活動 | 保育者の援助 |
|---|---|---|---|
| 登園〜14時頃 | ●子どもが扱いやすいような素材や道具を出しておく。<br>●クラスで取り入れているリズム遊びができるよう、CDなどの音源を用意し、曲に合わせて体を動かすことを楽しめるようにする。<br>●なり切れるようなスカートやマントなどを出しておき、自分のなりたいものを楽しめるようにする。<br>●ビニールテープでラインを引いておくことで、『いちごみるくゲーム』のイス並べを子ども自身で行なえるようにしていく。<br>●自分の役(イチゴまたはミルク)が分かりやすいように子どもたちが自分で、それぞれの絵を描いたペンダントを着ける。 | ●登園する。<br>・所持品の始末・身支度をする。<br>・好きな遊びをする。<br>(ごっこ遊び、製作、砂場、中型積み木、ままごと、ショーごっこ など)<br>・片付けをする。<br>・水分補給をし、トイレへ行く。<br>・『いちごみるくゲーム』をする。<br>(フルーツバスケットの変形版)<br>・言葉を聞いて理解して動く。<br>・友達と一緒に動く。<br>・手洗い・うがいをする。<br>・昼食の準備をして食事をする。<br>・好きな遊びをする。<br>・クラスのみんなで集まる。<br>(♪:『あめふりくまのこ』)<br>(📖:『ちいさなきいろいかさ』) | ●自分で身支度をしようとする姿を十分に認めていく。<br>●自分のしたい遊びを十分に楽しむために、必要な場所や素材があるか、一人ひとりの様子を見て援助する。<br>●保育者も一緒に遊びの中に入り、それぞれが遊びを十分に楽しめるようにする。<br>●片付けやすい状況をつくり、一人ひとりが自分の使った物を片付ける必要性を感じられるようにする。そして、一人ひとりの取り組みを十分に認めていく。<br>●クラスのみんなで集まるときは、楽しいことがあると実感できるように、手遊びをしたり歌をうたったりしながら、楽しい雰囲気をつくっていく。<br>●雨の日の過ごし方や、傘の使い方について知らせる。 |
| 14時頃〜降園 | ●午後の時間には、午睡にスムーズに移れるよう、昼寝マットなどを用意しておく。<br>●午睡後は自分のしたい遊びを選んでゆったりと遊べるように、幾つかのコーナーをつくっておく。<br>●仕切りやゴザなどで場を区切り、落ち着いて遊べるようにしていく。 | ●午睡をする。<br>●おやつを食べる。<br>・好きな遊びをする。<br>●降園する。 | ●日中に過ごしていた様子や体調を考慮する。<br>●日中の活動内容や一人ひとりの体調に応じて、遊びを提案したり、一緒に遊んだりする。 |

**反省・評価のポイント**
★ 自分のやりたい遊びを十分に楽しんでいたか。
★ 『いちごみるくゲーム』を理解してクラスの友達と楽しんでいたか。

## 今月の保育

### 元気に夏の遊びを楽しめるようにする

梅雨が明けると急に暑くなりますが、どんなに暑くても子どもたちは、戸外に出て遊び、またプール遊びも本格的に始まります。気の合う友達と一緒に、虫探しをしたり砂場でダム作りをしたり色水遊びをしたりするなど遊びの興味も広がってきています。今月は、七夕祭りや縁日ごっこなどもあります。様々な遊びを通して友達との関わりを楽しむ機会を大切にしながら、夏ならではの遊びが楽しめるようにしていきましょう。近年、多くの園で、子どもたちが暑い夏を健康に過ごせるよう熱中症や紫外線への対策が講じられるようになってきていますが、子どもたちの体力の消耗も激しくなりますので、適度な室温調整をし、水分補給をするなどして、活動と休息のバランスをとりながら安全で健康に過ごせるように配慮していきましょう。

指導計画 7月

## ▲▼▲▼▲▼▲▼▲▼▲▼ 保育のポイント ▲▼▲▼▲▼▲▼▲▼▲▼

### 生活
### 暑い夏を健康に過ごせるように

　暑い夏を健康に過ごすためには遊びと休息、食事と睡眠などのバランスのとれた保育展開が大切です。
　保育室は風通しを良くしたり、適度にエアコンなどを使用したりしてゆったりと快適に過ごせるように、環境を整えていきましょう。また、汗を拭く・ぬれた服を着替えるなど、必要に応じて自分のことが徐々にできるように声を掛けたり、できたことは認めたりしながら進めていきます。

### 興味・関心
### 夏ならではの遊びを存分に楽しんで

　水や砂・土などを使った泥んこ遊びや色水遊び、洗濯遊びなど水や様々な素材の感触を全身で感じ取り、存分に楽しめるように環境を整えていきます。

### 友達や保育者との関わり
### 友達と存分に遊び、親しみが増すように

　友達とやりたい遊びを存分に楽しめるような機会を大切にし、友達への親しみが増すきっかけにしていきます。
　プール遊びでは、水に慣れて張り切っている子どももいますが、水が苦手な子どももいますので、それぞれに応じた水遊びができるように準備しましょう。

159

# 7月の計画

## クラス作り

夏ならではの遊びや自分がやりたい遊びを、試したり工夫したりして、満足いくまで楽しんでほしい。一緒に遊んでいる友達の中で、様々な水遊びを繰り返し楽しめるようにしたい。また、夏の生活の仕方を知らせていきながら、安全で健康に過ごせるよう配慮していきたい。

| 前月末の幼児の姿 | ねらい | 幼児の経験する内容（指導内容） |
|---|---|---|
| **生活**<br>●衣服の汚れに気付き、着替えようとしたり、プール遊びの身支度をしたりする子どももいるが、援助の必要な子どももいる。<br>●保育者と一緒に遊んだ遊具を片付けている。 | ●自分のやりたい遊びや夏ならではの遊びを満足いくまで楽しむ。 | ●やりたい遊びを自分で見つけて、繰り返し楽しむ。<br>●音楽に合わせて歌ったり、踊ったりして遊ぶ。<br>●身近な容器や用具を使って、遊びに必要な物や好きな物を作って遊ぶ。<br>●水、砂、泥を使って様々な遊び方を試したり、工夫したりして楽しむ。 |
| **興味・関心**<br>●水、砂、土に触れて遊びながら、感触を楽しんでいる。<br>●保育者と一緒に植物に水やりをしながら生長を楽しみにしている。<br>●いろいろな素材を使って、自分なりに作ったり描いたりして楽しんでいる。 | ●友達と一緒に様々な夏の遊びを楽しみ、解放感を味わう。<br><br>●夏の生活の仕方を知り、健康で安全に過ごす。 | ●全身で水の心地良さを味わいながら、友達とプール遊びを楽しむ。<br>●友達と一緒に全身を使って遊びを楽しむ。<br>●自分の思っていることやしたいことを保育者や友達に言葉で伝える。<br>●暑いときや汗をかいたときに、衣服の調整や着替えを自分からしようとする。<br>●保育者に声を掛けられて水分の必要性が分かり水分補給をする。<br>●水遊び・プール遊びの約束事を知り、守って遊ぼうとする。 |
| **友達や保育者との関わり**<br>●自分の遊びを楽しんでいる。一方、友達の遊びにも興味をもち、楽しそうに見ている。<br>●自分の思いがうまく伝わらなかったり、思いがすれ違ったりし、保育者に助けを求めることがある。 | ●身近な夏の自然に興味や関心をもつ。 | ●自分たちで育てた栽培物の生長に興味をもち、見たり、食べたりする喜びを感じる。<br>●雷・雲・夕立・虹など夏特有の自然事象にふれ、興味や関心をもつ。<br>●飼育物の世話をしたり、図鑑で調べたりして興味をもつ。 |

**家庭・地域との連携**
- 熱中症や、夏に多い感染症（とびひ、プール熱 など）は早期に発見し、対処できるように予防策を園便りなどで知らせると同時に、発生状況を掲示して知らせることで家庭と連携して感染の広がりを抑える。
- プール・シャワー・水遊びをする際は、プールカードなどを活用して家庭と連携をとり合い、健康状態に十分に留意していく。

## 園生活の自立に向けての配慮点

- ●プール遊びでは衛生管理・水位・環境整備に留意し、安全に遊べるようにする。
- ●食事時は、涼しい環境をつくり、楽しく快適に食べられる工夫をしていく。
- ★ゆったり過ごせるような遊びを提供したり、自分で水分補給ができるような環境を用意したりする。
- ♥プール遊び・水遊びの約束事を、園全体で確認する。また、他クラスと連携を図り、継続したい遊びができるようにする。

●は健康・食育・安全、★は長時間にわたる保育への配慮、♥は保育者間のチームワークについて記載しています。

### 要領・指針につながるポイント

★ 夏の遊びのおもしろさを体全体で感じ取れる「保育環境」を！

夏の到来で、子どもたちが一気に戸外に出て遊び出します。プール遊びも始まります。全身を使い、動かし、心地良さを味わうことは心の解放感も味わいます。身近な自然や季節の変化が大きいこの時期の特長を活用した保育環境の工夫による豊かな活動を展開していきましょう。

## 環境の構成と保育者の援助

### やりたい遊びを満足いくまで楽しめるように

- ●一人ひとりがどんな遊びに興味をもって楽しんでいるかを捉え、子どもの興味が広がるよう遊びの選択肢を増やしていく。
- ●遊びが継続できるような場の保障をしたり、時には相談しながら生活と遊びの時間を考えたりして、子どもたちが主体的に遊べるようにしていく。
- ●七夕や夏祭りで飾りや遊びに使う物を自由に作れるよう、様々な容器や用具を手に取れるようにしていく。

### 夏の生活の仕方を知り、健康に過ごすために

- ●汗をかいたときには着替えたり、シャワーを浴びたりして、さっぱりした気持ちが味わえるようにする。
- ●休息や水分補給の大切さを知らせ、自分から水分がとれるようなコーナーなどを整える。
- ●プール遊びの約束や、片付けの手順が分かるよう絵などで表し、自分から行なえるようにする。

### 友達と一緒に夏の遊びを十分に楽しめるように

- ●水、砂、泥などで友達と繰り返し楽しめるよう、必要な材料や用具を用意し、場所をつくっていく。
- ●プール遊びや水遊びなどをして、心や体の解放感を保育者も共有しながら、友達と一緒に十分に楽しめるようにしていく。
- ●子ども同士のやり取りを見守りながら、共感したり言葉を添えたりして互いの伝えたい気持ちを受け止め、それぞれが安心して自分の思いを出せるように配慮する。
- ●縁日ごっこで踊った盆踊りや、お店屋さんでの楽しいやり取りが再現できるよう環境を整え、友達と遊ぶ楽しさを感じられるようにしていく。

### 自然事象や栽培物などの変化や不思議さに気付けるように

- ●夏野菜などの水やりや草取りを一緒に行ないながら生長の変化に気付き、期待感を育んで、収穫して食べる喜びを味わえるようにする。
- ●雷・雲・夕立・虹などの自然の変化を捉え、子どもの発見や不思議に思う気持ちに共感していく。
- ●夏の虫の飼育を子どもと一緒に行ない、会話を膨らませたり、図鑑で興味を広げたりしていく。

- ★一人ひとりが夢中で遊ぶとともに、友達と一緒に夏の遊びやプール遊びを満足いくまで楽しんでいたか。
- ★健康で安全に過ごせる環境を整え、夏の生活が身につくような細かい配慮はできたか。
- ★身近な夏の自然に興味や関心を広げていくことができたか。

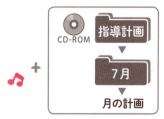

161

## 7月 1週の計画
7/1(月)〜8(土)

**今週の予定**
- 七夕集会、七夕

### 前週の幼児の姿
- 水遊びやプール遊びの身支度、後始末のやり方を保育者と一緒に確認しながら行なっている。
- 収穫した夏野菜を食べたことで、より夏野菜の世話や生長を楽しみにしている。
- みんなで声や動きを合わせて、表現遊びを楽しんでいる。

### ねらい(●)と内容(・)
- ● 夏の生活の仕方を知り、身の回りのことを自分でしようとする。
- ● 砂や泥などを使って試したり工夫したりして園庭での水遊びを楽しむ。
- ● 七夕や星の話に興味をもち、七夕の飾りを作ったり、飾ったりすることを楽しむ。
- ・水遊びのための準備や後始末のやり方を知り、自分でやってみようとする。
- ・いろいろな水遊びを楽しみ、感触や色の変化など発見したり、試したりする。
- ・七夕飾りを作ったり、短冊に願い事を書いたりして、ササに飾る。

### 具体的な環境(◆)と保育者の援助(＊)
- ＊水遊びのための準備や着替えの仕方を一人ひとりに合わせて具体的(言葉や絵カード など)に伝えていく。
- ＊水分補給や休息の大切さを知らせ、子どもたちと一緒に進めていく。
- ◆保護者が準備しやすいよう写真などで分かりやすくプールの準備のやり方を知らせる。
- ◆園庭には日よけのため、プール周りには防犯の目隠しのために、遮光ネットやよしずなどを取り付ける。
- ＊砂や泥の感触が苦手な子どもには、友達や保育者が楽しそうに遊ぶ様子を見せ、興味や関心をもって遊べるようにする。
- ◆他クラス担任と相談し、泥遊びや水遊びが十分にできるように時間や場所を調整する。
- ◆ペットボトルやゼリーカップなどの空き容器、絵の具や食紅などを事前に集めておく(アレルギー児がいる場合は、卵パックなど、素材にも十分に気を付ける)。
- ＊子どもたちの発見に保育者も驚いたり、周りの友達に知らせたりして、一緒に楽しんでいく。
- ◆園庭での水遊びは、水や泥で転倒しやすくなるので、ゴザを敷く(色水遊びのテーブル周り など)。
- ◆家庭で一緒に楽しめるように短冊を配布し、親子でササに飾れるようにする。

- ＊のり、ハサミは、安全に使えるように、声を掛けたり、やり方を認めたりする。
- ◆ササ飾りは、四角や三角の形や大きさ、色など、様々な種類を用意し、子どもたちが楽しんで作れるようにする。
- ◆七夕の話や星の図鑑などを用意し、興味や関心がもてるようにする。
- ＊七夕集会では、みんなで歌ったり同じ絵本を見たりして、共通する楽しさを味わえるようにする。
(♪:『たなばた』、📖:『たなばたさま』『たなばたプールびらき』)
- ◆七夕への興味がより広がるようにブラックパネルシアターで七夕の話を用意する。

### 反省・評価のポイント
★ 自分たちで試したり発見したりして安全に遊びを楽しめるような水遊びの環境づくりができたか。
★ 七夕製作は、形や大きさなど、子どもたちが考えながら作ることを楽しんでいたか。

## 7月 2週の計画

7/10(月)～15(土)

**今週の予定**
- 身体計測、避難訓練

**前週の幼児の姿**
- 水遊びやプール遊びができることを楽しみにしている。
- 夏の遊びの身支度や後始末を保育者と一緒にやろうとしている。

---

- 友達と一緒に水遊びやプール遊びを楽しみ、水の心地良さを感じる。
- 自分の考えや思いを友達に言葉で伝えながら、一緒に遊ぼうとする。
- いろいろな素材を使い、作って遊ぶことを楽しむ。
- プールの約束事を守り、水の感触を味わいながら、好きな遊びを楽しむ。
- 友達と関わりながら遊ぶ中で、自分の思いを言葉で相手に伝えようとする。
- リズムや音楽に合わせて、体を動かすことや簡単なルールのある遊びを、友達と楽しむ。

---

◆ プール遊びは水に抵抗のある子どももいるので、様々な活動や遊具を用意しておく。
（アヒル歩き、トンネルくぐり、水の掛け合い、フープ、スーパーボール など）

＊ 水に抵抗がある子ども、ない子どもでグループを分けるとともに、そばで見守るなどして一人ひとりが安心して楽しめるようにする。

＊ 保育者が見本を見せたり、友達の様子を知らせたりして、楽しい雰囲気づくりを心掛ける。

◆ 部屋でごっこ遊びや製作が楽しめるように、コーナーや道具などを準備しておく。
（ままごとコーナー、お医者さんごっこ、のりやクレヨンを使った製作 など）

＊ 構成遊びや製作など、次の日も続きができるよう声を掛けたり、場を用意したりしてやりたい気持ちが満足できるようにする。

＊ 友達同士のやり取りが十分に楽しめるように、様子を見守りながら、トラブルには気持ちに寄り添い、アイディアがあるときには実現できるようにしていく。

◆ 水遊びやプール遊びで使える遊具を身近な容器で作って遊べるようにする。
（ペットボトルのシャワー、発泡トレイの舟 など）

＊ 製作では描いたり、切ったりを自由な発想でできるように、子どもたちの考えを認めて進めていく。

◆ ホールなどで、体操や踊りを楽しめるように曲を用意する。また、ピアノに合わせて、歩いたり、動物のまねを体で表現したりして楽しむ。

◆ 簡単なルールのある遊びを友達と楽しめるようにする。
（イス取りゲーム、フルーツバスケット、ハンカチ落とし など）

◆ 飼育物（カブトムシ、ザリガニ など）のエサやり、観察などを楽しめるように昆虫図鑑を置いておく。

◆ 身近な飼育物や昆虫を思い浮かべながら楽しめる絵本や歌を用意する。
（📖：『かぶとむしのぶんちゃん』、♪：『虫のこえ』）

---

**反省・評価のポイント**

★ プール遊びで、一人ひとりの様子を見ながら、水の心地良さやプール遊びの楽しさを子どもが感じるような援助ができたか。

★ 友達と一緒に水遊び、製作、ごっこ遊び、ルールのある遊びなどをそれぞれ楽しむことができたか。

# 3 7月 週の計画
## 7/17(月)～22(土)

**今週の予定**
- 夏祭り、海の日、終業式（幼稚園）

**前週の幼児の姿**
- 全身を使って、プール遊びや体を動かすことを楽しんでいる。
- 友達と一緒に遊びの中で、やり取りを楽しんでいる。

## ねらい（●）と内容（・）
- ● プール遊びで、いろいろな動きを楽しみながら、友達と一緒に楽しく遊ぶ。
- ● 栽培物の世話をしながら、生長に気付いたり、収穫して食べたりすることを喜ぶ。
- ● 夏の自然事象や変化に気付き、興味や関心をもつ。
- ・友達と一緒に、様々な水遊びをしたりプール遊びでいろいろな動きをしたりして繰り返し楽しむ。
- ・栽培物の様子の変化に気付き、収穫した野菜の匂いや感触を感じる。
- ・雷、雲、夕立など、夏ならではの様子を、友達や保育者と話題にする。

## 具体的な環境（◆）と保育者の援助（＊）

- ◆ 子どもの姿に合わせて、今までと違った動きを取り入れたり遊具を用意したりする。
（ワニ歩き、水流を起こして流れに乗る、浮き輪やビーチボールで遊ぶ など）
- ＊ 伸び伸びと子どもたちがプール遊びを楽しめるように、無理のない活動を考えていく。
- ＊ 活動中の子どもの様子（唇の色、肌）を観察し、体調の変化に十分に気を付けていく。
- ◆ 色水遊びでは、絵の具だけでなく、フラワーペーパー、アサガオなどを使って色の出る素材を様々に経験できるようにする。
- ◆ 洗濯ごっこでは、タライ、洗濯バサミ、ロープ、せっけんを用意し、ままごと用の衣服、ハンカチや泥遊びで着た衣服などを洗濯できるようにする。
- ◆ 水分補給や休息をとれる時間や場所を確保する。
- ◆ 栽培物を収穫した後に、触る、匂いをかぐなどを楽しんだり、絵を描いたりする。
- ◆ 栽培物を収穫した後の調理方法を調理師と相談し、食べる時期やメニューを決めておく。
- ＊ 夏ならではの自然事象に、保育者が敏感になり、子どもたちが見られる機会を逃さないようにする。
- ＊ 汗をかいたり、汚れたりしたときに着替える心地良さを感じられるようにしていく。
- ◆ 身近な遊びや生活、雲や雷に関する絵本や図鑑を用意する。
（📖：『せんたくかあちゃん』『どろんこおそうじ』、天気に関する図鑑）
- ◆ みんなで歌をうたうことを楽しむ。（♪：『シャボン玉』）
- ◆ 夏休みの約束をイラストにし、分かりやすく伝える。
- ＊ 1学期に楽しんだことを振り返り、生活の場を整理して夏休みを迎える準備をする。

## 反省・評価のポイント
- ★ 様々な水遊びやプール遊びでのいろいろな動きを友達と一緒に楽しむことができるような環境構成や援助ができたか。
- ★ 栽培物の収穫や自然事象を通して、驚いたり発見したりして興味や関心を広げることができたか。

# 7月 4週の計画

7/24(月)〜31(土)

**今週の予定**
- 縁日ごっこ、夏休み（幼稚園）

**前週の幼児の姿**
- プール遊びにも慣れてきて、顔をつけたり、友達のまねをしたりして楽しんでいる。
- 雲や夕立の様子を友達同士で話題にしている。

---

- 水遊びやプール遊びをする中で、自分の好きなことや動きを繰り返し楽しむ。
- 経験したことや自分のイメージを表現して、遊びに取り入れて楽しむ。
- 自分で少しずつできるようになったことをして、友達と一緒に楽しむ。
- 全身で水を感じて、いろいろな動きをしたり、遊具を使って遊んだりする。
- 自分なりのイメージを材料や道具を使って作ったり、友達との遊びに取り入れたりして遊ぶ。
- 音楽に合わせて踊ったり、運動遊びをしたりして、友達と楽しむ。

---

◆ 5歳児のプール遊びの様子を見てから、プール遊びができる日をつくる。

＊ できるようになったことを繰り返し自信をもって取り組めるように、一人ひとりに合った言葉を掛けていく。

◆ 遊んでいるときに、けがのないよう泳ぐ方向を決めたり、一人ひとりが十分に楽しめるよう少人数で泳ぐ時間をつくったりする。

＊ 5歳児の遊びをまねして、やってみようとする気持ちを引き出し、楽しめるようにする。

◆ プールの遊具に、色付きの沈む素材や、浮く素材の遊具（割れない物、スーパーボール など）を用意し、色や数にも興味をもちながら楽しめるようにする。

＊ 「信号の色を持って来よう」「自分の年の数を持って来よう」など、子どもたちが分かりやすく楽しく遊べるように声を掛ける。

◆ 水に親しんで遊ぶ楽しさを味わえるような絵本や歌を用意する。
（📖：『10ぴきのかえるうみへいく』、♪：『なつだよプールだよ』）

◆ 音楽に合わせて繰り返し自由に踊ることを楽しめる、他の活動の邪魔にならない場所を作る。

◆ 運動遊びに必要なマットや鉄棒などをホールなどに設定しておく。

＊ 友達と一緒にリズム遊びやプールの体操、盆踊りなどを自由に踊って楽しめるようにし、見守る。

＊ 運動遊びは、器具の安全な使い方を知らせ、けがのないように気を付けていく。

＊ 自信のない子どもには、苦手意識をもたないよう、無理のないように進める。また、良いところを見つけ褒めていく。

◆ 縁日ごっこに、お客さんとして参加し、買い物のやり取りや盆踊りなどを楽しめるよう、買い物バッグを用意する。また盆踊りを楽しむ時間をつくる。

---

**反省・評価のポイント**

★ 子どもが繰り返し、いろいろな動きや、自分でできるようになったプール遊びに取り組んで楽しめるような構成ができたか。

★ 友達と関わりながら、プール遊び、運動遊び、縁日ごっこなどの遊びを楽しんでいたか。

# 7月 日の計画
## 7/19(水)

| | |
|---|---|
| **ねらい** | ●水、泥、泡などの感触を楽しみ、友達と一緒に解放的に遊ぶ。<br>●いろいろな素材を使って、発見したり、試したりする楽しさを味わう。<br>●夏野菜の様子の変化に気付き、収穫した野菜の匂いや感触を楽しむ。 |
| **内容** | ●水遊びの準備や後始末の仕方を知り、自分からやろうとする。<br>●友達と一緒に泥遊びや洗濯ごっこで試したり発見したりして楽しむ。<br>●夏野菜の水やりや収穫を通して、匂いや感触を味わい、友達と一緒においしく食べる経験をする。 |

| 環境を構成するポイント | 予想される幼児の活動 | 保育者の援助 |
|---|---|---|
| ●水遊びの支度や片付けの手順が分かるように、絵や写真で表示しておく。<br>●遊びが終わった後でシャワーができるように、タオルや着替えの確認を子ども自身でできるようにする。<br>●戸外遊びに行く前にも水分補給ができるように用意をする。<br>●水、泥、泡の感触を楽しみながら、試したり、工夫したりして遊べるように、素材や用具を用意しておく。<br>(空き容器、牛乳パックや卵パック、ペットボトル、じょうろ、じょうご、絵の具、ホース、的当て、タライ、洗面器、洗濯板、洗剤、洗濯ハンガー、ひも など)<br>●雨天時など天候に応じて場の構成をし、友達と一緒に楽しめるように準備をしておく。<br>(新聞紙、ごっこ遊び、フルーツバスケット など)<br>●午睡までの間、ゆったりと過ごせる場所を準備する。<br>●午後の時間も好きな遊びができるように、各コーナーを整えておく。<br>●栽培物や飼育物の様子の変化や不思議に思ったことなどを絵本や図鑑で見ることができるように身近に用意をしておく。 | ●登園し、朝の挨拶をする。<br>●所持品の始末や身支度をする。<br>●好きな遊びをする。<br>　(製作、積み木、ごっこ遊び など)<br>●夏野菜の水やりや収穫をする。<br>●片付けをする。<br>●クラスのみんなで集まる。<br>●絵本を見る。(📖:『どろんこおそうじ』『せんたくかあちゃん』)<br>●歌をうたう。(♪:『シャボン玉』)<br>●水・泥遊びをする。<br>●水・泥遊びの準備をする。<br>●好きな素材や用具を使う。<br>●試したり、工夫したりして遊ぶ。<br>●洗濯ごっこをする。<br>●汚れたシャツを洗って干す。<br>●汚れた遊具を洗う。<br>●シャワーを浴びて、着替える。<br>●昼食の準備をして、食事をする。<br>●友達と楽しく食べる。<br>●食事の片付けをして、ゆったりと過ごす。<br>●午睡をする。<br>●目覚めて、おやつの準備をする。<br>●おやつを楽しく食べる。<br>●おやつ後、午前に遊んだ洗濯物などを片付けて、降園準備をする。<br>●室内で好きな遊びを楽しむ。(絵本、図鑑、粘土、パズル、踊り、ごっこ遊び など)<br>●降園する。 | ●一人ひとりと挨拶を交わし、保護者対応をしながら、丁寧に健康観察を行なう。<br>●一緒に夏野菜の水やり、収穫を行ない、子どもの発見や驚きを受け止め、共感していく。<br>●どの子どもも水分補給や休息がとれているか、しっかり見極めて、大切さを知らせる。<br>●水着の上に汚れてもいいシャツを着て、解放的に遊べるようにする。<br>●子どもの発見に保育者も驚いたり、感心したり、周りの友達に知らせたりして、一緒に楽しむ。<br>●泥遊びから洗濯ごっこに展開していくときには、子どもたちの様子に合わせて、「どうしようか?」と相談し、子どもの気付きから、広げていくようにする。<br>●自分の好きな遊びに夢中になっているときは、そのまま続けられるようにする。<br>●収穫した野菜を調理してもらい、一緒に楽しく食べる。<br>●暑さや水遊びで体が疲れるため、睡眠や休息の時間を十分に設けて、ゆったりとした雰囲気で遊べるようにしていく。<br>●迎えに来た保護者に子どもの姿や活動を伝える。 |

★いろいろな素材を使って、試したり、工夫したりしながら、水、泥、泡遊びなどを十分に楽しめたか。
★子どもの驚きや発見を受け止め、共感し、やりたい気持ちが満たされる援助ができたか。
★野菜を収穫することを喜び、友達と一緒においしく食べられるように援助ができたか。

## 今月の保育

### 大好きな夏！ 体も心も伸びやかに健康に過ごそう

プール遊びが盛り上がっていくと同時に、子どもたちの気持ちも盛り上がっていく8月。張り切って登園し、身支度にも元気があふれ一人ひとりに活気を感じます。この気持ちを十分に受け取って、保育者も明るく対応していくことがクラスのパワーアップになっていきます。全身で水や砂、泥の感触を味わいながら、容器や用具を使いこなし、新しい使い方の発見につながる活動をしていくと、遊びの楽しさがますます増します。体と心の解放はさらに、周りへの関心に広がることでしょう。紫外線・熱中症対策、虫よけ、プールのプライバシー対策やゆっくり体が伸ばせるコーナー設置など、健康に過ごすことができる環境をつくりましょう。

指導計画

8月

## 保育のポイント

### 生活
#### 夏を健康に過ごせるように

　動と静の遊びをバランスよく組み入れながら一日の生活リズムを整えることを心掛けましょう。水分補給をこまめに行ない、遊び後の身支度や遊具の片付けなどに気持ちが乗らないときには、そのペースに合わせたり、あるいは保育者が積極的に手伝ったりして、心地良いリズムで過ごすことが大切です。

### 興味・関心
#### 夏ならではの遊びや生活の体験を大切に

　水への親しみ方は個人差がありいろいろです。水しぶきに抵抗がある子ども、しゃがめない子どもなど、その課題をそれぞれ自分で越えていけるような配慮、励まし、褒め言葉を大切にしていきましょう。
　また、家族旅行や地域の夏祭りなどの話を子どもから丁寧に聞きながら、「よかったね」と喜びを共感していきましょう。

\ すっごく おおきかったよ /

### 友達や保育者との関わり
#### 新たな友達との関わりが広がるように

　各家庭で夏の過ごし方が異なり、日によって登園児メンバーが変わる月です。いつも遊ぶ友達以外の子どもとの遊びや異年齢児と交流をする機会ができ、新たな関わりが生まれてきます。友達関係を見守り、親しみをもって遊ぶ楽しさが味わえるようにしていきましょう。

\ せっせっせーの /

## 8月の計画

### クラス作り

全身で夏ならではの遊びを伸び伸びと満足いくまで楽しめるようにしたい。プール遊びでは、友達の姿に刺激を受け、自分から挑戦してできるようになった喜びと、プール遊びの楽しさを存分に味わえるようにしたい。異年齢児との遊びにも興味をもち、関わったりまねしたり試したりして経験の幅を広げていきたい。

| | 前月末の幼児の姿 | ねらい | 幼児の経験する内容（指導内容） |
|---|---|---|---|
| 生活 | ●保育者に声を掛けられて水分補給をしている。<br>●プール遊びの前は自分から片付けや身支度をしようとしてきている。<br>●夢中になって水遊びや泥遊びを楽しんでいて、喉の渇きに気付かない子どももいる。 | ●夏ならではの遊びを十分に味わい楽しむ。 | ●全身に水を浴びながらプール遊びを楽しむ。<br>●いろいろな水遊びに興味をもち、繰り返し試したり工夫したりして遊ぶ。<br>●プールや水遊びの約束事を守り、楽しく遊ぶ。<br>●身近な素材を使って、水遊びに使う物を作ったり、作った物で遊んだりする。 |
| 興味・関心 | ●栽培している夏野菜に水やりをしながら生長や変化に気付き保育者に知らせに来る。<br>●プール遊びでは、水に慣れてきて楽しみにしているが、中には顔に水が掛かるのを嫌がる子どももいる。 | ●今までと違うクラスの友達や異年齢児と関わり、親しみをもつ。<br>●夏の生活の仕方が分かり身の回りのことを自分でしようとする。 | ●経験したことを遊びに取り入れながら、保育者や友達と再現して遊びを楽しむ。<br>●異年齢児と親しみ、関わって遊ぶ。<br>●保育者や友達と夏の歌をうたうことを楽しむ。<br>●リズミカルな曲に合わせて踊ることを楽しむ。<br>●体を清潔にすると気持ちが良いことが分かり、汗の始末や着替えを自分でしようとする。<br>●こまめに水分補給を行なったり、休息をとったりして健康に過ごす。<br>●自分たちのペースでゆったりと過ごす。<br>●涼しい場所でゆっくりと過ごし、絵本や紙芝居を見て楽しむ。 |
| 友達や保育者との関わり | ●色水遊び、洗濯ごっこ、泥んこ遊びなどで水の感触を楽しんでいる。<br>●同じ興味をもった友達数人で楽しそうにやり取りをしている。<br>●身の回りの出来事で感じたことをうれしそうに保育者に知らせる。 | ●夏の自然に興味をもち、見たりふれたりして楽しむ。 | ●自分たちが育てた夏野菜を収穫したり食べたりして、うれしさを味わう。<br>●夏の昆虫に興味をもち、見たり触れたりして親しむ。<br>●夏の自然事象にふれ、気付いたことや驚きを保育者や友達と話す。 |

**家庭・地域との連携**

■夏を健康に過ごすために、保健便りやクラス便りなどで夜更かしの悪影響や冷たい物をとり過ぎないことなどの配慮が大切なことを知らせていく。
■水遊びやプール遊びの様子を写真で掲示したり、クラス便りで異年齢交流の様子などを知らせたりして子どもたちの楽しんでいる姿を具体的に伝え、共に喜び合う。
■着替える機会が増えるので、毎日衣類の確認・補充をしてもらうようお願いする。

## 園生活の自立に向けての配慮点

●は健康・食育・安全、
★は長時間にわたる保育への配慮、
♥は保育者間のチームワークについて記載しています。

- ● 室温調節に気を配り、水分補給の声掛けや、遮光ネットやよしずを利用して日陰を作るなど熱中症対策を行なっていく。
- ● 気温、水温、水質チェックに配慮し、プール遊びを安全に進めていく。
- ★ ゆっくり体が伸ばせるコーナーや自分で水分補給できる環境を用意する。
- ♥ 子どもに対する共通認識をもちこまやかな連携が図れるよう職員間の連絡を密に行なう。

### 要領・指針につながるポイント

★ **暑いからこそ心地良い生活リズムで健康に！**

夏の水・プール遊び真っ盛りの月です。プール遊びはクラス全体活動のようでいて実は、一人ひとりが懸命に自力で目標に向かう全身運動の大きな活動です。この"動"と"静"の活動の滑らかな生活リズムは「養護」の重要なポイントといえます。心地良い生活リズムを大切にしましょう。

## 環境の構成と保育者の援助

### 夏ならではの遊びを十分に楽しめるように

- ● 水を使った遊びが十分に楽しめるよう、必要な用具を用意する。
- ● それぞれの子どもの水に対しての慣れ具合に合わせてグループに分けるなど安心して楽しく遊べるようにする。
- ● 顔を水につけられた、ワニ歩きで体を浮かせることができたなど、一人ひとりができるようになったことを共に喜び、大いに褒めて、次のステップへの意欲につながるようにしていく。
- ● プールに入れない子どもには、好きな遊びを選んで楽しめるよう、コーナーの設定を工夫する。

### 今までと違うクラスの友達や異年齢児と遊ぶことを楽しみ、親しみがもてるように

- ● お盆休みなどで、子どもが少ない日に、今まで遊ぶ機会があまりなかった友達と一緒に遊べるよう仲立ちしていく。
- ● 家族との外出や地域の夏祭りなどで経験した話に共感しながら楽しく聞き、食事時などにクラスのみんなに話し、楽しさを伝えていく。
- ● 異年齢児と交流するときには、それぞれのクラスで日頃から親しんでいる玩具を持ち寄り、好きな遊びが楽しめるようにしていく。

### 夏を健康に過ごせるように

- ● 外気温と室温との温度差に留意し、空調の温度調節を心掛ける。水遊び後の体を、冷やし過ぎないようにする。
- ● プール遊びの前や喉が渇いたときは、適宜水分補給ができるように、麦茶を準備し、声を掛けるなどして熱中症予防をしていく。
- ● 暑さのため遊んだ後の身支度や遊具の片付けなど気持ちが乗らないときは、あえて保育者が手伝い、気分を変えるなどして、心地良い生活のリズムをつくっていく。

### 夏の自然に興味・関心がもてるように

- ● 子どもの気付きを受け止め、興味・関心が深められるよう、虫取り網や虫カゴ、虫眼鏡などを使い、昆虫を取ったり見たり、図鑑で調べたりできるように用意しておく。
- ● 子どもの気付きを見逃さず、夕立や雷など身近な自然事象に関わる機会を大切にする。
- ● 子どもと一緒に夏野菜の世話をしながら、生長や変化に気付いている姿を受け止め共感する。

指導計画 8月の計画

### 反省・評価のポイント

- ★ 全身を使って、プール遊びや様々な夏の遊びを思い切り楽しむことができたか。
- ★ クラスの友達や異年齢児とふれあう機会をつくったり、夏の自然に出合う機会をつくったりして遊びの幅を広げ、楽しめるような援助ができたか。
- ★ 夏を健康に過ごせるように環境を工夫したり、適時に援助したりできたか。

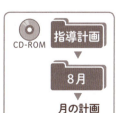

CD-ROM ▶ 指導計画 ▶ 8月 ▶ 月の計画

# 8月 1週の計画
## 8/1(火)〜5(土)

**今週の予定**

**前週の幼児の姿**
- 栽培している夏野菜の生長を楽しみに水やりをしている。
- 友達と一緒にプールに入ることを喜び、プールでの遊びを楽しんでいる。

## ねらい(●)と内容(・)

- ● 夏ならではの水や泥などを使った遊びを繰り返し楽しむ。
- ● 虫や飼育物を見たり触れたりして楽しむ。
- ・ 友達と一緒に、プールや水遊び、泥遊びなどを楽しむ。
- ・ プールで楽しく遊びながら、安全な遊び方を知る。
- ・ 水分をとることの大切さを知り、こまめに水分補給を行なう。
- ・ 虫や植物を見たり触れたりしながら、小さな気付きや発見したことを、保育者や友達に話す。

## 具体的な環境(◆)と保育者の援助(＊)

- ◆ 色水遊びや泥遊びなどが十分に楽しめるように、いろいろな素材や道具を準備しておく。
（タライ、ペットボトル、ジュースのパック・透明なカップ、絵の具、クレープ紙 など）
- ◆ タライに絵の具で作った色水を用意する、クレープ紙はあらかじめ小さく切っておくなどして、子どもたちが取り掛かりやすいように準備しておく。
（📖：『あおくんときいろちゃん』）
- ＊ 自分で色の組み合わせを考えたり、偶然にできた色の変化を発見したりできるようなことばがけをする。
- ＊ 保育者も一緒に泥遊びを楽しみ、泥の感触を味わい共感していく中で、"楽しかった"という経験を重ねていく。
- ◆ 遮光ネットやパラソル・植木のグリーンカーテンを利用し、涼しく遊べる場所を整える。
- ＊ プール遊びを楽しみにしている子どもたちと、水掛け合戦やカラーボール拾い、輪くぐり、ワニ歩きなど、水しぶきの心地良さや解放感を味わえる遊びを工夫していく。
- ◆ プール遊びが安全に行なえるよう、水が危険なことも折りにふれて話をし、水遊びをするときの約束事を絵にして視覚でも分かるようにする。

- ＊ プール遊びでは水の苦手な子どももいるので、水の慣れ具合に合わせてグループを分け、一人ひとり安心して楽しめるように遊び方を工夫していく。
- ◆ カブトムシやセミの様子、特徴を観察できるように、図鑑や虫眼鏡、飼育箱を子どもが取り出しやすい場所に用意しておく。
- ＊ カブトムシやセミなどを保育者も一緒に観察する中で、扱い方を知らせながら触れてみる経験も大切にする。
（📖：『カブトくん』）
- ＊ 夏野菜の水やりや虫の観察で、子どもたちの気付きや発見に共感し、その気付きを他の友達にも伝えて、周りの子どもたちの興味につないでいく。また、不思議に思ったことは、保育者も一緒に図鑑を見て調べたり、子どもたちと話し合ったりしていく。

## 反省・評価のポイント

- ★ 夏ならではの自分のやりたい遊びを見つけて、その遊びを繰り返し楽しんでいたか。
- ★ 子どもたちが自分から遊びたくなったり、興味をもって調べたくなったりするような環境づくりができていたか。

## 8月 2週の計画
8/7(月)〜19(土)

**今週の予定**
●山の日、身体計測

### 前週の幼児の姿
- 友達と一緒に、色水遊びや泥遊びなどを繰り返し楽しんでいる。
- セミ取りに夢中になったり、昆虫・夏野菜の観察を楽しんだりしている。
- 水遊びや泥遊びなど自分から遊びに加わって楽しんだり、プール遊びを楽しみにしたりしている。

---

- プール遊び・食事・休息・水分補給などで夏ならではの生活を楽しみ、健康に過ごす。
- 友達や異年齢児と関わって、親しみを感じる。
- プール遊びの約束事を守り楽しむ。
- 夏野菜の生長に気付き、収穫したり食べたりする。
- 異年齢児と一緒に、食事をしたり遊んだりして親しみをもつ。
- 5歳児の遊びに関心をもち、自分たちなりにまねたり試したりする。

---

- ◆ 室内と戸外との温度差に注意しながら温度調節を行なう。また、水分補給をこまめに行なえるように、子どもたちが手にしやすい場所にお茶コーナーを設定しておく。
- ＊ 夏を健康に過ごせるよう、休息や水分補給することなどを、子どもたちの様子を見ながら声を掛けていく。プール遊びの前後にも水分補給できるように働き掛ける。
- ＊ 暑さで食欲が落ちることもあるので、一人ひとりの体調を把握し、必要に応じて食事量を調整する。
- ◆ 異年齢で一緒に食事をしたり、ランチョンマットを敷くなどして楽しい食事の雰囲気をつくったりする。
- ◆ 室内にゴザやマットなどを敷いて、子どもたちの休息の場やゆったり過ごせるような空間を構成する。
- ＊ ゴザの上にブロックや積み木などを用意し、足を伸ばして落ち着いて遊べるようにしていく。
- ＊ 今まで遊ぶ機会があまりなかった友達との関わりを楽しめるよう、保育者が一緒に遊んだり場面に応じて仲立ちしたり、互いの良さに気付き楽しめるようにする。
- ＊ 好きな遊びや異年齢児との関わりを楽しめるよう、保育者同士で連携をとり合いながら、1日の生活をゆったり過ごせるようにしていく。
- ＊ 暑さで気持ちが乗らないときは身支度など無理をさせないで、保育者も手伝いながら心地良く過ごせるようにしていく。

- ＊ 異年齢で過ごす中で、5歳児への憧れの気持ちに共感したり、年下の子どもに優しく接しようとする様子を認めたりし、それぞれの関わりを大切に見守っていく。
- ＊ みんなが楽しめる歌や体操を用意し、保育者も一緒に楽しんでいく。
  (♪:『しりとりうた』、体操:『じゃぶじゃぶ音頭』)
- ◆ 水を使った遊びを十分に楽しめるような材料を用意し、遊び方を伝えていく。
  (固形せっけん、シャボン玉、フィンガーペインティング など)
  (♪:『シャボン玉』)

- ＊ プール遊びでの約束事をカードにして、楽しく遊ぶためには約束事を守ることが大切であることを伝えていく。
- ＊ 水やりや収穫で夏野菜に触れ、夏野菜の形や匂いを感じ、自分たちで作った野菜を食べる喜びを味わえるようにする。

---

**反省・評価のポイント**
- ★ 友達や異年齢の友達と親しみをもって関わり、楽しんで遊べたか。
- ★ 夏を健康に楽しく過ごせるような環境や関わりの工夫ができたか。

指導計画 / 8月1・2週の計画

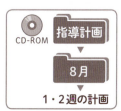

## 3 8月 週の計画
8/21(月)～26(土)

**今週の予定**
- 避難訓練

**前週の幼児の姿**
- 5歳児の遊びのまねをしたり、遊びに入れてもらったりして楽しんでいる。
- 異年齢児と一緒に遊んだり、食事をしたりすることを喜んでいる。
- 自分たちで育てた夏野菜を収穫し、喜んで食べている。

### ねらい（●）と内容（・）
- ● 友達と一緒にいろいろなプール遊びをする中で、水の心地良さを味わい楽しむ。
- ● 夏の自然事象に興味や感心をもち、保育者や友達に気付いたことを伝える。
- ・ 友達と一緒にいろいろな用具を使ってプール遊びをする。
- ・ いろいろな遊具や用具を使い、作った物をプールに浮かせて遊ぶ。
- ・ カブトムシに興味をもって触れたり、夏の自然事象で気付いたことを友達に話したりする。
- ・ 体を清潔にすると気持ちが良いことが分かり、汗の始末や着替えを自分でしようとする。

### 具体的な環境（◆）と保育者の援助（＊）

- ◆ 水の心地良さを味わっていけるような用具を準備し、子どもたちが十分に楽しめるようにする。
  （フープ、傘袋の浮き輪、ペットボトルのビート板、アクリル製やゴム製の玩具 など）
- ＊ ワニ歩きでフープくぐりをするときは、水に顔をつけなくても通れるような大きなフープを用意し、少しずつできるようになった様子を認めていき、全身がプールに入り、気持ち良さを味わえるようにする。
- ＊ 一人ひとりの水の慣れ具合に合わせたグループに分けてプールに入るようにし、それぞれのグループに最適な遊びを提供し、楽しめるようにする。
  （プールの中…カニ歩き・ワニ歩きなど、潜りっこ　プールサイドでの水遊び…草花の色水、水鉄砲、水風船、氷 など）

- ◆ 自分のイメージした船が作れるように、水に浮く素材を準備し、作って遊ぶ楽しさを味わえるようにする。
  （発泡トレイ、木片、ジュースのパック、ストロー、油性フェルトペン、カラーポリ袋 など）
- ＊ 廃材や教材の使い方を知らせ、自分の作った物をプールで浮かべて楽しめるようにする。プールに船を浮かべることで、作った物で水遊びをする楽しさを味わえるようにする。
- ◆ プール遊びを安全に行なえるように、プール遊びの約束を書いたカードを子どもの目線の高さに貼って再確認する。
- ＊ プール前の準備体操の大切さを伝え、楽しみながら体を動かすことができるようにリズミカルな曲を選んでおく。
  （体操：『ソーラン節』『昆虫太極拳』『海賊体操』 など）
- ＊ 汗をかいたら拭いたり、着替えたりできるように促し、着替えるとさっぱりして気持ちが良いことを味わえるようにする。また、暑くて気持ちが乗らないときは、「今日は大サービス！」などと明るく振る舞い、子どもたちが心地良く過ごせるような関わりをする。
- ◆ 夏の自然に関する絵本を用意したり、写真を室内に掲示したりして興味が深まるようにする。
- ＊ 夏の自然や夕立などについての、子どものつぶやきや気付きを捉え、周りの子どもにも伝え、興味・関心につなげていく。

### 反省・評価のポイント
- ★ それぞれがいろいろなプール遊びを十分に楽しみ、水の心地良さを味わえていたか。
- ★ プールを十分に楽しんだり、夏の自然に興味をもったりできるように働き掛けていけたか。

172

## 8月 4週の計画

8/28(月)〜31(木)

### 今週の予定
● 誕生会

### 前週の幼児の姿
- プール遊びでは、できるようになったことを繰り返し楽しんでいる。
- 5歳児の泳ぎをまねて遊ぶ様子が見られ、全身で水の心地良さを感じている。
- 飼育物や夏の自然事象に興味をもって、友達と話し、楽しんでいる。

---

- ● プール遊びを思い切り楽しむ。
- ● 夏に経験した楽しいことを、保育者や友達に伝えたり遊びに取り入れたりして楽しむ。
- ・プール遊びでできるようになったことを見せ合ったり、繰り返したりする。
- ・休み中の楽しかったことを保育者や友達に話したり、絵で表現したりする。
- ・友達と一緒に、夏に経験したことを再現して遊ぶ。
- ・自分から水分補給をしたり、楽しく食事をしたりして過ごす。

---

- ◆ プール遊びの成果を見せ合う機会をもち、十分に楽しめる時間を確保する。
- ＊ 異年齢でプールに入って、「ワニ歩きができた」「顔をつけられた」など、自分ができるようになったことを保育者や友達に見てもらい、喜びを共感し合える場をつくっていく。また、5歳児の泳ぐ様子に憧れをもち、まねをしようとしている様子を見守り、できたときは見逃さずに褒めて、自信につなげていく。
- ＊ 水位を少し高くしフープを準備して、5歳児のようにフープくぐりができるような機会も設け、思い切りプール遊びを楽しめるようにする。（♪：『うれしいプール』）
- ＊ 自分から水分補給する様子を見守り、食事をするときも「おいしいね」と声を掛け楽しく食事ができるようにする。

- ◆ クレヨンや油性フェルトペン、絵の具、大小の画用紙などを準備しておき、休み中の楽しかったことを描きたいときに描けるようなコーナーを設定しておく。
- ＊ 子どもたちが楽しかったことを自由に表現できるように見守り、できあがったときには十分に話を聞いて楽しかったことを共に喜び合う。
- ＊ クレヨンと絵の具を使ったはじき絵で花火を表現し、はじき絵の不思議さ、おもしろさを体験できるようにする。（📖：『くれよんのくろくん』）

- ◆ 夏に経験したこと（水族館、縁日、おみこし、盆踊り など）を再現して遊べるよう、場所を確保したり子どものイメージに応じて必要な素材や用具を用意したりしていく。（段ボール箱、カラーポリ袋、画用紙、スズランテープ など）
- ＊ 自分が経験したことや楽しかったことを、保育者や友達に話す中で、自分の思いに共感してもらえるうれしさを感じられるようにする。
- ＊ 子どもたちのイメージを聞きながら、遊びに必要な物を一緒に用意したり作ったりして、再現して楽しめるようにしていく。

---

### 反省・評価のポイント
★ プール遊びでできるようになったことを見せ合ったり、繰り返し取り組んだりして思い切り楽しんでいたか。
★ 夏に経験したことを再現して遊べるように、子どもの思いを受け止めて材料や場所を準備し、友達と関わって遊びを楽しめるように援助できたか。

# 8月 日の計画
## 8/9（水）

| | |
|---|---|
| **ねらい** | ●自分のやりたい遊びを繰り返し友達と一緒に楽しむ。<br>●プールで水の感触を全身を使って味わう。 |
| **内容** | ●色水遊びやシャボン玉などを試したり繰り返したりして、友達と一緒に遊ぶ。<br>●水に親しみ、顔をつけたり、潜ったりするなど、いろいろな動きをする。 |

指導計画　8月 日の計画

| 環境を構成するポイント | 予想される幼児の活動 | 保育者の援助 |
|---|---|---|
| ●園庭では、異年齢児とも関わって遊ぶので、安全確認や場の使い方など保育者間で連携をとっておく。<br>●色水遊びやシャボン玉に必要な物を用意しておく。<br>●テラスに麦茶、コップを準備し、喉が渇いたら水分補給ができるようにする。<br>●プール健康表を確認しながら、子どもの健康状態を把握する。<br>●プール前後の着替えがスムーズに行なえるように、着替えの場所の設定などの準備をしておく。<br>●プール遊びに使う遊具を用意しておく。<br>●安全に水遊びができるように気温・水温・水質（塩素濃度）を測定する。<br>●体調などによりプールに入れない子は好きな遊びができるようにしておく。<br>（室内…積み木、ブロック、描画、粘土、パズル など） | ●登園し、朝の支度をする。<br>●園庭に出て好きな遊びをする。<br>（色水遊び、シャボン玉、虫探し、フープ、砂場遊び など）<br>●色水遊びやシャボン玉などの興味のある物で、繰り返し遊ぶ。<br>●虫探しをしたり、飼育しているカブトムシの世話をしたりする。<br>●プール遊びの支度をする。<br>●水着に着替えて、準備体操をする。<br>（体操：『かえるのたいそう』）<br>●プール遊びを友達と楽しむ。<br>●全員で同一方向に歩き、流れるプールにする。<br>●宝探しをする（ゴム製もしくはアクリル製の沈む玩具を使って）。<br>●水に浮く感覚を楽しむ（ワニ歩き）。<br>●保育者や友達と水の掛け合いを楽しむ。<br>●シャワーを浴びて着替える。<br>●昼食の準備をして、食事をする。<br>●食後はゆったりと遊んで過ごす。<br>●絵本を読んでもらい、午睡をする。<br>（📖：『ぐりとぐらのかいすいよく』）<br>●おやつを食べる。<br>●降園の支度をし、好きな遊びをする。 | ●朝の挨拶を元気に交わし、一人ひとりの健康状態を把握する。<br>●色水遊びや吹いて遊ぶブクブクシャボン玉のやり方を知らせながら、自分たちで楽しめるようにする。色の美しさや泡がたくさん出るおもしろさを子どもたちと「きれいだね」「不思議だね」など、声を掛け共感する。<br>●時計に印を付け、片付けの時間を視覚的に意識できるようにする。<br>●準備体操を兼ねて、大好きな『かえるのたいそう』で楽しく体を動かす。<br>●水への慣れ具合によりグループを分けて、それぞれにできるようになったことを認めるなど、子どもに合わせた水遊びが楽しめるようにする。<br>●保育者が楽しい雰囲気をつくって一緒に遊びながらプール遊びの楽しさを知らせていく。一人ひとりの様子をよく見て安全には十分に留意する。<br>●夏の暑さやプール遊びで体が疲れるため、午睡や休息時間を十分に設ける。 |

★色水遊び、シャボン玉などの興味をもった遊びや好きな遊びを、繰り返し友達と一緒に楽しめるような援助ができたか。
★水に親しみ顔をつける、潜るなど自分なりにいろいろな動きをしてプール遊びを楽しめていたか。

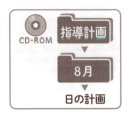

## 今月の保育

### 一人ひとりが輝き、みんなと一緒は楽しい！に

長期間の休み、短期間の休み、あまり休まず登園した子どもなど、一人ひとりが様々な過ごし方をし、経験を詰め込んできて秋の保育がスタートします。経験したこと、思ったことを保育者や友達に話したり再現したりして、一人ひとりが意欲的に輝き、友達と一緒に遊ぶことへの期待が膨らんでいくようにしていきましょう。遊び慣れた遊具や、新たな保育用具など体験する中で、体を動かす心地良さを感じ、思い切ってやってみようとする意欲をもつでしょう。子どもの意欲を活動に取り入れて、みんなと一緒にするともっと楽しいという経験につなげていきましょう。残暑の中、遊びと休息の配分に心掛けたり、夏から秋への草花や栽培物などの自然の変化を感じながら生活に取り入れる工夫をしたりすることも大切です。

## 保育のポイント

### 生活
#### 心地良く過ごせる環境づくりを

残暑が続く中、夏の伸びやかな活動から、クラスみんなでの活動が多くなります。たっぷり動いた後は、ゆったり過ごせる時間の設定を心掛けましょう。それには、絵本や昆虫や栽培物を見るコーナーなどの室内環境を整えます。動と静の心地良いリズムは、子どもに緊張と緩和を味わわせ、健全な心の発達を促していきます。

### 興味・関心
#### 思わず体が動いていく環境の下、楽しい体験を

運動会を控えて、"これをやろう"と力を入れて計画を立てたくなりますが、"子どもたちは何ができるかな？"を基盤に活動を組み立てていきましょう。好きな音楽で体を動かす遊びに、バトンや腰みのを加えたり、ジグザグに走れるようなラインを書いておいたりするなど、思わず体験したくなる環境が大切です。

### 友達や保育者との関わり
#### 相手に分かってもらいたい気持ちを大切に

活発な活動が多くなるほどに子ども同士の関わりも密になっていきます。時には、思いの食い違いを伝えるときの強さに表れます。保育者にも状況説明を盛んにしてきます。相手に分かってもらいたい気持ちが育ってきたからです。"聞いてあげる"を大切にした関わりが求められますね。

# 9月の計画

## クラス作り

一人ひとりの様々な経験や思いを丁寧に受け止めて、個々が安心して意欲的に友達と一緒に遊べるようにしていきたい。秋の自然にふれたり、いろいろな運動遊びを取り入れたりして体を動かす心地良さやみんなと一緒に活動する楽しさを深めていきたい。

| 前月末・今月初めの幼児の姿 | ねらい | 幼児の経験する内容（指導内容） |
|---|---|---|
| **生活**<br>●みんなに会えることを楽しみにして登園してくる。<br>●自分から好きな遊びを見つけて楽しんでいる。しかし、戸惑いや不安を抱く子どももいる。 | ●リズムを取り戻し、園生活の仕方を自分で気付き、行なおうとする。 | ●身の回りのことや生活に必要なことを自分から行なおうとする。<br>●暑いときや体を動かしたときは水分補給や着替え、休息をとり、気持ち良さを感じる。<br>●防災訓練を通して、災害時の避難の仕方や約束事をみんなで確認し、大切さを理解する。 |
| **興味・関心**<br>●水分補給や着替えを自分でしようとしている。<br>●プール遊びや水遊びを繰り返し楽しみ、自信をもって遊んでいる。<br>●栽培物や飼育物の変化に気付いたり驚いたりしている。 | ●好きな遊びや、友達と一緒に遊ぶことを楽しむ。 | ●経験したことを保育者や友達に伝えたり聞いてもらったりする。<br>●経験したことを再現したり絵に描いたりする。<br>●遊びに必要な物や場を作り、友達と声を掛け合って好きな遊びをする。<br>●地域や身近な高齢者とふれあい、親しむ。 |
| **友達や保育者との関わり**<br>●夏の間に経験したことを保育者や回りの友達に夢中になって話している。<br>●友達の言動に関心が高まってきている。<br>●自分の思いがうまく相手に伝わらないことがある。 | ●クラスのみんなと思い切り体を動かして遊ぶことを楽しむ。<br><br>●秋への変化に興味・関心をもち、身近な自然に触れる。 | ●戸外で思い切り走ったり体を十分に使ったりして運動遊びをする。<br>●保育者や友達とルールのある遊びを楽しむ。<br>●遊具や用具の正しい使い方を知り、守る。<br>●友達と一緒にリズムに合わせて踊る。<br>●絵本や童話に親しみ興味をもって聞く。<br>●種や実、カブトムシの卵や幼虫など身近な自然に興味をもち、見たり触れたりする。<br>●園庭や散歩先の自然にふれて、季節の移り変わりに気付く。 |

**家庭・地域との連携**

- 園生活がスムーズに送れるように、保護者に夏休み中の様子や経験を聞いたり園での様子を伝えたりしながらそれぞれに合わせて連携を取っていく。
- 保護者に防災訓練（引き渡し）に参加してもらい、緊急時の連絡方法や引き渡し方法、心構えなどを確認し災害時や防災の意識を高められるようにしていく。
- 地域や身近な高齢者・園児の祖父母の方などと交流する場を設け、高齢者と親しむ機会をもつ。

## 園生活の自立に向けての配慮点

- 新学期の一人ひとりの様子を把握して、個々に合わせてことばがけをしていく。
- 安全に遊べるように、園庭整備、遊具・用具の点検をする。
- ★ 夏の疲れが出たり、運動量が増えたりするので、夕方は十分に休息がとれる場所や時間を確保する。
- ♥ 活動内容や場所など職員間で連携をとり子どもたちが十分に遊べるようにする。

●は健康・食育・安全、★は長時間にわたる保育への配慮、♥は保育者間のチームワークについて記載しています。

### 要領・指針につながるポイント

**✿ みんなと一緒は楽しい！の基盤づくりを！**

様々な夏の体験により、一人ひとりの意欲や自信が出てきました。すると、周りのこと、仲間の行動が気になってきます。これは「人間関係」づくりにとって大切なこと。この子どもの関心事に耳を傾け、丁寧に対応しながら仲間と一緒に活動する楽しさが味わえる保育内容が求められます。

## 環境の構成と保育者の援助

### 園生活のリズムを取り戻し、自分で行なえるように

- 生活のリズムを取り戻し自分で行なえるように、気付けるようなことばがけをしたり、進んで行なっている姿を認めたりする。
- 休息が体にとって大切なことを伝え、ゆったりと過ごせる時間や場所を設定し確保する。
- 災害時に落ち着いて保育者の話を聞いて、約束事を守るように、ふだんから話をしたり、絵や写真などで視覚的にも分かりやすく示したりして、怖がらずに行動できるようにしていく。

### 友達と一緒に遊ぶ楽しさが味わえるように

- 子どもたちの好きな遊びや興味のある遊びを準備しコーナーを設けてすぐに遊び出せるようにする。
- 夏の経験を遊びに展開できるように、子どもの話や思いを聞きながら材料や道具を準備する。
- ルールのある遊びや、みんなで同じ動きを楽しんだりふれあったりできる遊びを取り入れ、一緒に遊ぶ楽しさが味わえるようにする。
- 生活や遊びの中での言葉のやり取りを通して、子どもの主張をしたい気持ちを十分に受け止め、状況によっては保育者が仲立ちをして互いの思いが伝わるうれしさを感じられるようにする。
- 祖父母や地域の高齢者とふれあう機会をもち、親しみが感じられるようにする。

### 体を十分に動かして遊ぶ楽しさが味わえるように

- 園庭にラインを引いたり用具や音源を用意したりして、友達と一緒に思わず体を動かしたくなるような遊びを設定し、遊ぶ楽しさが味わえるようにする。
- 保育者が子どもと一緒に思い切り体を動かしていろいろな体の動きを取り入れて遊ぶことで、体を動かす楽しさや心地良さを感じられるようにしていく。
- 子どもの動きを褒めたり、体を巧みに動かせるようなヒントを伝えたりしながら、いろいろな運動遊びの経験を増やし、できるようになった喜びや楽しさを味わえるようにする。
- 子どもたちが楽しんでできることを考えて活動の組み立てをし、ふだんの運動遊びの体験から運動会へとつなげられるようにする。

### 身近な自然にふれながら季節の変化に興味・関心がもてるように

- 栽培物の種や実を取ったり、育ててきた昆虫の変化にふれたりして、生長や命に気付くようにする。
- 空の様子や風の心地良さなど話題にし、自然の変化への気付きに共感していく。

**反省・評価のポイント**

- ★ 生活に必要なことを自分で行なおうとしたり、友達と好きな遊びを楽しんだりすることができたか。
- ★ いろいろな運動遊びを遊びに取り入れ、しぜんに体を動かしたくなるような活動が組み立てられたか。
- ★ 身近な自然物に触れ、夏から秋への自然の変化に興味・関心がもてるような環境づくりができたか。

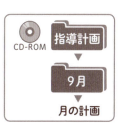

指導計画 9月の計画

# 1週の計画

**9月**
9/1(金)〜9(土)

**今週の予定**
- プール納め、防災訓練

## 前週・週の初めの幼児の姿

- 久しぶりにみんなと会えることを楽しみに登園してくる。生活の仕方を保育者と確認しながら自分で行なう一方、中には登園に不安や緊張を抱く子どももいる。
- 夏に経験したことを保育者や友達に夢中になって話をしたり、休み前に楽しんでいた遊びを選んで遊びだしたりしている。

## ねらい(●)と内容(・)

- ● 園での生活の仕方を思い出し、必要なことは自分で行なおうとする。
- ● 自分の好きな遊びや、場を見つけて遊ぶことを楽しむ。
- ・ 園生活の流れを思い出し、身の回りのことを自分でしようとする。
- ・ 自分の好きな場で、好きな遊びをして楽しむ。
- ・ 夏の経験を、保育者や友達に話したり遊びに取り入れたりする。
- ・ 災害時の避難の仕方が分かり、約束事を守って行動する。

## 具体的な環境(◆)と保育者の援助(＊)

- ◆ 子どもたちが進んで遊びだせるように、今まで楽しんできた玩具・用具を用意し、好きな遊びをたっぷりと楽しめるようにしておく。

- ＊ 休み明けの一人ひとりの様子を把握し、不安そうな子どもにはすぐに寄り添い、一緒に身の回りの始末をしたり、一緒に遊んだりして安心して過ごせるようにしていく。
- ◆ プール納めでは、できるようになったことを見せ合える機会をつくり、保育者や友達と喜びを共有していく。
- ＊ 残暑が厳しいので、たくさん動いた後はゆったりと過ごす時間を取るなど、気候に合わせて調節していく。
- ◆ 涼しい場所に、ゴザやテーブルを置いて絵本コーナーを作ったり、虫カゴや図鑑を置いて観察コーナーを設けたりし、ゆったりと過ごせるような環境設定をしていく。

- ◆ 自分で水分補給をしやすいようにジャグやポットを子どもたちの活動場所に設定しておく。
- ＊ 一人ひとりの夏休みの経験を十分に考慮しながら、個々の話したい気持ちを大切に受け止めていく。
- ◆ 夏休みに経験したことを再現して遊べるように場や子どもたちの思いに合わせて遊びが広がるように、素材、用具などを用意しておく。
  （布、ゴザ、バーベキューの網やトング、紙粘土、シート、画用紙、新聞紙、テント など）
- ＊ 夏の経験を思い出し、会話や遊びのきっかけになるような絵本を楽しむ。
  （📖：『なつのいちにち』『はじめてのキャンプ』 など）
- ＊ 保育者も再現遊びに加わり、友達と一緒に、作った物や場所で遊ぶ楽しさを感じられるようにしていく。
- ◆ アサガオやヒマワリの以前の様子を思い出せるよう、写真などで伝えたり種や実を取って集めたりしながら、自然の変化に気付けるようにしていく。
- ◆ 保護者参加型の防災訓練（引き渡し）では、避難の意味や安全な行動の仕方を、親子で確認する機会をもち避難経路や防災用品の確認も行なっていく。
- ＊ 災害時の避難方法や身を守ることの大切さなどを、視覚教材を使用して伝えたり、クラスで話をしたりしていく。

## 反省・評価のポイント

- ★ 園生活の仕方を思い出し、身の回りのことを自分で行なおうとしていたか。
- ★ 自分から遊びだせるような玩具・用具を準備し、子どもたちが楽しめるような環境をつくることができていたか。

## 9月 2週の計画
9/11（月）〜16（土）

**今週の予定**

### 前週の幼児の姿
- 登園することを喜び、好きな遊びを見つけて遊んだり、気の合う友達と関わったりしている。
- 夏に経験したことを夢中で保育者や友達に伝え、遊びに取り入れて楽しんでいる。

---

- 友達や保育者と一緒に自分たちのしたい遊びをして楽しむ。
- いろいろな表現遊びや運動遊びを楽しむ。
  - 友達と一緒に、自分の好きな遊びや場所を見つけて遊ぶ。
  - 友達や保育者と自分たちで考えた遊びや場づくりをしながら遊ぶ。
  - 自分の感じたこと、思ったことを言葉にする。
  - いろいろな道具を使って遊んだり、音楽に合わせて踊ったりして、様々に体を動かす。

- ◆ 自分たちで遊ぶ場所をつくれるように、間仕切りや段ボール板、ゴザ、シートなどを準備しておく。
- ＊ 友達と一緒に同じ遊びをする楽しさが味わえ、遊びが広がるように、タイミング良く必要な物を提供していく。
- ＊ 子どもたちがそれぞれの思いを友達に伝えている姿を大切にしていく。様子を見ながら保育者が間に入り、互いに思いが伝わるうれしさや、それにより遊びが広がっていく楽しさを感じられるようにしていく。
- ◆ いろいろな用具を使って進んで運動遊びを楽しめるように環境をつくっていく。
  （巧技台、フープ、マット、はしご、平均台 など）
- ＊ 全身を使った様々な動きを繰り返し楽しめるようにしていく。
  （跳ぶ、くぐる、ぶら下がる、よじ登る、渡る）
- ＊ 巧技台やマットなど遊具や用具の安全な使い方を繰り返し伝え、約束事を守って安全に楽しく遊べるようにしていく。
- ◆ CDなどの音源を準備したり、場やステージを作ったりして、様々な音楽やリズムに合わせて踊って楽しめるようにしていく。
  （体操：『ケロケロロック』『EXダンス体操』『昆虫太極拳』）

- ＊ リボンやポンポンなど、子どもが持って体を動かしたくなるような製作素材を準備し、それを使って伸び伸びと表現遊びを楽しめるようにしていく。
- ＊ 子どもたちの自由で伸びやかな発想や動きを十分に受け止め、膨らませていくきっかけをつくっていく。
- ◆ 敬老の日の集いの招待状作りは少人数ずつで行ない、一人ひとりの作りたい思いを受け入れられるようにする。
- ＊ 招待状を作りながら、子どもたちの祖父母や地域の高齢者に対しての感謝の気持ちや思いを聞き取り、その思いをカードに載せて届けられるようにしていく。
- ＊ カブトムシの卵が産まれたことに気付き、よく見たり調べたりできるよう、見やすい場所に飼育箱を置き、表示を付けて知らせたり、図鑑などを用意したりしておく。

### 反省・評価のポイント
- ★ 友達と一緒に自分の好きな遊びや場を見つけて、したい遊びを楽しんでいたか。
- ★ いろいろな運動遊びや表現遊びが楽しめるような用具や素材を準備し、それぞれの子どもが楽しく遊びを展開することができていたか。

指導計画 / 9月 1・2週の計画

# 3 9月 週の計画

9/18(月)〜23(土)

**今週の予定**
● 敬老の日、秋分の日

**前週の幼児の姿**
● 友達や保育者と一緒に好きな遊びを楽しんでいる。
● いろいろな遊具を使って様々に体を動かして運動している。
● 自分の思いや考えを友達に言葉や動きで表しながら、遊ぶことを楽しんでいる。

## ねらい（●）と内容（・）

● 戸外で友達と思い切り体を動かしたり表現したりして遊ぶことを楽しむ。
● 祖父母や地域の高齢者と関わり、親しみをもつ。
・ 戸外で思い切り走ったり、体を動かしたりして遊ぶ。
・ 保育者や友達と一緒に、ルールのある遊びで繰り返し遊ぶ。
・ 曲に親しみリズムに合わせて表現する。
・ 祖父母や地域の高齢者とふれあい、親しむ。

## 具体的な環境（◆）と保育者の援助（＊）

◆ 祖父母や地域の高齢者と一緒に楽しめる遊びや歌などを準備しておき、ふれあう会を行なう。
（遊び：あやとり、折り紙、お手玉、おはじき、♪：『とんぼのめがね』『どんぐりころころ』）

＊ 祖父母や地域の高齢者と一緒に遊びながら親しみをもって関われるようにしていく。

＊ 運動遊びに参加したがらなかったり、苦手意識を感じたりしているときには、ごっこ遊びの要素を加え、無理なく参加し楽しめるようにしていく。（忍者、動物など）

＊ 保育者や友達と簡単なルールのある遊びを楽しめるように、保育者も一緒に遊びながら、ルールや、みんなで遊ぶ楽しさを感じられるようにしていく。
（ドンジャンケン、ねことねずみ、氷鬼、バナナ鬼）

◆ 子どもたちが十分に走り回ったり、体を動かしたりして遊ぶことができるように、遊び場を広くとったり他クラスと時間や使い方を相談したりしていく。

＊ 負けたくない気持ちや、ルールの理解の違いからトラブルになったり、遊びが続かなくなったりしたときには、すぐに解決に導こうとはせず、それぞれの思いや、周囲の思いを十分に聞いて仲立ちをしていく。

◆ 子どもたちがつい体を動かしたくなるような、リズミカルで大好きな音楽を選曲し、手に持って振ると心躍るような道具や、身に着けるとより楽しく動けるような装飾を必要に応じて準備し、リズム遊びが楽しめるようにしていく。

＊ 運動遊びでできるようになったことを具体的に褒めながら、子どもたちの自信になるようにしていく。

＊ たくさん運動した後は、休息をとったり活動量が多かった日は午後や夕方の過ごし方を調節したりして生活のリズムを整えていく。

◆ バッタやコオロギなど捕まえた虫を飼育箱に入れて観察できるように、道具や図鑑を準備しておく。

**反省・評価のポイント**

★ 高齢者に親しみをもち、一緒に遊んだり関わったりして楽しんでいたか。
★ 戸外で友達と一緒に様々な表現や運動を楽しめるような遊びの提供や環境づくりができたか。

## 9月 4週の計画

9/25(月)〜30(土)

**今週の予定**
● 誕生会

### 前週の幼児の姿
● 戸外で思い切り走ったり踊ったりして、体を動かして遊ぶことを楽しんでいる。
● 保育者を誘って、簡単なルールのある遊びを楽しんでいる。

---

- ● 体を十分に動かして遊ぶ心地良さを味わい、運動会を楽しみにする。
- ● 身近な自然の変化に気付き、興味・関心をもつ。
- ・走ったり踊ったりして、体を動かして遊ぶ心地良さや満足感を味わう。
- ・友達と一緒にルールや約束事を守って遊んだり、競ったりする。
- ・風や空、雲の変化から、気持ち良さや美しさ、季節の変化を感じる。
- ・種取りや虫探し、木の実拾いをして、身近な自然物に触れたりよく見たりする。

---

◆ 園庭にラインを引いたり、用具をそろえたりし、子どもたちが自分たちで遊び始めたり、思い切り体を動かしたりできるようにしていく。

＊ 玉入れ、かけっこなど、やり方を見せながら保育者が思い切り体を動かして子どもたちと楽しみ、おもしろさや心地良さを味わえるようにしていく。

＊ 5歳児クラスの練習を見る機会をもち、憧れの気持ちをもつことで子どもたちの意欲につなげたり、自分たちも見てもらって応援や拍手をもらうことで、うれしさを感じたりできるように計画していく。

◆ 季節や運動会などの行事に合わせて絵本や図鑑を準備し、部屋に置いたり読み聞かせをしたりしていく。
（📖：『むしたちのうんどうかい』『とんぼのうんどうかい』『さかさことばでうんどうかい』『11ぴきのかえるのおつきみ』『14ひきのあきまつり』『おつきさまこんばんは』）

◆ 過ごしやすい気候になってくるので、散歩を計画する。

＊ 横断歩道の渡り方や道路の歩き方などをみんなで確認して安全に気を付けて出掛けられるようにする。

◆ 散歩に行く前に保育者が公園や目的地の下見をし、どんな自然物や生き物がいるかを確認しておく。写真や手描きの地図を子どもたちに事前に見せて知らせ、どんな物を持って行くか、何を見つけるかなどを話し合い、期待をもって出掛けられるようにする。

◆ 自分が見つけた虫や種、自然物を入れられる容器を準備し、園庭や園外に持って出掛けられるようにする。入れ物置き場を見やすい場所に作り、友達と見せ合ったり、図鑑や写真パネルなども近くに置いて調べたりしやすいようにしていく。

＊ 子どもたちが気付いた自然の変化を逃さず受け止め、共感し周囲に知らせていく。

---

**反省・評価のポイント**
★ 体を十分に動かして遊ぶことを楽しんだり心地良さを感じたりしていたか。
★ 子どもたちの発見や気付きを捉えて、自然の変化を知らせたり、共感したりして、関心をもてるように援助できたか。

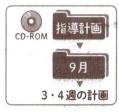

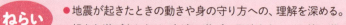

# 9月 日の計画

**9/4(月)**

| | |
|---|---|
| **ねらい** | ●地震が起きたときの動きや身の守り方への、理解を深める。<br>●好きな遊びをしたり、友達の遊びに興味をもって一緒に遊んだりする。 |
| **内容** | ●地震発生時の避難方法を思い出し、身を守るダンゴムシのポーズを身につける。<br>●やりたい遊びに自分から参加し、保育者や友達と一緒に場をつくったり遊んだりする。 |

| 環境を構成するポイント | 予想される幼児の活動 | 保育者の援助 |
|---|---|---|
| ●クラスでの生活の流れが不安なくできるように、視覚的な物で表示して子どもが自ら思い出して行動できるようにする。<br>●アサガオなどの花の種を集めたり、観察したりできるよう、容器やカゴをいつもと同じ場所に用意して、子どもが必要なときに自分から用意できるようにしておく。<br>●水分補給ができるように、ジャグを用意して、喉が乾いたら水分補給できるようにする。<br><br>●具体的な避難の方法や安全な行動を視覚的な教材(絵本)を使って分かりやすく伝えていく。<br><br><br><br>●昼食後は静かに過ごせるように、折り紙やゲームなど自分がやりたい遊びが選べるように用意する。<br><br><br><br>●午睡後は目覚めた子どもから順次自分なりのペースで過ごせるように場や遊具を構成しておく。 | ●登園し、朝の支度をする。<br>●自分で好きな場を選び遊ぶ。<br>（室内：キャンプごっこ、ゲーム、製作 など<br>戸外：色水遊び、種集め、虫取り）<br><br>●片付けをして保育室に集まる。<br>●地震のときの避難の仕方について、絵本を見ながら保育者の話を聞き、感じたことや考えたことを話す。<br>●実際に保育室の安全な場所はどこか確かめる。(机の下、物が落ちてこない、倒れてこないなどの場所)<br>●自分の身を守るためのダンゴムシのポーズをする。<br>●手洗い・うがいをする。<br>●昼食の準備をして食事をする。<br>●食事の後は絵本を読んだり、机上のゲームをしたりして、ゆったりと遊んで過ごし休息をとる。<br>●絵本を読んでもらう。<br>●午睡をする。<br>●目覚めた子どもから順次、室内で静かに過ごす。<br>●おやつを食べる。<br>●好きな遊びをする。<br>（室内：製作、パズル、ごっこ遊び<br>園庭：鬼ごっこ、かけっこ、虫取り）<br>●降園する。 | ●子ども一人ひとりの様子を丁寧に見ながら、個々に応じて必要な援助ができるようにする。<br>●前日の子どもの遊びの様子から、キャンプごっこ、ゲーム、色水遊びなどのそれぞれの遊びに必要な物を用意し、自分たちで始められるようにする。<br>●同じような遊びに興味がある子どもが集まれるように、場の設定をしておく。<br>●地震のときには室内がどのような状態になるのか、どのような場所が安全なのか具体的にイメージが湧くように一緒に予想を立てる。<br>●危険から身を守る大切さや、防災訓練は真剣にしっかり行動する大切さが体験できるように説明する。<br>●子どもの気付きや考えを動きや言葉で伝えようとしている姿を認めたり共感したりする。<br><br><br><br>●午睡後の子どもの体調を留意し変化が感じられる場合は、検温するなど速やかに対応する。<br>●日中、室内で過ごしたので、おやつの後は戸外で十分に遊びを楽しみ、気持ちが開放できるようにする。 |

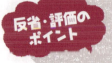

★地震のときの安全な場所や行動について子どもたち自身が考える機会になるように、分かりやすく伝えたり、実際に体験できるよう援助したりすることができたか。

★好きな遊びを選び、同じ遊びをしている友達と場を作ったり、一緒に遊んだりすることを楽しめていたか。

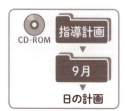

# 10月

## 今月の保育

### 友達と一緒に活発に体を動かして遊ぶ楽しさを

10月の初旬に運動会を控え、園全体が躍動的な雰囲気になり、子どもたちは運動会を楽しみにしています。一人ひとりが体をいろいろに動かしたり、友達と一緒にリズムにのって楽しんだりできるようにして、その気持ちを十分に満足できるようにしましょう。そして「やった」という満足感を味わえるようにし、その経験を次の遊びにつなげていきたいものです。運動会後は遊びへの取り組みが活発になり、5歳児の競技をまねてやってみようとしたり、自分たちで考えながら遊び場をつくったりと子どもたち同士で遊びを進めていく姿が見られます。保育者は、実りの秋の気持ちの良い気候や自然の変化も保育に生かして、子どもたちの遊びを豊かにしていきましょう。

## 保育のポイント

### 生活
#### 戸外で体をいろいろに動かして遊ぶ喜びを

　かけっこや固定遊具での遊び、鬼ごっこやボール遊びなど、この頃の子どもたちは体をいろいろに動かして遊ぶことにとにかく夢中です。保育者は安全面に配慮しながら体を動かして遊ぶ気持ち良さや楽しさを十分に味わえるようにします。遊んだ後は、上手に休息の時間を入れるなど、静と動の生活のリズムをつくっていくのも大切です。

### 興味・関心
#### 収穫の秋を楽しみ、心動かす体験を

　運動だけでなく心地良い戸外では、秋空の変化に目を向けたり、木の実を拾ったり、イモ掘りをしたりなど、この季節ならではの子どもの気持ちを動かすものとの出合いがあります。関わったり試したりする中で、それぞれの子どもが自分から気付いて見たり触れたり試したりできるような環境づくりや援助を工夫しましょう。

### 友達や保育者との関わり
#### 自分の遊びも友達と一緒にする遊びも充実するように

　自分のやりたい遊びを楽しんだり一緒に遊びたい友達と同じ場で、一緒に遊びを楽しんだりしますが、友達と思いが違い、保育者に訴えてくることもあります。まず保育者が十分に受け止めて、一緒に遊びを楽しめるように教材・環境などを考えていきましょう。

## 10月の計画

### クラス作り

秋の自然にもふれながら爽やかな季節のもと、友達と一緒に体を伸び伸びと動かす楽しさと心地良さを味わえるようにしたい。また、運動会での経験や5歳児からの刺激を受けて、更に遊びを広げられるようにし、自分のしたいことを友達に伝え、友達と一緒に遊ぶ機会を大事にしていきたい。

| | 前月末の幼児の姿 | ねらい | 幼児の経験する内容（指導内容） |
|---|---|---|---|
| 生活 | ●水分補給をしたり、汗をかいたら拭いたりし、健康に過ごすために必要なことが分かり、行なうようになってきている。<br>●運動会に向かう中で、友達と踊ったり、かけっこをしたりして、体を動かして遊ぶことを楽しんでいる。 | ●友達と一緒に体を伸び伸びと動かす楽しさと心地良さを味わう。 | ●鬼ごっこやかけっこを通して、力いっぱい走る気持ち良さを味わう。<br>●様々な遊具や用具を使って、体をいろいろに動かして遊ぶ。<br>●ルールのある遊びに興味をもち、友達と繰り返し遊ぶ。<br>●リズムに合わせ、友達と一緒に踊って遊ぶ。 |
| 興味・関心 | ●友達が何をしているのか見ていたり、同じ場で同じようなことをしたりしながら、遊びを楽しんでいる。<br>●種などの自然物を取って遊んだり、虫を捕まえたりすることを楽しんでいる。 | ●友達と関わって遊ぶことを楽しみ、自分の思いを相手に表していく。 | ●5歳児の遊びや活動に憧れの気持ちをもち、まねたり、自分たちの遊びに取り入れたりする。<br>●絵本をみんなで見て、お話の世界を楽しむ。<br>●自分の思い描いたことに合わせて、物を見立てたり、場をつくったりして遊ぶ。<br>●材料や用具を使い、作ることを楽しむ。<br>●友達の遊びに関心をもち、自分の遊びに取り入れる。 |
| 友達や保育者との関わり | ●一緒に遊びたいと思う友達と誘い合って遊ぶ姿が見られる。<br>●友達に思いを伝えようとするが、うまく伝わらないときは、保育者に何回も訴える様子も見られる。 | ●秋の自然物にふれ、見たり、遊びに使ったりして楽しむ。 | ●自分の思いを言葉や動きで相手に表す。<br>●冬野菜の苗植え、種まきを通して、その生長を楽しみにする。<br>●秋風の心地良さを感じ、空の様子や雲の形の変化に気付く。<br>●土に触れ自分でイモを収穫することを喜ぶ。<br>●木の実やイモのツルを使って遊ぶこと楽しむ。 |

**家庭・地域との連携**

■ 運動会に向け、子どもたちが経験している内容や取り組みの様子を、クラス便りや掲示板、降園時の会話などで保護者に伝えていく。また、頑張っている分、体が疲れているので、繰り返し、早寝早起きを促していく。

■ 木の実などの自然物に関心をもち関わって遊ぶ姿を保護者に知らせ、園への行き帰りに親子で話題にしたり、ドングリを拾ったりして自然に親しむきっかけになるようにしていく。

### 園生活の自立に向けての配慮点

● は健康・食育・安全、
★ は長時間にわたる保育への配慮、
♥ は保育者間のチームワークについて記載しています。

- ● 収穫したイモを5歳児が料理しているところを見て、自分たちが収穫したイモを食べる喜びを感じる。
- ★ 運動会に向けた活動が入ってくるため、疲れが見られることが予想される。落ち着いて過ごせる時間や場の保障をする。
- ♥ 運動会で異年齢児の活動を見たり、自分たちの踊りを教えたりすることができるよう、保育者同士で連携していく。

### 要領・指針につながるポイント

✿ **力いっぱい体を動かし、自分の思いを態度や言葉で表せるように！**

体力がついてきます。友達と体をいろいろに動かして楽しくいっぱい動ける環境を整えましょう。運動会の競技や遊びの中で「うれしい」「悔しい」など様々な感情体験もします。この時期は、自分の思いを態度や言葉で十分出せるようにすることが大切です。保育者は耳を傾け受け止めましょう。

## 環境の構成と保育者の援助

### 友達と一緒に伸び伸びと体を動かす楽しさや心地良さを味わえるように

- ● 鬼ごっこでは、保育者も一緒に動いたり、友達と一緒に動く楽しさを感じられる言葉を掛けたりしていく。
- ● かけっこでは思い切り走る気持ち良さを感じられるように、目標を知らせたり、保育者も一緒に走り切ったりする。
- ● 好きなときに音楽を流し、リズムや表現を楽しめるように、音楽テープやプレーヤーを置く場所を決め、操作が分かるように印を付ける。運動会後は、自分たちで音楽を流し、自然な形で異年齢で交流ができるように、保育者同士で連携をとる。
- ● 運動会に向かう中で、クラスの友達と一緒に取り組んだ楽しさが感じられる言葉を掛け、みんなと一緒の心地良さを味わえるようにする。
- ● 5歳児の様子を見た高揚感を大切に受け止めながら当日への期待を高める。

### 友達と関わって遊びながら、自分の思いを相手に表していけるように

- ● 友達と一緒に遊びたくなるように、遊びにつながる絵本を読んだり、一緒に踊ると楽しくなる曲を知らせたりする。
- ● 子どもの思い描いたことが遊びに展開できるように材料を用意したり、見本を置いたりして、自分で作って遊ぶきっかけとなるようにする。
- ● 一人ひとりが楽しんで表現している様子に共感し、表現する喜びを味わえるようにする。
- ● 保育者が子どもの思い描いていることを聞き、言葉に出すことで、他の子どもにも楽しさが伝わるようにする。
- ● 友達と思いがぶつかったときにはまず子どもの思いを十分に聞く。その後、分かりやすく言い直したり、伝わりやすい言葉を知らせたりして、一緒に遊んで楽しかった経験を積み重ねられるようにする。

### 秋の自然にふれ、見たり遊びに使ったりできるように

- ● 保育者も興味をもって一緒に水やりを行なうことで、栽培物の生長を楽しみにできるようにする。
- ● 台風の後や涼しい日、よく晴れた日など、そのときの空の様子や雲の形のおもしろさを、保育者が気付き伝えて、一緒に楽しむ。
- ● 子どもが園内や近所の公園や畑で見つけた木の実を、クラスで見せ合ったり、触れられるコーナーをつくったりして、子どもたちと一緒に発見や気付きに共感する。

指導計画　10月の計画

### 反省・評価のポイント

- ★ 友達と一緒に、体を伸び伸びと動かして遊んで、楽しさや心地良さを味わっていたか。
- ★ 友達と関わるうれしさを感じ、自分の思いを表せるよう、一人ひとりに合わせて援助できていたか。
- ★ 秋の自然物を見たり、触れたりし、楽しんでいたか。

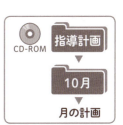

185

# 10月 1週の計画

10/2(月)〜7(土)

**今週の予定**
● 衣替え、中秋の名月

**前週の幼児の姿**
● 思い切り体を動かして遊ぶ心地良さを感じている。
● 5歳児の練習を見たり、自分たちも見てもらったりしながら、運動会を楽しみにしている。
● 様々な自然物を見つけて、よく見たり調べたりしている。

## ねらい(●)と内容(・)

● 友達と一緒に体を動かしたり、必要な物を作ったりしながら運動会を楽しみにする。
● 友達と一緒に遊びに必要な場や物を作って遊ぶことを楽しむ。
● 月や夜空、十五夜の行事に関心をもつ。
・ 玉入れやかけっこなどで友達と一緒に思い切り体を動かすことを楽しむ。
・ 運動会に向けて、飾りや衣装などを作ることを楽しむ。
・ 遊びに合う場や物を作って遊ぶことを楽しむ。
・ 月や夜空に関する絵本や紙芝居などを見て、関心をもつ。

## 具体的な環境(◆)と保育者の援助(＊)

＊ 保育者も子どもと一緒に思い切り体を動かして遊んだり、音楽に合わせて踊ったりすることを楽しみ、子どもと楽しさを共感することでクラス全体で運動会を楽しみにする雰囲気をつくる。
◆ 運動会を楽しみにできるような歌や絵本を取り入れる。
（📖：『とんぼのうんどうかい、よーいどん』、♪：『ガンバリマンのうた』『はしるのだいすき』など）
＊ 並ぶ場所やリズムの隊形などを子どもに伝えるときには、子どもが楽しくなるようなことばがけややり方を工夫する。
◆ 踊る曲の雰囲気に合わせて身に着ける衣装や装飾作りを楽しめるように、必要な素材などの環境を用意する。
＊ 一人ひとりが体を動かす遊びに取り組む姿や挑戦する姿を認め、体を動かして遊ぶことを楽しみ、自信につながるようにする。
◆ 自分たちでしたい遊びを始められるように、園庭に必要なラインを引いたり用具を使いやすく置いたりする。
◆ 運動会で踊る曲や体操などの曲を子どもが使いやすいように用意する。

＊ 子どもが自分たちで場をつくって遊びだす姿を見守る。同じ場で遊ぶ友達とのつながりが感じられるように、子どもがしていることを保育者が言葉にして伝えたり、一緒に動いたりすることで橋渡しをする。
＊ 子どもが楽しんでいることやしようとしていることを読み取り、遊びがより楽しくなる物を一緒に考えたり、作ったりする。
（紙粘土で月見団子、弁当、ケーキ、すし、パスタ など）
◆ 月や夜空、十五夜に関する絵本を用意したり歌をうたったりする。
（📖：『パパおつきさまとって』『14ひきのおつきみ』、♪：『つき』など）
◆ 十五夜の集会を通して、行事の由来や飾り物などを知ることができるように必要な物を用意する。
（野菜、果物、ススキ、秋の花 など）

## 反省・評価のポイント

★ 友達と一緒に思い切り体を動かす楽しさを味わい、様々な動きを楽しんでいたか。
★ 月や十五夜の行事に関心をもてるような環境を整えることができたか。

# 10月 2週の計画
## 10/9(月)～14(土)

**今週の予定**
- 体育の日、運動会、避難訓練

**前週の幼児の姿**
- 運動会が近付き、期待をもちながら体を動かすことを楽しんでいる。
- 十五夜の行事を通して、月に関心をもつ姿が見られる。

---

- ● 運動会を通して、思い切り体を動かす楽しさや、みんなで一緒に取り組む楽しさを味わう。
- ● 友達に自分の思いや考えを伝えながら遊ぶことを楽しむ。
- ・ 自分の力を出して、思い切り体を動かすことを楽しむ。
- ・ 5歳児の姿を見たり応援したりして、憧れの気持ちをもつ。
- ・ 友達に自分の思いや考えを伝えようとする。
- ・ 保育者や友達に自分の思いを受け止めてもらううれしさを味わう。
- ・ 栽培物の生長に期待をもって球根植えや種まきを楽しむ。

---

- ◆ 運動会で使う用具や音楽などは、好きな遊びの中でも使えるように置いておき、繰り返し楽しんだり様々な動きを試したりできるようにする。
- ＊ 運動会に向けて少しずつ期待を高めていけるように、リズム遊びの小道具を増やしたり、その日のポイントを知らせたりして、満足できるような活動にしたりするなど工夫する。
- ＊ 5歳児の練習を見たり応援したりして子どもが興味をもつ姿を大切にする。また、5歳児の取り組みが見えるように、5歳児の担任と連携を図り、時間を合わせるなど機会をつくる。
- ◆ リレーなどの競技を見るときには、安全で落ち着いた環境で5歳児の応援をできるように、ゴザやベンチを用意するなど工夫する。
- ＊ リズム遊びのときは、持っている物や身に着けている物、動いたときの音や掛け声がかっこよくそろったりしたときの楽しさに共感し、友達と一緒に動く楽しさを味わえるようにする。
- ＊ クラス便りや降園時を活用して、これまでの子どもの取り組みを伝えることで、緊張する姿など当日の様々な姿を温かく受け止めてもらえるようにする。
- ＊ 同じ場で遊ぶ友達とのつながりを感じられるように、「ここは誰と誰が住んでいるおうち?」「○○ちゃんが△△役なんだね」などと保育者が言葉に出す。

- ＊ 友達に自分の思いや考えを言葉や動きなどで伝えようとする姿を見守る。必要に応じて、言葉を補ったり言い換えたりして相手に伝わるよう援助することで、自分の思いを受け止めてもらううれしさを感じられるようにする。
- ◆ 球根を植えたり種まきをしたりできるよう必要な用具や場所を整える。(花壇、プランター、土 など)
- ＊ 栽培物の世話の仕方を具体的に伝えながら、一緒に植える。保育者が一緒に表示を作ったり水やりなどの世話をしたりすることで生長に期待をもてるようにする。
(ホウレンソウ、カブ、ブロッコリー など)

---

**反省・評価のポイント**
- ★ 友達と一緒に思い切り体を動かすことを楽しみ、自分の力を発揮する満足感を味わっていたか。
- ★ 子どもが作りたいと思った場や物を作れるように環境を整えたり援助したりできたか。

# 3 10月 週の計画
10/16(月)～21(土)

**今週の予定**
● 身体計測

**前週の幼児の姿**
● 運動会で自分の力を発揮したり、クラスのみんなと一緒に思い切り体を動かしたりする満足感を味わっていた。
● 5歳児クラスのリレーやリズム遊びに関心をもって見ていた。
● 友達と一緒に遊びに合う場や必要な物を作って遊ぶことを楽しんでいる。

## ねらい（●）と内容（・）

● 運動会の経験を思い出し、遊びに取り入れて繰り返し体を動かして遊ぶことを楽しむ。
● 保育者や友達と一緒に、ルールのある遊びを楽しむ。
・5歳児に教えてもらいながら、5歳児クラスのリレーやリズム遊びを自分たちなりに楽しむ。
・3歳児に自分たちのリズム遊びを教えて、一緒に踊ることを楽しむ。
・ルールを守って友達と一緒にルールのある遊びを楽しむ。
・昼食の準備や挨拶など、自分たちでできることに喜んで取り組む。

## 具体的な環境（◆）と保育者の援助（＊）

◆ 運動会で使った用具や音楽などを引き続き楽しめるように、子どもたちが自分たちで出したり片付けたりしやすいように置いておく。
◆ 子どもの興味に合わせて、5歳児が使っていた用具や音楽も使えるように置いたり、5歳児から借りたりできるように保育者同士で連携を図る。
（リレーのバトン、リズム遊びの小道具、衣装 など）
＊ 5歳児のリズム遊びを教えてもらって一緒に踊ったり一緒にリレーをしたりして、憧れの気持ちをもち、関わりを楽しめるようにする。
＊ 3歳児に自分たちのリズム遊びを見せたり教えたりする場面で、自分たちよりも年下の友達に優しく接する姿を認めていく。
＊ 5歳児に教えてもらったリレーや鬼ごっこなどルールのある遊びを取り入れ、みんなで遊ぶことを楽しめるようにする。（エンドレスリレー、引っ越し鬼、バナナ鬼 など）
＊ みんなで簡単な言葉を唱和したり、動きを合わせたりする楽しさが味わえるような活動を取り入れる。（♪：『かっぱの子』など）
＊ ルールがある遊びの楽しさを感じられるように分かりやすく知らせ、保育者も一緒に遊びながら、ルールが浸透していくようにし、楽しさに共感する。

◆ 自分たちで遊び始められるように、遊びの場を仕切ったり、必要なラインを引いたりしておく。
◆ 様々な動きを経験することができるよう、短縄や大縄、ボールなどを出しやすいように用意する。
＊ 保育者も用具や遊具を使って遊ぶことを楽しみ、子どもが様々な体を動かす遊びに関心がもてるようにする。
＊ クラスの生活に必要なことを保育者と一緒に取り組めるようにし、取り組みの様子を見ながら当番活動にする。（昼食前のテーブル拭き、食事前後の挨拶 など）
◆ 自分が当番になる日を楽しみにできるよう、日めくりの表示などを作る。

## 反省・評価のポイント

★ 運動会での経験を生かして、異年齢児とも関わりながら繰り返し体を動かすことを楽しめたか。
★ ルールを守って友達と一緒に遊ぶことを楽しめるような遊びを取り入れられたか。

# 10月 4週の計画
## 10/23(月)〜31(火)

**今週の予定**
● 誕生会、イモ掘り

### 前週の幼児の姿
- 運動会の余韻にひたり、5歳児に教えてもらったり3歳児に教えたりすることを楽しんでいた。
- ルールのある遊びや、様々な遊具や用具を使った遊びで繰り返し体を動かすことを楽しんでいる。

---

- ● サツマイモやドングリなどの秋の自然物に親しみ、収穫の喜びを味わったり遊びに取り入れたりして楽しむ。
- ● 友達と思いを出し合って遊ぶことを楽しむ。
- ・イモ掘りを通して、土の感触や自分で収穫した物を食べる喜びを味わう。
- ・イモのツルやドングリなどの自然物を取り入れて遊ぶことを楽しむ。
- ・自分の思いや考えを言葉で表しながら遊ぶ。
- ・友達の言葉に気付き、耳を傾けようとする。

---

- ◆ イモ掘りに期待をもてるような手遊びを取り入れたり、絵本を読んだりする。
  （♪：『やきいもグーチーパー』『おいものてんぷら』、📖：『さつまのおいも』『ねずみのいもほり』など）
- ＊ サツマイモを掘りながら、土の感触や匂い、出てくる虫などに子どもが感じたことや気付いたことを保育者が受け止める。掘り上げた喜びに共感し、サツマイモの形をよく見たり大きさを比べたりすることを楽しめるようにする。
- ＊ 掘ったサツマイモを、焼きイモにしたりふかしイモにしたりして食べる機会をつくり、収穫の喜びを感じられるようにする。
- ◆ サツマイモのツルを持ち帰り、縄跳びをしたり、巻いてリースにしたりして遊んで楽しむ機会をつくる。
- ＊ イモ掘りの楽しかった経験を、絵や製作で伸び伸び表現できるようにする。
  （大きな紙に描く、新聞紙や封筒を丸めて絵の具で塗る など）
- ◆ 登降園時に子どもが拾ったり、園庭で集めたりした自然物に、より関心を深められるように、図鑑や絵本などを用意する。
- ＊ ドングリなどの自然物で作って遊べる物があることを知らせ、自分で作ったり、使って遊べるようにする。

○○がたのしかったね

- ＊ 友達が話していることに気が付き、耳を傾けることができるよう、「○○ちゃんが何かお話ししているよ」などと橋渡しをする。また、相手の顔を見て話すと伝わりやすいということを知らせる。
- ＊ 物の置き場所や、遊びの中の役、やりたいことなど遊びの中で思いが異なり、いざこざになるときには、様子を見守りながら保育者が間に入って互いの思いを丁寧に聞き出し、分かりやすく伝えることで、友達には自分と違う思いがあるということに気付けるようにする。

---

**反省・評価のポイント**
- ★ サツマイモやドングリなどの秋の自然物に触れ、収穫の喜びを味わったり遊びに取り入れたりする楽しさを味わっていたか。
- ★ 自分の思いを表せるような援助や、友達の思いに気付けるような援助ができたか。

指導計画
10月 3・4週の計画

# 10月 日の計画
## 10/17（火）

| | |
|---|---|
| **ねらい** | ●新しいルールのある遊びに興味をもち、友達と一緒に体を動かして遊ぶことを楽しむ。<br>●遊びに必要な物や場を自分たちが準備したり、片付けたりしようとする。 |
| **内容** | ●エンドレスリレーやバナナ鬼などのルールを知り、喜んで取り組む。<br>●5歳児をまねたり、教えてもらったりしながら友達と一緒に体を動かして遊ぶ。<br>●みんなで使う遊具や用具を大切に扱い、準備をしたり片付けたりする。 |

## 指導計画　10月 日の計画

| | 環境を構成するポイント | 予想される幼児の活動 | 保育者の援助 |
|---|---|---|---|
| 登園〜14時頃 | ●運動会で使った遊具や用具を引き続き園庭や保育室前に用意し、子どもが自分たちで準備ができるようにしておく。<br>●5歳児に運動会のリズム遊びを教えてもらったり、一緒に折り返しリレーをしたりするなど、運動会の余韻が楽しめるようにする。<br>●遊具や用具の置き場所は子どもが片付けしやすい場所にし、誰でもすぐに使いやすいようにしておく。<br>●好きな遊びの中でバナナ鬼が楽しめるように、遊びの場を仕切っておく。（必要なラインを引いたり、カラー標識などの目印で分かりやすくしておく） | ●登園し、朝の挨拶をする。<br>●所持品の始末をする。<br>●好きな遊びをする。<br>　室内：ごっこ遊び、製作 など<br>　戸外：5歳児をまねてエンドレスリレーをする。教えてもらったり、用具を借りてリズム遊びをするなど<br>●片付けをする。<br>●クラスのみんなで遊ぶ。<br>●バナナ鬼をする。<br>●昼食の準備をする。<br>●昼食をとる。<br>●好きな遊びをする。<br>　（バナナ鬼をする、リズムに乗って踊る）<br>●クラスで集まる。<br>●歌をうたう。<br>●絵本の読み聞かせをする。<br>　（📖：『さつまのおいも』）<br>●降園準備をして降園する。 | ●笑顔で挨拶し、健康状態を一人ひとり確認する。<br>●登園時の所持品の始末や手洗い・うがいなど丁寧に行なっている姿を認める。<br>●5歳児が運動会で取り組んでいたリレーやリズム遊びの用具を子どもと一緒に借りに行き、5歳児と関わる場面を大切にする。<br>●片付けのときには借りている用具を丁寧に扱う姿を声に出して認め、クラス全体に促すようにする。<br>●友達と一緒にルールのある遊びを楽しんでいる様子を見守ったり、保育者も一緒に体を動かして遊んだりする。<br>●ルールを守って遊ぶ楽しさが感じられるように、一人ひとりの動きを把握する。 |
| 14時頃〜降園 | ●静かに午睡に入れるように、絵本の読み聞かせをする。<br>●室内では、個々に集中して遊べるように環境を構成する。 | ●目が覚めた子どもから排せつを済ませ、室内で静かに過ごす。<br>●おやつを食べる。<br>●好きな遊びをする。<br>　（パズル、塗り絵、ブロック など）<br>●片付けをする。<br>●降園する。 | ●ゆったりとした雰囲気の中で自分のやりたい遊びができるようにする。<br>●子どもたちが安心して過ごせるように保育者とのふれあいを大切にする。 |

**反省・評価のポイント**
★ 新しいルールのある遊びに興味をもち、友達と一緒に体を動かして遊ぶことを楽しめたか。
★ 自分たちで遊びに必要な場や物を準備したり、片付けたりできるよう環境を構成できたか。

# 11月

## 今月の保育

### 様々な材料に触れ、友達とそれぞれの表現を楽しめるように

運動会後の子どもたちは一人ひとりの興味・関心が広がり、友達との関わりも深まってきました。友達とごっこ遊びや、ルールのある遊びを楽しむ姿が見られます。そして、秋の自然が豊かになる11月は木の実、落ち葉、枝、草花、昆虫などに子どもたちが身近に触れることができる月です。その心を揺さぶる自然の変化を遊びに取り入れ、感じたこと考えたことを自分なりに表現できるようにしましょう。それぞれの表現をみんなで共有したり、影響し合ったりしていくことで、表現することがより楽しくなってきます。表現する喜びや認められる喜びを共に味わえるような作品展を計画して、異年齢児やおうちの人たちとも一緒に楽しめるようにしていきましょう。

指導計画 11月

## 保育のポイント

### 生活

#### 自分たちの生活の場を気持ち良く整えられるように

身近な材料・素材・豊かな自然物などを保育室や園内環境に整えていきます。子どもが取り出しやすく、また分かりやすいように環境を整え、自由に使えるようにするとともに、使った後は自分たちで片付けられるよう、ことばがけをし一緒に整理していきましょう。

### 興味・関心

#### 様々な材料を使い豊かな表現ができるように

保育室を「子どものアトリエ」が出現したような環境に工夫してみましょう。心を揺さぶられた子どもたちは、様々な素材や材料、自然物に興味をもち、使って繰り返し製作や表現を楽しみます。それぞれがイメージを豊かにしていく過程を大切にしていきましょう。

### 友達や保育者との関わり

#### 自分たちで遊びができる場をつくり友達と一緒に遊ぶ楽しさを

2～4人くらいの気の合う友達と一緒に自分たちで遊ぶ場をつくり遊ぶことが本当に楽しいようです。サークル、中型積み木、段ボール箱など自分たちで運び出せて場づくりできるものを準備します。友達同士で遊ぶ中で互いの思いにも気付いていきます。保育者は一人ひとりの取り組みや友達との関わりを丁寧に見取っていきましょう。

# 11月の計画

### クラス作り

自分たちで遊びを見つけ思いを言葉で表現しながら、友達と関わって遊ぶおもしろさを十分に味わえるようにしたい。様々な素材や秋の自然物を使って作ったり描いたりする楽しさ、見てもらう喜びを味わえるようにする。生活の場を子どもと一緒に整え気持ち良く生活できるようにする。

| | 前月末の幼児の姿 | ねらい | 幼児の経験する内容(指導内容) |
|---|---|---|---|
| 生活 | ● 保育者に声を掛けられて、朝の身支度や午睡の準備など身の回りのことを自分でやろうとしている。<br>● 遊んだ後の片付けをする子どももいるが、遊びに夢中になっている子どももいる。 | ● 気の合う友達と一緒に、自分たちの遊びを楽しむ。 | ● 気の合う友達とルールのある遊びを楽しむ。<br>● 友達と一緒に伸び伸びと体を動かして遊ぶ。<br>● 友達のしていることや、話していることに関心をもちながら遊ぶ。<br>● 自分の考えたことや、気付いたことを友達に言葉で伝えようとする。<br>● 印象に残った物や自分の考えたことを自由に表現しながら描いたり作ったりする。 |
| 興味・関心 | ● 5歳児がやっていることに興味をもち、まねしてやってみようとしている。<br>● 作りたいと思う物を繰り返し作っている。<br>● 気の合う友達との関わりが盛んになり、自分たちのルールで遊びを楽しんでいる。 | ● 様々な素材を使って、自分の思い描いた物を表現することを楽しむ。 | ● 様々な素材を組み合わせたり、使い方を工夫したりしながら作ることを楽しむ。<br>● 遊びに必要な物を作ったり、作った物で遊んだりすることを楽しむ。<br>● 保育者と一緒に新しい道具を使いながら安全な使い方を知る。<br>● 用具や素材を大切に使ったり、使った後は元の場所に片付けたりする。 |
| 友達や保育者との関わり | ● 自分が気付いたことや考えたことを保育者に話していると、周りの子どもも気付いて話に加わってくる。<br>● 友達と関わって遊んでいるが、自分の思いを言葉でうまく表せない子どももいる。 | ● 身近な秋の自然にふれ、遊びに取り入れて楽しむ。 | ● 遠足に出掛け、秋の自然にふれて遊ぶ気持ち良さを味わう。<br>● 秋の自然物を遊びや製作に取り入れて楽しむ。<br>● 落ち葉や木の実の色、形、大きさの違いに関心をもち、見たり触れたりする。 |

**家庭・地域との連携**

■ 子どもが扱いやすい大きさの空き箱や容器を具体的に示して、家庭に自然物の収集の協力をお願いする。また、それらの素材を使って子どもたちが伸び伸びと製作したり、遊びに取り入れたりしている様子をクラス便りなどで知らせていく。

■ 月末頃には冬に向けて健康に過ごすための生活習慣が身につくよう、園で行なっている手洗いやうがいの取り組みを保健便りや掲示を通して知らせるとともに、家庭にも協力を求め健康に過ごせるようにする。

## 園生活の自立に向けての配慮点

● は健康・食育・安全、★ は長時間にわたる保育への配慮、♥ は保育者間のチームワークについて記載しています。

- ● 気温の寒暖差が大きい時季なので、必要に応じて衣服の調節ができるよう気付かせていく。
- ● リンゴやカキなど旬の食材に触れたり、食べたりして関心がもてるようにする。
- ★ 日没が早くなり、室内で遊ぶ時間が増えるので、室内の遊びが充実する工夫をする。
- ♥ 気候の変化などにより体調を崩しやすい時季なので、子ども一人ひとりの体調の変化に留意し、職員間で情報を共有する。

### 要領・指針につながるポイント

**✿ 感性豊かに、それぞれの表現を楽しんで!**

感性と表現に関する領域「表現」では、感じる心と子どもの個性豊かな表現の表出が大切です。木の実や落ち葉など子どもたちが身近に触れられる自然物や秋の自然の変化は子どもの心を揺さぶります。これらを活用して友達と一緒にそれぞれが様々な表現を十分楽しめるようにしましょう。

## 環境の構成と保育者の援助

### 友達と関わって遊ぶことが楽しめるように

- ● 友達とやり取りしながら遊びが楽しめるよう、場を区切ったり、時間に余裕をもたせたりする。
- ● 自分たちで遊びを見つけて進めていくために必要な道具（段ボール箱、レジャーシート、ゴザ など）は子どもが自由に取り出せる場所に用意する。
- ● 保育者も一緒にルールのある遊びに加わり、友達と楽しい雰囲気の中で遊べるようにする。
- ● 友達に自分の思いを伝えたり、やり取りしたりしているときは子どもの思いを先取りせず、様子を見守りながら必要なときに援助する。
- ● 言葉で表現することが苦手な子どもには、会話をしながら思いを引き出したり、保育者と一緒に言ったりしていく。

### 思い描いたことを実現する楽しさを味わえるように

- ● 製作や遊びに使う道具や空き箱・容器・自然物などは、大きさや種類ごとに仕分けしておき、子どもが手に取りやすくイメージしやすいようにする。
- ● 作りたいと思える物の見本を用意したり、ヒントを出したりしながら、作ることが楽しいと感じられるようにする。
- ● 作っている途中の物を置いておける場所を用意し、いつでも続きができるようにする。

- ● 新しい用具などを使うときは、保育者がやって見せたり、手伝ったりしながら安全に楽しく使えるようにする。
- ● 作品展として室内に作品を展示する他、廊下や玄関などにもコーナーを設けて作品を飾り、表現する楽しさや、認めてもらう喜びを感じられるようにする。
- ● 作っている過程で作品の良さや工夫した所を認めたり、共感したりしていくと共に、参観する人に伝わるよう展示を工夫する。

### 身近な秋の自然に興味をもち、遊びに取り入れられるように

- ● 落ち葉や木の実など秋の自然にふれて遊べるよう、戸外で遊ぶ機会を多くもったり、製作に取り入れたりしていく。
- ● 自然物を収集した後は、落ち葉や木の実を分別できる箱や図鑑を用意しておき、色や大きさ、形の違いなどに関心がもてるようにする。
- ● 秋の季節感を味わえるような絵本や歌を取り入れ、楽しめるようにする。

指導計画 11月の計画

### 反省・評価のポイント

- ★ 自分の思いを様々な方法で表現しながら、作ったり描いたりすることを楽しみ、見てもらう喜びを味わっていたか。
- ★ 友達に自分の思いを伝えたり、友達の思いに気付いたりすることができるような援助や仲立ちができていたか。
- ★ 身近な秋の自然に興味をもち、自然物を遊びに取り入れることができていたか。

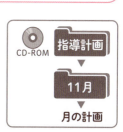

## 11月 1週の計画

11/1(水)〜11(土)

**今週の予定**
● 避難訓練、文化の日

**前週の幼児の姿**
● イモ掘りに参加し、収穫を喜んだり、自然物を遊びに取り入れて楽しんでいる。
● 友達と一緒に遊ぶ中で、自分の思いや考えを話しているが、うまく伝わらず困っていることもある。
● 友達の話も聞こうとしている姿が見られる。

### ねらい(●)と内容(・)

● 友達と一緒に伸び伸びと体を動かし、ルールのある遊びを繰り返し楽しむ。
● 遊びに必要な物や場を作り、友達や保育者と遊ぶことを楽しむ。
・ 遊び方やルールが分かって、友達と繰り返し遊ぶことを楽しむ。
・ 思い切り体を動かして遊ぶ楽しさを味わう。
・ 身近にある用具や材料を使って自由に見立てたり作ったりする。
・ 見たり調べたりして遠足への期待をもつ。

### 具体的な環境(◆)と保育者の援助(＊)

◆ 子どもたちがいろいろな集団遊びをしようと思えるように、園庭にラインを引いておいたり、必要な道具を見える所に置いておいたりする。
（ボール、バトン、カラー帽子、しっぽ取り用の布 など）
◆ 動きの大きい遊びは場所を限定したり、他クラスと園庭の使用時間をずらしたりして、遊びやすい状況にする。
＊ 始めは保育者が鬼などをやって遊びを進めていくが、慣れてきたら、子どもたちだけでも進められるように、保育者は一歩後ろに身を引いて様子を見ていく。
（十字鬼、氷鬼、バナナ鬼 など）
◆ 決まった友達とだけではなく、たくさんの人数で遊ぶ楽しさも味わえるように、クラスみんなでルールのある遊びを楽しむ機会をつくる。
（ロケットにのってゴー！、ひょうたん鬼、だるまさんがころんだ、あてっこ など）
◆ 素材の種類や大きさごとに分けて置いておき、想像が浮かびやすいようにしておく。
（ヨーグルトやプリンなどの容器、自然物、ペーパー芯、空き箱 など）
＊ 新しく出した用具の安全な使い方を見守りつつ知らせていく。

＊ 外遊びの際は、保育者も園庭で見つかる自然物を砂遊びの飾りに使うなど、子どもが自然物を遊びに取り入れるきっかけになるようにする。
＊ 作り終わった後の片付けは任せたままにせず一緒に行ない、片付けの習慣が身につくようにしていく。
◆ 遠足の行き先の水族館への興味や関心が高まるように、パンフレットを掲示したり、図鑑などを置いたりしておき、一緒に見られるようにしておく。
＊ 次週に迫った遠足への期待が高まるように、遠足がテーマの絵本を見たり、歌をうたったりする。
（♪：『バスごっこ』、📖：『えんそくバス』『あしたえんそく！らんらんらん』 など）

だるまさんが…

### 反省・評価のポイント

★ 伸び伸びと体を動かし、ルールのある遊びを繰り返し楽しめていたか。
★ 遊びに必要な物をすぐに作れるような環境が整えられていたか。

## 11月 2週の計画
### 11/13（月）〜18（土）

**今週の予定**
- 遠足（自然公園、水族館）

**前週の幼児の姿**
- 友達や保育者と一緒に戸外でルールのある遊びを繰り返し楽しんでいる。
- 遠足への期待が高まり、行くことを楽しみにしている。
- 遊びに必要な物や場を作って遊んでいる。

---

- 広い自然の中で、伸び伸びと遊んだり、水族館で様々な魚や生き物を見たりするなど、様々な経験をして楽しむ。
- 身近な秋の自然にふれ、遊びに取り入れることを楽しむ。
  - 遠足で、広い自然の中、思い切り体を動かして遊ぶ。
  - 水族館での過ごし方や決まりを知り、守って、魚や生き物を友達と一緒に見ることを楽しむ。
  - ドングリなどの木の実を集めたり、遊びに使ったりする。
  - 印象に残った物を様々な用具や材料を使って楽しく表現する。

---

◆ 保育者は集団の前後につくようにし、子どもの姿が視界から離れないようにし、その都度人数確認をする。

＊ 遠足ではふだんは行けない広い自然の中で、全身で自然に関わって遊びを楽しめるように、保育者も一緒になって駆け回ったり、転がったりして遊ぶ。

＊ 芝の上などに全員で寝転がり、暖かい日差しを浴びたり、背中で大地の感触を感じたりするなど、全身で自然を感じられるようにする。

＊ 水族館では、入館前に他のお客さんがいることを伝え、公共の場でのマナーを守って行動できるようにする。

＊ 防犯上、集団から離れることのないように知らせる。

＊ いろいろな生き物を目の前で見ながら、子どもが気付いたことや感じたことに共感し、言葉を掛けていく。

◆ 遠足で楽しかったことやおもしろかったことを話題にし表現したり、拾って来たドングリなどの木の実をままごとやコリントゲームなどの遊びに取り入れたりできるよう、素材や材料を用意しておく。

＊ 遠足の描画をするときには、材料や用具を工夫して、子どもたち一人ひとりが思い出に残っている場面や描きたい物を楽しく自由に描けるようにする。

＊ 遠足で持って帰って来たドングリなどの自然物は、煮沸したり冷凍したりして、腐ったり虫が出てきたりしないように必要な処理をしておく。そして様々な製作に活用したり、遊びに使ったりする。
（マツボックリを使って水族館の生き物作り、小さなドングリの魚、楽器作り など）

**反省・評価のポイント**
★ 広い自然の中で体を動かしたり、自然にふれたりして遊び、拾ってきたドングリなどを使って遊んだり表現したりすることを楽しめていたか。
★ 水族館での過ごし方を守り、友達と一緒に様々な魚や生き物を見ることを楽しむことができたか。

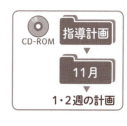

# 3週の計画 11月
## 11/20(月)〜25(土)

**今週の予定**
- 身体計測、誕生会、勤労感謝の日

**前週の幼児の姿**
- 遠足では秋の自然に存分にふれて楽しんでいる。
- 遠足で持ち帰って来たドングリや木の実を使って遊んだり、水族館で印象に残ったことを保育者や友達と話題にしたりしている。
- 友達と室内でもルールのある遊びを楽しんでいる。

## ねらい(●)と内容(・)

- ● 秋の自然物を使って、製作することや、できた物で遊ぶことを楽しむ。
- ● 水族館で印象に残った魚や生き物などを表現してみんなで水族館作りを楽しむ。
- ・ ドングリなどの自然物で、楽器や遊びに使う物を作って遊ぶ。
- ・ 様々な用具や素材に触れ、使い方や特徴を知る。
- ・ 水族館で見た魚や生き物を伸び伸びと描いたり、作ったりして楽しむ。

## 具体的な環境(◆)と保育者の援助(＊)

- ◆ 遠足や園庭で見つけた自然物を見立て遊びや製作活動に使えるように、分類したり道具などを用意したりしておく。
（ドングリ、マツボックリ、木の実、落ち葉、木の枝、紙、のり、セロハンテープ、木工用接着剤、クラフトテープ、ハサミ など）
- ＊ クラフトテープや木工用接着剤などは適切な使い方(量やテープの切り方 など)を経験を通して伝えていく。
- ＊ どう作るか悩んでいる子どもには、その子の思いを大切にしながら、素材や作り方を一緒に考えていく。
- ＊ 製作の途中で切り上げなくてはいけないときには、要らない物を片付けるとともに作りかけの物を取っておく場所を設け、後から続きができるようにする。
- ◆ 手作り楽器が作れるような材料を用意しておく。
- ＊ ドングリマラカスは容器や入れるドングリの量で音色が変わることなどに気付けるよう、ペットボトルや紙コップなど、大きさや質の異なる入れ物を用意する。
- ＊ ピアノやギターなどで保育者が伴奏をし、それに合わせて作ったマラカスや、園にあるタンブリンやカスタネットを鳴らすなど、音楽に合わせて演奏する楽しさを感じられるようにする。
（♪：『くだもの列車』『やきいもグーチーパー』など）

- ◆ 遠足後も引き続き水族館のパンフレットや図鑑を出しておき、見たくなったときにすぐ見られるようにしておく。
- ＊ 園外保育で行った水族館にはどんな魚がいたか、大きさはどれくらいだったかなど、みんなで話し合い、一人ひとりの描きたい物や作りたい物が明確になるようにする。
- ＊ 作った魚を順に飾っていくことで、徐々に水族館らしくなっていく過程が見えるようにし、子どもがもっと描きたいと思う意欲につながるようにする。

## 反省・評価のポイント

- ★ 遠足で経験したことを取り入れて遊ぶ楽しさを味わえるような環境の構成や援助を工夫できていたか。
- ★ 様々な素材を使いながら、楽器や魚などを作ることや、できた物で遊ぶことを楽しめていたか。

# 11月 4週の計画
11/27(月)〜30(木)

## 今週の予定
● 作品展

## 前週の幼児の姿
- 自然物を使って楽器や遊び物を作ることを楽しんでいる。
- 新しい道具の使い方を知り、それを使うことが楽しくなっている。
- みんなで作ってきた作品ができあがってきて、部屋が水族館のようになっていくことを楽しんでいる。

---

- ● 気の合う友達と自分の思いやアイディアを伝え合い、一緒に遊ぶことを楽しむ。
- ● 自分なりに考えたり工夫したりして、様々な表現を楽しみ、作品展でいろいろな人に見てもらうことを喜ぶ。
- ・自分の気持ちや考えを相手に分かるように伝えたり、友達の思いに耳を傾けようとする。
- ・身近にある様々な用具や遊具を組み合わせて遊ぶ。
- ・自分の描いた物や作った物を保護者や友達に見てもらう喜びを味わう。

---

- ◆ 気の合う友達と遊びの設定をするための材料を多めに用意し、自分たちで遊びを進めていこうとする気持ちを大切にする。（マット、段ボール箱、シート、ゴザ、長い板 など）

- ＊ 作ることに夢中になるあまり、設定が危険なものになっているときには、保育者がそばにつくことで守れるようにしたり、子どもに声を掛けたりしていく。
- ◆ 子どもが作った物で繰り返し遊べるように、置いておく場所を確保し、壊れても作り直せるように用具もそろえておく。
- ＊ 友達とのやり取りの中で、互いの思いを出し合いながらもぶつかり合う場面では、一人ひとりの思いを受け止める。その上で友達の気持ちやしたいことにも気付けるように状況を整理して伝え、考えやすくしていく。

- ＊ 一人の良いところを褒めることで、他児の遊び方のきっかけになるようにする（友達の姿がモデルになるように）。
- ◆ 作品展では、一人ひとりの子どものアイディアやよいところが伝わるように、飾る場所や並べ方、説明文を書いた楽しいカードなどを工夫する。またクラス全体の製作過程が伝わるように壁新聞や写真などで知らせていく。
- ＊ 自分たちも他クラスの作品を見る機会をつくる。5歳児クラスの作品は、見たり遊ばせてもらったりして、刺激を受けられるようにする。また、自分たちも同じことをしてみたいという思いを受けられるように、同じような道具や材料を用意しておく。
- ＊ 道具や材料、作った作品など、たくさんの品々が散乱しないように、その都度保育者も用途別整理を一緒にやりながら、子どもができる片付けを細かにことばがけしていく。
- ◆ 鼻水やせきが出る子どもが増えてくるので、鼻のかみ方や、せきのエチケットなど写真や紙芝居などで伝え、感染予防に努めていく。
- ＊ 担任だけではなく看護師にも話をしてもらうことで、内容が新鮮に響くようにする。

---

- ★ 自分のアイディアを伝えたり友達の思いを聞いたりして、自分たちで遊びを進められていたか。
- ★ 作品展で自分の描いた物や作った物を保護者や友達に見てもらうことを喜び、自信につながるように援助できたか。

指導計画　11月 3・4週の計画

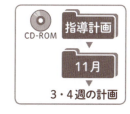

## 11月 日の計画
### 11/22(水)

**ねらい**
- 遠足で拾って来た自然物や身近な材料を使ってマラカス作りを楽しむ。
- 楽器遊びやルールのある遊びなど、友達と一緒に遊ぶ楽しさを味わう。

**内容**
- ドングリなどの自然物や身近な材料を組み合わせて、工夫してマラカスを作り、音の違いのおもしろさを楽しむ。
- 作ったマラカスをリズムに合わせて、友達と一緒に鳴らすことを楽しむ。
- 気の合う友達を誘って、ルールのある遊びや、やりたい遊びを楽しむ。

| 環境を構成するポイント | 予想される幼児の活動 | 保育者の援助 |
| --- | --- | --- |
| ●1日の生活の流れを考え、他クラスと遊び場の調整を行ない、遊具や用具の準備をしておく。<br>●少人数ずつ製作を行ない、落ち着いた雰囲気の中で行なえるようにする。<br>●遠足で拾ったドングリは、煮沸して種類ごとに分類するなど、遊びに使いやすいように準備しておく。<br>●マラカス作りは、容器を数種類用意しておき、音の違いを楽しめるようにする。（ペットボトル、缶、紙コップ、プラカップ など）<br>●様々な素材を組み合わせて使えるよう、自分たちで取り出しやすいように用意しておく。（ビニールテープ、色画用紙、型抜き、ハサミ、油性フェルトペン など）<br>●作ったマラカスを飾っておけるコーナーをつくっておく。<br>●リレーのバトンなど遊びに必要な物を用意したり、ラインを引いておいたりするなど、やりたい遊びができるように準備をしておく。 | ●登園する。<br>・挨拶をして、持ち物の始末をする。<br>●室内で好きな遊びを楽しむ。<br>（積み木、ごっこ遊び、描画 など）<br>●片付けて、クラスで集まる。<br>●朝の会をする。<br>・挨拶、活動予定の確認などをする。<br>●室内：数人ずつマラカス作りをする。<br>　戸外：好きな遊びをする。<br>　（リレー、だるまさんがころんだ、砂遊び、縄跳び など）<br>●片付けをする。<br>●クラスで集まる。<br>・それぞれの作ったマラカスを見せ合ったり、音を聞かせ合ったりする。<br>・友達と一緒に曲に合わせて、マラカスを鳴らす。<br>（♪：『山の音楽家』『きのこ』など）<br>●手洗い・うがいをする。<br>●昼食の準備をして、食べる。<br>●午睡をする。<br>●おやつを食べる。<br>●降園準備をしてから好きな遊びをする。<br>●降園する。 | ●一人ひとりに笑顔で挨拶をし、健康状態を確認する。<br>●登降園時の荷物の始末、うがい・手洗いなど、進んで行なおうとする姿を認めていく。<br>●友達と一緒に遊びたい気持ちはあるが、自分できっかけがつかめない子どもには、保育者も一緒に声を掛け、友達との遊びにつなげていく。<br>●マラカス作りでは、子どもの思いを引き出したり材料の違いを知らせるアドバイスをしたりして、一人ひとりが工夫して楽しく作ることができるようにする。<br>●マラカスの音や工夫したところを認めたりおもしろがったりして、それぞれの音の違いを楽しめるようにする。<br>●みんなで鳴らしたときの心地良さに共感し、友達と一緒に遊ぶ楽しさを感じられるようにする。 |

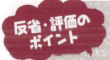
★ 遠足で拾った自然物や身近な材料を使って、自分なりに工夫しながらマラカス作りを楽しめるような環境構成や援助ができたか。
★ 友達と一緒にマラカスを鳴らして遊ぶおもしろさや、ルールのある遊びなどをするおもしろさを感じることができたか。

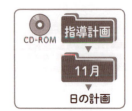

## 今月の保育

### 遊びたい気持ちの高まりを十分に受け止めて

作品展では、5歳児クラスの活動からも刺激を受け、遊びの中で自分なりに描いたり作ったりすることが楽しくなっています。12月は、この時季ならではの行事や年末年始に向けての生活の彩り（行事や周囲の身近な事象）が遊びのヒントになり、子どもたちの気持ちが高まります。楽器遊びや室内飾り作りや、作った物を使っての遊びなど、いろいろなことをやってみたい、友達と一緒に遊びたいという気持ちを十分に受け止めて、遊びが豊かになるよう1日の流れを無理なく組み立てていきましょう。自然も冬支度をするこの時季、寒さも増してきます。冬の生活に向けて、保護者と共に、手洗い・うがいなどの生活習慣を見直し、自分から行なえるようなことばがけを工夫しましょう。

## 保育のポイント

### 生活
#### 寒さに負けない生活習慣づくりを目指して

　寒くなると、室内での遊びに偏りがちです。1日の生活の中で、戸外で体を動かして遊ぶ時間を意図的に取り入れるようにしましょう。また、手洗い・うがいなどふだんからやり慣れていることも、風邪予防の生活習慣として改めて関心をもち、自ら気付いて行なえるようにします。

### 興味・関心
#### 素材の魅力、自由に使える環境は表現の楽しさを引き出す

　手慣れた材料や素材、自然物の他にきれいな色や光る素材など魅力的な材料は子どもたちの遊びへの意欲をそそります。その子なりに自由に作って遊べる環境、作った物で遊ぶ場面などを工夫し、子どもたちが自由に伸び伸びと表現する楽しさを味わえるようにします。

### 友達や保育者との関わり
#### 自分の思いが伝わると楽しい友達との遊び

　遊びの場や遊びに使う物作りをする中で、思ったことや考えたことを友達に伝えながら、遊びを楽しむ姿が見られます。しかし、時にそれぞれの思いや考えがぶつかることもあります。保育者はそれぞれの思いを受け止め、互いの思いの違いに気付くことができるように援助していきましょう。

# 12月の計画

## クラス作り

日々寒さが増してくるが、積極的に戸外に出て体を十分に動かし、ルールのある遊びをみんなでたっぷりと楽しめるようにしたい。11月の作品展から引き続き製作を楽しみ、自由に伸び伸びと表現する楽しさを味わえるようにする。

| | 前月末の幼児の姿 | ねらい | 幼児の経験する内容（指導内容） |
|---|---|---|---|
| 生活 | ●身の回りのことを自分でしようとしている。<br>●戸外で友達と一緒に鬼ごっこなどをして、体を動かして遊んでいる。 | ●友達と一緒に戸外でルールのある遊びを思い切り楽しむ。 | ●自分から進んで戸外に出て、固定遊具や鬼ごっこなど、戸外での遊びに意欲的に取り組む。<br>●友達と誘い合って、思い切り体を動かして遊ぶ。<br>●ルールのある遊びを繰り返し楽しむ。 |
| 興味・関心 | ●簡単なルールのある遊びを喜び、遊びが広がっている。<br>●作品展で5歳児が作った作品に触れて、自分でもやってみようとしている。<br>●身近にある材料（廃材、自然物 など）や用具を使って作ったり、作った物で遊んだりして楽しんでいる。 | ●自分で工夫して作ったり、作った物を使って遊んだりすることを楽しむ。<br>●年末から新年に向けての活動を友達と一緒に楽しむ。 | ●自分の思ったことや考えたことを、保育者や友達に言葉で伝え、相手の話も聞こうとする。<br>●遊びに使う物を工夫して作ることを楽しむ。<br>●友達と一緒に作った物を使って、飾り付けやごっこ遊びをする楽しさを味わう。<br>●5歳児の活動を見たり、一緒に遊んだりして興味を膨らませて遊ぶ。<br>●リズム楽器を使ってリズムや音色を楽しむ。<br>●冬の自然や年末年始の出来事が題材の歌や絵本、紙芝居を保育者や友達と一緒に楽しむ。<br>●年末から新年に向けての出来事に関心をもち、遊びや生活に取り入れて楽しむ。<br>●大掃除をする意味を知り、保育室がきれいになっていく気持ち良さを感じる。 |
| 友達や保育者との関わり | ●友達と一緒に遊びたい気持ちが増して、気の合う友達との関わりを楽しんでいる。<br>●自分の気持ちを言葉で相手に伝えようとするが、時に友達と思いがずれて、うまく伝わらないことがある。 | ●初冬の自然の変化に関心をもち、遊びに取り入れて楽しむ。 | ●日々寒くなっていくことや木々の様子など、初冬の自然の変化に興味や関心をもつ。<br>●自然物を使って工夫して製作する。<br>●風邪予防のための手洗い・うがいの大切さを知る。 |

**家庭・地域との連携**
■ふだん行なっている手洗い・うがいを風邪予防の生活習慣として見直し、改めて関心をもち丁寧に行なうように働き掛ける。また、インフルエンザ・胃腸炎など冬の感染症について、種類・予防・対処方法をお便りで詳しく伝える。
■年末年始の時季ならではの活動や伝承行事の意味などを保護者と共通理解し合い、大掃除や初詣、新年の挨拶、正月の遊びなど、家庭でも体験し楽しめるように働き掛けていく。

200

### 園生活の自立に向けての配慮点

- 手洗い・うがいなど風邪予防の生活習慣として改めて必要なことを伝え、丁寧に行なうようにことばがけをしていく。
- 餅つきなど年末年始の食文化について知らせ、食べ物への関心を育む。
- ★ 室内遊びが充実する落ち着いて遊べる環境を用意し、一人ひとりの状態を把握する。
- ♥ 他クラスの保育者と連携し、クラス単位や一緒に遊ぶ時間や場を調整する。

●は健康・食育・安全、★は長時間にわたる保育への配慮、♥は保育者間のチームワークについて記載しています。

### 要領・指針につながるポイント

★ **友達と一緒、クラスのみんなと一緒がうれしい生活を！**

日々寒さが増してくる中、健康の習慣を一人ひとりが身につけられるようにしましょう。また、体を動かして遊んだり、好きな遊びを十分にしたり、材料を工夫したりしてそれぞれが楽しめるようにしましょう。同時に、友達がいるから楽しい！ クラスのみんなとするからうれしい！をたっぷりと。

## 環境の構成と保育者の援助

### 友達と一緒に、思い切り体を動かして、ルールのある遊びを繰り返し楽しめるように

- 1日の流れの動と静のバランスを考え、寒くなってきても室内での遊びに偏らず、戸外に出て思い切り体を動かす遊びに積極的に誘い掛ける。
- 固定遊具や縄などの使い方を確認しながら、体を使って遊ぶ楽しさや心地良さを知らせていく。
- いろいろな鬼遊び、ボール遊びなど、簡単なルールのある遊びを投げ掛け、保育者も一緒に繰り返し楽しめるようにしていく。
- 5歳児の遊びを見たり一緒に遊んだりして身のこなしやルールを知り、自分でもやってみようとすることで、遊びの楽しさが味わえるようにする。
- ルールを守ることの大切さが分かるように、具体的な場で一人ひとりに応じた援助をしていく。

### 自分なりに自由に表現する喜びを味わえるように

- 作品展から引き続き、製作を楽しめるように必要な材料や用具、物を一緒に考え用意し、子どもが自由に取り出したり片付けたりできるように、分類・整理して置き場を決め、イラストなどで表示しておく。
- 遊びが継続するように、製作コーナーを広げたり、飾る場所をつくったりするなど、環境構成を工夫する。
- 作ったり、作った物で遊んだりすることを通して、友達と思いを出し合って遊びを進めていく楽しさを味わえるようにする。

- 互いの思いがうまく伝わらないときには、保育者が仲立ちとなり、互いの思いの違いに気付くように援助していく。

### 身近な初冬の自然や年末から新年に向けての様子に関心をもち、生活や遊びを広げていけるように

- 自然の変化や年末の街の様子に合わせ、散歩に出る機会をもつようにする。
- 子どもの気付きや関心を大切にし、共感していく。
- この時季に合う紙芝居や絵本を読み聞かせ、活動と結び付けて楽しみが増すようにしていく。
- 歌を一緒にうたったり踊ったりして楽しんでいく。
- 自然物やモールなどの様々な材料を使いリースや飾りを作って飾り、年末の雰囲気を楽しむ。
- 大掃除をする意味を知らせ、扱いやすい用具を準備して進んで取り組めるように働き掛ける。きれいにすると気持ち良いことを一緒に感じ合いながら取り組めるようにする。
- 餅つきや新年を迎える飾り付けをしたり、かるた、こまなどを用意し、新年を楽しみに待ち、わくわくする気持ちを高めていく。

### 反省・評価のポイント

- ★ 友達と戸外で思い切り体を動かしてルールのある遊びなどを楽しむことができるように、環境を整えたり、援助したりできたか。
- ★ 一人ひとりが、自由に工夫して作ったり、作った物で遊びを楽しんだりすることができたか。
- ★ 年末や新年への行事、冬の自然に関心をもち、遊びに取り入れられる環境構成ができたか。

指導計画 12月の計画

## 12月 1週の計画

12/1(金)〜9(土)

**今週の予定**
- 避難訓練

**前週の幼児の姿**
- 作品展で5歳児が作った物から刺激を受けて自分なりに作ったり、見た物をまねて作ったりしている。
- 戸外で体を動かして友達と追いかけっこを楽しんでいる。

### ねらい(●)と内容(・)

- ● 興味をもった物、見た物、経験したことを自分なりに表現することを楽しむ。
- ● 戸外で友達と関わりながら体を動かして遊ぶことを楽しむ。
- ・ 作品展の経験を通して自分なりに工夫して作ったり、作った物でごっこ遊びをしたりして楽しむ。
- ・ 戸外で友達とルールのある遊びをして、体を十分に動かして遊ぶことを楽しむ。

### 具体的な環境(◆)と保育者の援助(＊)

- ◆ 作品展で興味をもった物を再び作ったり、遊びに使ったりできるような場や素材を準備する。
（テープ、空き箱、紙粘土、毛糸、ストロー、モール など）
- ＊ 興味をもった5歳児の作品の作り方を教えてもらったり、写真を借りて展示したりして、自分で作れるようなきっかけづくりをする。
- ＊ 作品展の水族館がテーマの製作物から魚の物語に遊びをつなげたり、製作物からお店屋さんごっこなどの遊びを展開したりできるようなことばがけやアイディアを、会話に盛り込んでいく。
- ◆ 製作物に関連した内容の絵本や物語に親しみをもって見たり聞いたりする。
（📖:『スイミー』『こっこさんのおみせやさん』『どんぐりむらのぱんやさん』など）
- ◆ お店屋さんごっことして小さいクラスを招待できるように、作品を飾る場所を工夫し、紙のチケットなどを用意する。
- ＊ できた作品を使って小さいクラスとお店屋さんごっこで売り買いを楽しみ、関わりをもって遊べるように働き掛ける。
- ＊ 身近な物を作ることができる喜びを感じられるよう、一緒に工夫しながら製作する。
（焼きそば、寿司、たこ焼き、ケーキ、クレープ、アクセサリー など）

- ＊ 戸外で友達と一緒に体を動かして遊べるように、長縄やライン引き、カラー標識などを用意し、場作りをする。
（長縄跳び、ドンジャンケン、ひょうたん鬼、コロコロドッジボール など）
- ＊ ルールのある遊びに誘い、ルールを理解して遊ぶおもしろさが味わえるようにする。少人数での遊び始めでも、次第に周囲から興味をもって参加できるように、個々の気持ちを大切にしながら誘っていく。
- ＊ 肌寒い日など、保育者も仲間に加わり体を動かして遊んだ後に「ぽかぽか温かくなったね」など言葉にし、体感を共感し合えるようにする。
- ◆ 固定遊具のある公園や園庭で遊ぶ。
- ＊ 寒くなってくるが、持ち手をしっかり握って捕まることなど、固定遊具の安全な使用方法を確認しながら取り組む。（はん登棒、雲梯、鉄棒 など）
- ＊ 少しずつでもできた喜びを一緒に味わえるように声を掛ける。
- ＊ 5歳児の取り組んでいる様子を見て、同じようにやってみたいと思う気持ちを大切にしていく。
- ＊ 戸外から帰ってきたときは、手洗い・うがいを自分からできるように見守る。

### 反省・評価のポイント

- ★ 作品展で興味をもった物や経験したことを自分なりに取り入れて表現したり、ごっこ遊びをしたりして楽しむことができたか。
- ★ 友達とルールのある遊びや戸外で楽しみ、体を十分に動かして遊ぶことのできる環境構成ができていたか。

# 12月 2週の計画
## 12/11(月)〜16(土)

**今週の予定**
● 誕生会

**前週の幼児の姿**
- 作品を作る楽しさを感じ、様々な素材に触れて作って遊んでいる。
- 友達と戸外でルールのある遊びや体を動かす遊びを楽しんでいる。
- 手洗い・うがいを忘れる子どももいるが、声を掛けると、どの子どもも行なっている。

---

- 年末お楽しみ会があることが分かり、飾り作りや楽器遊びなどに喜んで取り組む。
- 寒さを感じながらも元気に過ごせるように、手洗い・うがいの大切さに気付いて丁寧に行なう。
- 年末お楽しみ会の雰囲気が出る飾り付けや歌や楽器遊びなどの出し物の準備を楽しんで行なう。
- 手洗い・うがいをして元気に過ごせるようにする大切さを知り、丁寧に行なう。

---

◆ 年末の雰囲気が分かる街並などを、事前に調べて散歩に出掛ける。

＊ 年末の雰囲気に気付き、カレンダーなどからも意識して、楽しいことがある季節だという期待をもてるようにしていく。

◆ 年末お楽しみ会の雰囲気が出るような飾り作りができる素材を用意する。
（モール、キラキラテープ、木工用接着剤、金銀スプレー など）

＊ 散歩で取ってきたマツボックリ、ヒイラギの葉、つる、ノイバラの実なども利用し、リース作りを楽しんでいく。

＊ できた物をみんなで飾り、それぞれの作品の良さをみんなで見合いながら感想を一人ひとり発表して拍手する。

◆ 水族館での製作から盛り上がったお話『スイミー』を使い、リズム遊びができるような曲を用意する。

＊ 悠々と泳ぐ魚の動きや大きなサメとのやり取りをリズムに合わせて楽しむことができるようにする。

＊ みんなで製作した物を海の壁面に飾り付けする楽しさが味わえるようにする。

◆ 楽器を自由に鳴らして遊べるコーナーをつくり、リズムにふれられるようにしていく。
（鈴、タンブリン、カスタネット、ウッドブロック、CDプレイヤー など）

＊ 楽器の取り扱いや正しい持ち方を丁寧に知らせ、音色の違いに気付いて鳴らせるように援助する。

＊ 季節の曲に合わせて楽器を鳴らしたり、踊ったり、歌ったりして楽しい雰囲気が感じられるようにする。
（♪：『ジングルベル』『あわてんぼうのサンタクロース』など）

◆ 手洗い・うがいの大切さが分かる働き掛けができるパネルシアターや紙芝居など準備する。

＊ 冬の健康について看護師からも話をしてもらうことや、パネルシアターなどを通して手洗い・うがいの大切さを再認識し、意識して取り組めるようにする。

＊ 鼻汁の正しい始末の仕方やせきをするときのエチケットなどをイラストなどにして分かりやすく知らせていく。

---

**反省・評価のポイント**

★ 年末お楽しみ会の準備を楽しみながら取り組んでいたか。
★ 冬の健康な生活の仕方が分かり、手洗い・うがいの大切さに改めて気付き、自分で行なおうとする気持ちがもてたか。

指導計画
12月1・2週の計画

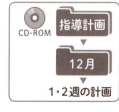

# 3 12月 週の計画
## 12/18(月)～23(土)

**今週の予定**
- 身体計測、年末お楽しみ会

**前週の幼児の姿**
- 年末お楽しみ会に向けての踊りや楽器遊びに興味をもって行なうようになってきた。
- 戸外では、寒くても追いかけっこや鬼ごっこなどをして友達と遊んでいる。
- 遊びを通して友達と思いを伝え合いながら、相手の思いなどに気付いている。

## ねらい(○)と内容(・)

- ○ 友達と曲や楽器遊びを通して一緒に取り組むことの楽しさを味わう。
- ○ 年末お楽しみ会に向けての準備や当日の活動を友達と一緒に楽しむ。
- ○ 友達とボールを使ってコロコロドッジボールや中当てをして、体を動かして楽しむ。
- ・友達と一緒に歌、踊り、楽器遊びを楽しむ。
- ・年末お楽しみ会に向けての飾り付けや、当日の参加を楽しむ。
- ・コロコロドッジボールや中当てをして、投げる、取る、よけるなどの動きも友達と楽しむ。

## 具体的な環境(◆)と保育者の援助(*)

- ◆ 年末お楽しみ会にうたう歌や踊りを友達と一緒に楽しめるようにCDや曲を用意する。またイラスト付きの歌詞を掲示する。
（♪:『あわてんぼうのサンタクロース』『やったーサンタがやってくる』、ダンス:『うさぎ野原のクリスマス』『赤鼻のトナカイ』など）
- ◆ 楽器を自由に鳴らして遊べるコーナーに、楽器の絵があり、リズム打ちが分かるイラストを用意する。
- * 時には楽器ごとに並び保育者が合図をして、一曲の中でも「鳴らす部分、聞く部分」と簡単な分担奏を楽しみ、友達と一緒に楽しむ。（♪:『ジングルベル』『きらきら星』など）

- ◆ 会の当日は大勢の中での集会が楽しめるように席の並びや発表の準備品などの手際を良くする。

- * 保育者は子どもたちの楽しい様子を把握しながら、次への活動の用意をする。「よくできたね」、他クラスにも「おもしろかったね」など、感想を伝えながら会に集中できるよう気持ちを盛り立てていく。
- * 前に出て歌やダンスをする場合は、子どもの並び順などに配慮し、さり気なく苦手な子どもに付くようにする。
- ◆ 年末お楽しみ会の会食などに使うコースターや飾りを作る色紙や画用紙、のりなど用意する。
- * コースターは、折った所にハサミを入れて広げて模様の付いた折り紙を画用紙に貼り付け、ラミネートをするなどしてぬれても大丈夫なようにする。
- * アレルギーなど配慮が必要な子どもへの対応は先に行ない、他の保育者とも声を掛け合い確認する。
- ◆ 戸外で体を動かして遊べるようにボールやライン引きなど用意する。（コロコロドッジボール、中当て など）
- * 中当てのルールを知らせるときには、段階を経て投げる、転がす遊びから、当てる、よけるおもしろさなどが分かるようにする。
- * 少人数で投げる、取るなどの遊びもしていき、全ての子どももボールに触れる機会をもつ。
- * ゲームの始まりには体を動かし、温かくなる遊びのおもしろさを知らせていける戸外遊びを一緒に楽しんでいく。（押しくらまんじゅう、ことりことり、はないちもんめ など）

## 反省・評価のポイント

- ★ 年末お楽しみ会に向かって、歌や合奏ダンスなど友達と楽しんで取り組むことができ、当日は一人ひとりが楽しめるよう援助できたか。
- ★ 友達とコロコロドッジボールや中当てのボール遊びをして、体をいろいろに動かして楽しむことができたか。

## 12月 4週の計画

**12/25(月)〜30(土)**

### 今週の予定
- 餅つき、大掃除、年末保育

### 前週の幼児の姿
- 年末お楽しみ会で楽しかったことや、家庭での様々な予定、出来事などを保育者に話してくる。
- ボールを使って遊びたいと友達や保育者を誘ったり、押しくらまんじゅうをしたりなど全身を使って遊んでいる。

---

- ● 友達と大掃除をして、きれいにすると気持ち良くなることに気付く。
- ● 新年を迎えるための餅つきに参加し、餅に触れたり、餅を食べたりして楽しむ。
- ● 年末の街並を見て歩き、日頃と違う飾り付けなどの変化を感じながら散歩を楽しむ。
- ・日頃使っている場所や玩具をきれいに拭き、丁寧に掃除をして気持ち良さを味わう。
- ・きねや臼など餅つきの道具やつき方を見て、餅に触れ鏡餅を飾り付け、新年を迎える気持ちになる。
- ・戸外に出たときに見つけた飾りなどを見て年末の雰囲気を感じる。

---

- ◆ 子どもが扱いやすいサイズの小さい雑巾やほうき、ちり取りを用意する。
- ＊ 日常で使っているロッカー、玩具や棚なども改めてきれいにしていくことで気持ち良く新年を迎えられることについても話していく。
- ＊「きれいになったね、新しい年を迎えられるね」と声を掛け、達成感と新年を迎えるうれしい気持ちを感じられるようにする。

- ◆ 餅つきの道具を触らせてもらい、餅をつく経験もできるように準備をする。
- ＊ ふかした湯気や餅の状態など興味が広がるように変化に気付かせ、言葉にしていく。餅に触る経験もできるようにする。
- ＊ 食べるときには衛生管理や喉に詰まらせないようにするなどの配慮を十分にする。
- ＊ 餅つきを見るときにはきねの動きや人の動き、ふかした餅米の熱さにも気を付けていく。
- ◆ 新年を迎える準備のために、新年の飾りを作る材料を用意する。（千代紙、紙粘土 など）
- ＊ 分かりやすく写真や資料などを用意し、雰囲気づくりができるようにする。
- ◆ 干支の歌や話、年賀状、お節料理や正月飾りなど新年を迎える行事に関する資料などを用意する。

（♪：『十二支のうた』『お正月』、📖：『もうすぐおしょうがつ』『おもちのきもち』『十二支のはじまり』など）

- ＊ 正月の迎え方は国や地域によっても違いがあることを絵本などで知らせていく。
- ● 年賀状ごっこができるはがきサイズの紙を用意する。
- ＊ 正月飾りを売る店や、暮れの飾り付けの変化などが気付きやすい場所を選んで散歩をする。
- ＊ 時には立ち止まりじっくり飾りを見て、飾り付けの意味など説明しながら、安全に散歩が楽しめるようにする。
- ＊ 元気に年末年始を迎えられるように、家庭でも手洗い・うがいや早寝早起き、戸外の遊びは安全に気を付けるなど、伝えていく。

### 反省・評価のポイント
- ★ 大掃除をしてきれいになる心地良さを感じ、新年を迎える準備ができたか。
- ★ 餅つきや散歩、新年の準備を通して、新年を迎える楽しい気持ちを味わうことができたか。

指導計画 12月3・4週の計画

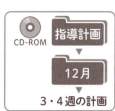

# 12月 日の計画
## 12/8（金）

**ねらい**
- 自分たちで作った物でクラスや異年齢児と買い物ごっこを楽しむ。
- 戸外で友達や保育者と一緒に体を十分に動かしてしっぽ取りを楽しむ。
- 元気に過ごすために手洗い・うがいの大切さや方法を知って行なう。

**内容**
- 言葉や品物のやり取りを行ないながら、売り手、買い手の役割になり切ってごっこ遊びを楽しむ。
- しっぽを取る、取られるの簡単なルールを楽しみながら、友達や保育者と一緒に体を十分に動かして遊ぶ。

指導計画　12月 日の計画

| 環境を構成するポイント | 予想される幼児の活動 | 保育者の援助 |
|---|---|---|
| ●子どもたちが十分に遊べるよう各コーナーを構成していく。<br>●子どもが自分で選んで出し入れできるよう遊具・玩具の置き方を工夫する。消耗品は補充する。<br>●みんなで体を十分に動かすことができるよう、戸外遊びに誘う。<br>●トイレや手洗い場に手洗いのポスターを貼り、大切さや方法が目で見えるようにする。<br>●作品への自信と買われることへの期待がもてるよう、今までの製作を振り返る。<br>●売り買いの流れがスムーズにいくようにする。また、買った物で遊ぶ場所の構成をする。<br>●全員が売り手・買い手の役割に関われるように時間の配分を工夫する。<br>●午睡までの間、ゆったりと過ごせる場所を準備する。<br>●活動の準備や片付けに必要な目印、かごなどはその都度点検する。 | ●登園し、朝の挨拶や身支度を行なう。<br>●登園後、好きな遊びをする。<br>（ブロック、ままごと、塗り絵、絵本、パズル、色紙、アイロンビーズ など）<br>●片付けをし、戸外で遊ぶ身支度をする。<br>●園庭でしっぽ取りをする。<br>●しっぽを取ったり取られたりのやり取りを喜ぶ。<br>●クラスでうがい・手洗いをする。<br>●歌をうたいながら手洗いをする。<br>●ガラガラうがいをする。<br>●異年齢児と買い物ごっこをする。<br>●「ご飯屋」と「スイミーの釣堀屋」になり、お客の呼び込みや小道具の作り方、遊び方の説明をし始める。<br>●5歳児の言葉の使い方をまねてみる。<br>●自分が選んだ物で喜んで遊ぶ。<br>●ルールを守って買い物をする。<br>●食事準備や当番活動をする。<br>●コップや食具を配る。<br>●友達と楽しく食事をする。<br>●食事の片付けをし、ゆったりと過ごす。<br>●午睡をする。<br>●おやつの準備をし、楽しく食べる。<br>●好きな遊びをする。<br>●片付けて降園する。 | ●登園の様子を見守り、一人ひとりの子どもに声を掛け健康状態を知る。<br>●遊びのコーナーづくりをする。<br>●ことばがけをしつつ、一緒に片付ける。<br>●今日の活動予定などを話し、子どもたちが、期待をもって活動に参加できるようにする。<br>●保育者も一緒に戸外で十分に体を動かしていく。<br>●手洗い・うがいの大切さをポスターなどで知らせ、丁寧に取り組めるよう声を掛けていく。<br>●買い物ごっこに必要な言葉やルールを再確認する。<br>●先月からの流れで作りためた作品を使って、遊びを十分に楽しませていく。<br>●5歳児への関心や、年少児への世話などが生まれるように言葉を掛けていく。<br>●一緒に食べながら、食材や調理方法・マナーを気付かせていく。<br>●ゆったりとした雰囲気で遊べるよう、保育者同士で声を掛けるなど連携していく。<br>●迎えに来た保護者に1日の子どもの姿と活動を伝えていく。 |

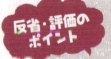
★ ごっこ遊びの楽しさや、作品で遊ぶ楽しさが味わえるよう環境構成や援助ができたか。
★ 友達や保育者と一緒にしっぽ取りのルールを守って、体を十分に動かして遊ぶことができたか。

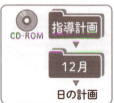

# 1月

## 今月の保育

### 一人ひとりの楽しかった体験をみんなで楽しめるように

冬休みは家族で出掛けたり、遊びを楽しんだりした子どもたちが、保育者や友達に話したい気持ちを膨らませ、張り切って登園します。保育者は子どもたちのうれしい気持ちを受け止め、一人ひとりの話を聞くようにしましょう。他に、すごろくやこま回しなど、今月ならではの魅力ある遊びを楽しめるように遊具や場を用意しましょう。また、霜柱や氷など、冬の自然の事象には大いに興味をそそられます。保育者も自然の事象にふれてみたり、体を動かす遊びに誘ったりして、戸外で遊ぶ楽しさを知らせていきましょう。今月の後半には、楽器遊びやお話づくりなどを誘い掛け、遊びの中でそれぞれの表現が楽しめる場や時間をつくっていきましょう。

## 保育のポイント

### 生活
#### 寒い時季に必要な生活習慣の見直しを

この時季は風邪やインフルエンザの流行が気掛かりです。寒さから室内にこもりがちになったり、体を動かす遊びに興味をもたなかったりします。体を動かして遊ぶこと、防寒着の着脱や取り扱い、うがい・手洗いの徹底など、生活習慣を見直し、自分から行なえるよう工夫しましょう。

### 興味・関心
#### 子どもたちの好奇心をそそる遊び方や楽しみ方の展開を

家族で楽しんだカードゲームやボードゲームなどの遊びは文字や数への興味を高め、冬の自然の事象のおもしろさや不思議さは、もっと知りたい、ふれてみたい気持ちを高めます。図鑑や絵本を用意したり、季節の歌や遊具作りなど、体験したことを表現できるようにしたりして楽しみましょう。

### 友達や保育者との関わり
#### 自分の思いや考えを伝えながら、友達の思いにも気付けるように

友達と一緒にルールのある遊びを大いに楽しみましょう。そんな中、自分の知っている遊び方と違うと盛んに保育者に訴えてくるようになります。保育者は、まず話を聞きましょう。一緒に考えたり感想を伝えたりしながら、いろいろな考えがあることに気付いていけるようにしましょう。

## 1月の計画

### クラス作り

健康に過ごし、休み中に経験した遊びや伝承遊びなどを友達と一緒に十分に楽しめるようにしながら、自分の思いを表現して相手に伝え、相手に伝わるうれしさを感じられるようにしていきたい。冬ならではの自然の事象との出会いやふれる体験をし、不思議さをたくさん味わってほしい。

| 前月末・今月初めの幼児の姿 | ねらい | 幼児の経験する内容(指導内容) |
|---|---|---|
| **生活**<br>●気温が低くなり、室内で過ごすことが多くなる子や厚着やマスクをする子などがいる。<br>●休み明けで生活リズムが乱れがちになっている。<br>●休み中に経験したことを友達や保育者に夢中になって話している。 | ●友達と思いや考えを伝えながら一緒に遊ぶ楽しさを味わう。 | ●こま回しや縄跳びなど、自分なりの目当てをもって繰り返し取り組む。<br>●自分の経験したことや思ったことを話したり、友達の話に興味をもって聞こうとしたりする。<br>●ふだんから楽しんでいるお話などの世界を繰り返し聞いたり遊びに取り入れたりする。<br>●友達と楽器を鳴らしたり、音を楽しんだりする。<br>●友達と声を合わせて歌う楽しさを感じる。 |
| **興味・関心**<br>●息の白さや、風の冷たさなどを感じて、「なぜかな」「こうじゃない?」と不思議に思ったことを言葉で表している。<br>●保育者と一緒にかるた遊びやすごろくなどを楽しんでいる。 | ●冬の自然事象の変化に気付き、触れたり、遊びに取り入れたりしながら、興味・関心をもつ。<br>●寒さに負けず戸外で体を動かして遊ぶ楽しさを味わう。 | ●霜柱や氷などを見たり触れたりして遊び、不思議さを感じる。<br>●霜柱や氷を発見して気付いたことを友達や保育者に伝える楽しさを味わう。<br>●手のかじかみ、北風や鉄棒の冷たさなど寒さを体感する。 |
| **友達や保育者との関わり**<br>●簡単なルールのある遊びや正月遊びに関心をもち、数人の友達と一緒に楽しんでいる。<br>●ルールのある遊びでは捉え方の違いや、自分の思うように進めたい気持ちから、ぶつかり合うこともある。 | ●冬を健康に過ごすために必要な生活習慣を自分から行なおうとする。 | ●友達や保育者と誘い合い、ルールのある遊びをして、体を十分に動かして楽しむ。<br>●戸外で体を十分に動かして遊び、体が温まる心地良さを感じる。<br>●感染症の予防のための手洗いやうがいの必要性が分かり、自分から行なおうとする。<br>●その日の気候や活動に合わせ衣服の調節をする。 |

**家庭・地域との連携**
■感染症の園での発生状況を知らせ、風邪予防のための手洗いやうがいの仕方や栄養や休養の大切さを園便りなどで知らせたり、保護者向けの健康指導や家庭でのおう吐の処理の仕方などを伝える日を設けたりする。
■園で取り組んでいる正月遊びやルールのある遊びの様子を伝えたり、子どもが自然事象から気付いたり探求していたりしている様子を写真などで具体的に伝え親子で話題にできるきっかけづくりをする。

## 園生活の自立に向けての配慮点

- ●室内外の温度差や換気に留意し加湿器を利用するなど湿度などを一定に保ち感染症の流行を防ぐ。
- ●お節料理や七草がゆ、鏡開きなど日本の伝統的な食文化にふれる機会をもつ。
- ★寒さが厳しくなるので、室内で遊びの内容を工夫しゆったり過ごせるよう工夫する。
- ♥感染症が流行しやすい時季なので、長時間保育担当と担任で、子どもの体調の変化について、連携をとり早めに対応する。

●は健康・食育・安全、★は長時間にわたる保育への配慮、♥は保育者間のチームワークについて記載しています。

### 要領・指針につながるポイント

**✻ 伝統文化にふれて遊びに取り入れられるように**

門松や新年の挨拶、正月遊びなど新年を迎えることに興味を示しこれまでと違う月を知っていきます。日本古来の遊びのたこ揚げ、こま回し、かるたなど伝統文化を遊びに取り入れ楽しみます。自分の体験やできるようになったコマの使い方など教えたり伝えたりを大切に育みましょう。

## 環境の構成と保育者の援助

### 友達と一緒に自分の思いを伝えながら遊ぶ楽しさを味わえるように

- ●伝承遊びなどができるように、それぞれ集まってやりたい遊びを十分に楽しめるよう子どもたちが遊びやすいように分かりやすく分類しておく。また、取り出しやすい所にじゅうたんなどを用意しておく。
- ●5歳児のしている伝承遊びやすごろくなどの遊びに刺激を受けて自分たちもやってみたいという気持ちがもてるように、5歳児クラスの担任と連携をとり、遊び方を見せてもらったり教えてもらったりする機会をもてるようにする。
- ●子どもたちが共通のルールで遊べるように、自分の知っている遊び方を伝えようとしている姿を大切に、保育者も仲間に入って楽しく遊ぶようにする。
- ●声を合わせて歌ったり、ふだんから親しんでいるお話の場面を再現して遊びに取り入れたり、話題にして会話を楽しんだりできるようにする。

### 冬の自然事象の不思議さを体感できるように

- ●園の中で霜柱や氷に触れられるような環境を予測し、子どもたちが発見したり触れたりして遊びを楽しめるように、場を整えておく。
- ●子どもたちの、なぜ、どうして、どうなるの、などの思いに共感し保育者も興味をもちながら、考えたり試したりしていく（氷のできる日、場所 など）。
- ●透明カップや絵の具など、雪や氷を集めたり遊びに取り入れたりできるように用意しておく。

### 戸外で体を動かして遊ぶことを楽しむために

- ●自分たちで誘い合いながら遊びが始められるように、ラインを引いたり道具を準備しておいたりしておく。寒い冬でも戸外で体を十分に動かして遊びを楽しめるようにする。
- ●鬼ごっこやボール遊び、縄跳びなど体を動かすいろいろな遊びを安全に行なえるように、遊びのエリアを決めたり、異年齢児と活動内容を連携したりしておく。

### 冬の季節を健康に過ごせるように

- ●外に出て体を十分に動かして遊ぶことによって、体が温まってくることを子どもが体感しているときには、「温まったね」と言葉にして共感するとともに衣服の調節を促していく。
- ●インフルエンザや胃腸炎などの感染症予防には手洗い・うがいが効果的なことを、分かりやすく伝えるとともに、手洗いのときにうたう歌や掲示物などを通して、正しい方法を身につけていけるようにしていく。

### 反省・評価のポイント

- ★感染症予防について分かりやすく子どもたちに伝え、健康に過ごすための生活習慣が身につく援助ができたか。
- ★冬の自然に親しめるような環境の工夫や子どもの気付きを捉えた活動を取り入れられたか。
- ★寒くても戸外での遊びが楽しめるように、体が温まる遊びを工夫したり、環境を整えたりすることができたか。
- ★自分の思いや考えを出し、友達と一緒に遊んだり表現したりすることを楽しんでいたか。

指導計画　1月の計画

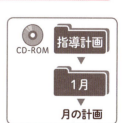

# 1月 1週の計画

1/4(木)～13(土)

**今週の予定**
- 七草、成人の日、鏡開き

**前週の幼児の姿**
- 友達や保育者と久しぶりに会ったことを喜び、休み中の出来事や、経験したことを話したりしている。
- 友達と一緒に、休み前にしていた遊びや正月の伝承遊びをして楽しんでいる。

## ねらい(●)と内容(・)

- ● 友達や保育者との再会を喜び、冬休み中の出来事や経験を話し、伝わるうれしさを感じる。
- ● 正月ならではの風習や遊びに興味をもち、友達と一緒に楽しむ。
- ・ 休み中に経験したことを友達や保育者に話し、伝わるうれしさを味わう。
- ・ 挨拶や七草など、正月の伝統的な文化や食文化に興味をもつ。
- ・ 正月の伝承遊びに関心をもち、自分なりにやってみようとする。
- ・ 手洗いやうがいなど冬の健康に必要な習慣について分かり、自分で行なおうとする。

## 具体的な環境(◆)と保育者の援助(＊)

＊ 挨拶、身支度、手洗い・うがいなど生活に必要なことを自分で行なっている姿を見守り、必要に応じて一緒に確認しながら生活のリズムを整えていく。

＊ 手洗い・うがいの重要性を繰り返し伝えたり、保育者が率先して行なう姿を見せたりしながらことばがけをし、習慣になるようにしていく。

＊ 友達との再会を喜んでいる姿を受け止め、友達と一緒に過ごす楽しさやうれしさを感じられるよう、遊びを構成したり、時間を十分にとったりしていく。

＊ 休み中の出来事をたくさん話したい一人ひとりの思いを受け止めて共感していくことで、聞いてもらうことのうれしさを感じられるようにしていく。また、友達の話にも興味をもって耳を傾けられるように保育者が必要に応じて同じ経験をつなげたり言葉を添えたりしていく。

＊ 冬休みの過ごし方や経験には各家庭で違いがあることを考慮していく。

◆ 鏡餅や門松、正月飾りなどを見て、正月の伝統的な風習にふれる機会をつくっていく。

＊ 七草がゆ、鏡開き、お節料理などの意味や由来を実際に見られるようにしたり写真や図で示したりしながら知らせ、伝統的な食文化や風習に親しめるようにしていく。

◆ 正月ならではの伝承遊びを楽しめるように、たこ、こま、かるた、すごろく、絵合わせのカードゲームを作ったり遊んだりできるように素材や用具を準備しておく。
（たこ：ビニール、画用紙、たこ糸、ストロー など
　こま：ボトルキャップ、紙皿、不要なCD、ビー玉 など）

＊ かるたやすごろくなど、友達と楽しむ中でルールを教え合ったりやり方を確認したりする姿を認めていく。また、負けたくない思いや家庭でのやり方の違いで遊びが続かなくなったときは、保育者が加わり、思いを受け止め、伝え合えるように援助しながら、クラスのルールが共通になるようにしていく。

## 反省・評価のポイント

★ 友達や保育者との再会を喜び、自分の伝えたいことを表現していたか。

★ 様々な正月遊びに興味がもてるような援助や環境構成ができていたか。

# 1月 2週の計画

**1/15(月)～20(土)**

**今週の予定**
● 新年子ども会

**前週の幼児の姿**
● 冬休み中に体験したことを、保育者や友達に話したり、遊びに取り入れたりしている。
● 正月の伝承遊びに興味をもち、自分で作ったたこやこまで、繰り返し遊ぶことを楽しんでいる。

---

● 友達と遊ぶ中で自分の思いや考えを伝え合い、一緒に遊ぶことを楽しむ。
● 伝承遊びや自分のできるようになりたいことを繰り返し行ない、遊ぶことを楽しむ。
・ 新年子ども会で好きな正月遊びをしたり、獅子舞や、5歳児のこま回しを見たりして、伝承遊びを楽しむ。
・ 自分の思っていることや考えていることを、相手に分かるように言葉で伝える。
・ 友達や5歳児の遊んでいる姿を見て、自分なりに試したり挑戦したりする。

---

◆ 新年子ども会では、伝承遊びのコーナー（すごろく、かるた、羽根突き、たこ揚げ、こま回し など）を設け、一人ひとりが好きな所で遊べるようにする。

＊ 新年こども会で獅子舞を見たり干支の話を聞いたりして正月の伝承文化にふれ、楽しめるようにする。
（♪：『カレンダーマーチ』、『干支のうた』）

＊ 5歳児の回すひもごまを見たり、回し方を教えてもらったりし、興味をもてるような機会をつくり、手作りごまや引きごま、手回しごまなどを用意して、好きなこま遊びを楽しめるようにしていく。

◆ こま回し、たこ揚げ、羽根突きは、子どもたちが十分に楽しめるようにし、危険がないよう場所を構成していく。

◆ 継続して遊びが楽しめるように、手に取りやすく、遊びだしやすい所に用意しておく。自分たちで遊び場をつくって遊びやすいように用具を準備しておく。（ゴザ、テーブル、こま用の囲い など）

＊ 縄跳び、はん登棒、こま回しなど、できるようになるために繰り返し挑戦している姿を応援し、やり方のこつや、上達している部分を具体的に伝え、できるようになったことを一緒に喜んでいく。

＊ 子ども一人ひとりが、自分なりに考えたり工夫したりしたところを認め、周囲の友達にも知らせることで、互いに刺激となって、より遊びを楽しめるようにする。

＊ 遊びの中で自分なりに思いや考えを言葉で伝えようとしている姿を認めていく。上手に伝えられずにいるときには言葉を添えたり、伝え方を知らせたりしていく。

◆ 数人の気の合う友達で楽しめるような遊びを用意する。
（トランプ、かるた、すごろく、カードゲーム など）

＊ 互いの思いがぶつかり合っている経験も大切にしていくとともに、自分の思いを受け入れてもらえるうれしさ、友達にもそれぞれ思いがあることを感じられるように必要に応じて保育者が間に入り援助していく。

**指導計画 1月1・2週の計画**

---

**反省・評価のポイント**

★ 自分の思いや考えを伝えながら友達と関わって一緒に遊ぶことを楽しむことができていたか。
★ 伝承遊びや自分のやりたいことを繰り返し楽しめるような環境構成やことばがけができていたか。

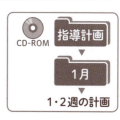

# 3週の計画 1月

**1/22(月)〜27(土)**

**今週の予定**
- 避難訓練、誕生会、身体計測

## 前週の幼児の姿
- 自分の思いや考えを伝えながら、かるたやすごろくなどを楽しんでいるが、時には、思いの行き違いからトラブルになることもある。
- 自分のできるようになりたいことに、繰り返し挑戦し、できるようになったことを喜んでいる。

## ねらい(●)と内容(・)
- ● 友達に自分の思いを言葉で伝えたり、相手の言っていることを聞こうとしたりする。
- ● 全身を思い切り動かしてルールのある遊びなどをして遊ぶことを楽しむ。
- ● 冬ならではの自然の事象にふれて関心をもつ。
- ・ 自分の思いを出したり、友達の思いを聞いたりしながら遊ぶ。
- ・ 保育者や友達と誘い合いながらルールのある遊びや縄跳びなどをして、体を十分に動かして遊ぶ。
- ・ 氷や霜柱などに触れ、遊びに取り入れて冬の自然に親しむ。

## 具体的な環境(◆)と保育者の援助(＊)

- ◆ 友達と誘い合って体をたくさん動かして遊べるように、場や道具を準備する。
（短縄、長縄、中当てのライン、鬼遊びの準備）
- ＊ 寒さで体の動きが硬くなりやすいので、保育者が一緒に簡単な動きで楽しみながら体を温めて、外で遊びたい気持ちが高まるようにしていく。
- ＊ ルールのある遊びでは、繰り返し遊ぶことでより楽しめるように、子どもたちが遊び方を考えたり、話し合ったりすることができるように、仲立ちしていく。
（氷鬼、中当て、ドンジャンケン、田んぼ鬼、増え鬼、助け鬼 など）
- ＊ 厚着していて動きにくかったり、動くことで暑くなったりするので、衣服の調節するよう声を掛けていく。
- ＊ 思い切り体を動かして遊ぶことで、体が温まった心地良さを子どもたちと言葉を掛け合い共感しながら、感じられるようにしていく。
- ＊ 十分に体を動かして遊んだ後は、ゆったりと室内で読み聞かせをするなどして、休息もとっていく。
（📖：『ぐるんぱのようちえん』『11ぴきのねこ』『わんぱくだん』『からすのパンやさん』シリーズ『ゆきのひ』『そりあそび』など）

- ◆ 保育者が敏感に天候や気温の予測をしていく。霜柱や氷が見られた日や、雪が降ったときなどは子どもたちの発見を見逃さないようにし、触れたり遊びに取り入れたりして楽しめるようにしていく。また、子どもたちの気付きを大切にし、やってみたい気持ちを受け入れながら、一緒に用具などを準備していく。（いろいろな形の容器、色付けの絵の具やセロハン、虫眼鏡）
- ◆ 冬の自然の事象に興味・関心がもてるように、図鑑や絵本を準備しておく。
- ＊ 子どもたちの発見や、気付いたこと、子どもたちが体験したことに共感し、周囲やクラスの友達に伝えながら子どもたちがたくさん自然のおもしろさにふれられるようにしていく。

○○くん 暑かったら上着を脱いでね

**反省・評価のポイント**
- ★ 友達や保育者と一緒に、ルールのある遊びや縄跳びなどをして、体を十分に動かして遊ぶことを楽しんでいたか。
- ★ 冬ならではの自然の事象を感じたり、遊びに取り入れたりできるような援助や環境構成ができていたか。

## 1月 4週の計画

1/29(月)〜31(水)

### 今週の予定

### 前週の幼児の姿
- 保育者や友達と一緒に、全身を思い切り動かして遊ぶことを楽しんでいる。
- 友達と誘い合い、遊ぶことを楽しんでいるが、やり取りがうまくいかないこともある。
- 霜柱や氷などを遊びに取り入れたり、氷作りをしたりして楽しんでいる。

---

- 友達と一緒に遊ぶ中で、思いや考えを出し合い、自分なりに表現して遊ぶことを楽しむ。
- 遊びに必要な物を自分なりに描いたり作ったりして遊ぶことを楽しむ。
- 自分の思いを相手に分かるように話そうとしたり、相手の思いを感じ受け入れようとしながら遊ぶ。
- ごっこ遊びで必要な物を考えたり、工夫して作ったりして友達と一緒に楽しむ。
- 節分に興味をもち、絵本を見たり、歌をうたったり、お面の準備をしたりして豆まきを楽しみにする。

---

* 思いや考えを出し合い、友達と遊びを進めようとしたり、遊び方を決めたりしている姿を見守っていく。子どもたちの思いがぶつかり合ったときには、必要に応じて保育者がそれぞれの思いを受け止めながら、言葉を添えたり、援助をしたりして橋渡しをしていく。
◆ 友達と誘い合って遊び始められるように安全性も考慮しながら場をとったり、道具を準備したりしておく。(中当てのライン、短縄、長縄、ドンジャンケンの線、こまの勝負用の板)
* 子どもたちの興味に合わせて物語の読み聞かせをしたり、好きな一場面をごっこ遊びに取り入れたりして日常の遊びの中から表現や言葉のやり取りを楽しめるようにしていく。(📖:『ぐるんぱのようちえん』)
◆ 絵本の世界をごっこ遊びで楽しめるように、お店屋さんの種類を一緒に考えたり、作って遊ぶことを楽しめるように素材や材料を準備しておく。(画用紙、カラーポリ袋、スズランテープ、フラワーペーパー など)
* 作りたい物が思うようにできずに試行錯誤しているときには、友達のアイディアを紹介したり、一緒に考えヒントを与えたりして自分なりに形にできた満足感を得られるようにしていく。
* 友達と一緒に声を合わせて歌うことを楽しんだり、音楽に合わせて楽器を演奏したりする楽しさを味わう。

◆ 風邪の予防や健康な冬の過ごし方について絵本や紙芝居を読み聞かせたり、表示やパネルを掲示したりしていく。また、手洗いをするときの歌なども取り入れて、丁寧な手洗いが継続してできるように伝えていく。
◆ 節分が近いことを知らせ、今までの経験を思い出してお面作りをしたり、豆入れを作ったりできるように、いろいろな素材や材料を準備しておく。(画用紙、毛糸、紙テープ、シール、形に切った紙 など)
* 節分の由来や意味を知り、豆まきに期待がもてるよう、節分の話や鬼の出てくる物語を読み聞かせていく。(📖:『泣いた赤鬼』『まゆと鬼』『だいくと鬼ろく』)

### 反省・評価のポイント
★ 一人ひとりが自分のやりたいことをしながらも、友達と互いに思いを伝え合って遊ぶことができていたか。
★ 友達と一緒にごっこ遊びや節分に必要な物を考えたり工夫して作ったりして楽しむことができたか。

指導計画 / 1月3・4週の計画

# 1月 日の計画

**1/12（金）**

| | |
|---|---|
| **ねらい** | ● 自分なりに工夫をして、こまを作ったり回したりして楽しむ。<br>● 友達の中で、自分の思いや考えを伝え一緒に遊ぶことを楽しむ。 |
| **内容** | ● いろいろな素材を組み合わせ、工夫をしながらこまを作り回して遊ぶ。<br>● 友達が遊んでいる姿から互いに刺激を受け、よく回るように自分なりに試したり工夫したりする。<br>● 自分の思っていることや考えていることを、相手に分かるように言葉で伝える。 |

## 指導計画

| 環境を構成するポイント | 予想される幼児の活動 | 保育者の援助 |
|---|---|---|
| ● 正月の伝承遊びなど自分たちで遊びだせるように、すぐに取り出しやすい所に用意をし、一人ひとりがじっくりと遊びに取り組めるように場所の確保をしておく。<br><br>● いろいろなこまの種類を用意して回り方や、色の変化などを楽しめるようにしておく。<br><br>● 自分で工夫をしながらこま作りができるように、様々な種類の材料や道具を用意しておく。<br>（ボトルキャップ、CD・DVD、紙皿、小型のジュースのパック、発泡スチロール、画用紙、紙コップ、段ボール、片段ボール、厚紙、アルミホイル、竹串、ビー玉、ワッシャー、油性ペン、布テープ、セロハンテープ など）<br><br>● 作ったこまを友達と一緒に楽しめるように、こま回しコーナーなどをつくり、回せる場所と、足したり直したりできる場所を設ける。<br><br>● 出来上がったこまをみんなが見られるように飾る場所をつくり、興味・関心が広がるようにする。<br><br>● 遊びの場所と生活の場所との動線がぶつからないようにする。<br><br>● 食後はゆったりと過ごせるように絵本コーナーを設ける。 | ● 登園する。<br>● 朝の挨拶や支度をする。<br>● 好きな遊びをする。<br>　（室内：正月の伝承遊び<br>　　　　（すごろく、かるた、こま など）<br>　　戸外：ごっこ遊び、製作、鬼遊び、<br>　　　　縄跳び（郵便屋さん）など）<br>● 片付けをし、手洗い・うがいをする。<br>● 好きな材料を選び、自分なりのこまを作って遊ぶ。<br>● どんな回り方をするか、回るとどんな色に変わるか、長く回る回し方など友達と話しながら、楽しく作る。<br>● 使った材料や道具の片付けをする。<br>● 作ったこまを回して遊ぶ。<br>● 遊んでいた玩具を片付ける。<br>● 排せつをする。<br>● 手洗い・うがいをして昼食の準備をする。<br>● 友達と楽しく食事をする。<br>● 片付けをする。<br>● ゆったりと遊びながら過ごす。<br>● 絵本を読んでもらい、午睡をする。<br>● 目覚めた子どもから順次、布団の片付けをして室内で静かに過ごす。<br>● おやつを食べる。<br>● 降園の支度をする。<br>● 好きな遊びをする。<br>● 降園する。 | ● 一人ひとり朝の挨拶を交わしながら、健康状態や様子を把握する。<br><br>● 保育者が一緒になって遊びを楽しむことで楽しさを伝えていく。<br><br>● 子どもたち同士で遊びを進めていくのを見守っているが、かるたやすごろく遊びなど子どもだけの場面で困っていることがあったり、その場のルールの理解の仕方を見守ったりして、必要に応じて保育者が、仲立ちをしたりしていく。<br><br>● こま作りでは、子どもの気付きや発想を十分に受け止め、作りたい気持ちを高めていく。<br><br>● 友達の作り方を紹介したり、よく回る方法や素材選びを一緒にしたりする。<br><br>● 素材の特徴や道具の使い方を丁寧に伝えていく。<br><br>● どんな工夫をしたのか、回り方など出来上がったこまをみんなに紹介できる時間を設け、一人ひとりのこま作りや出来上がりを認めていく。<br><br>● 一人ひとりの体調に気を付け、休息をしっかりとれるようにしていく。 |

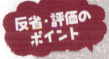

★ 友達から刺激を受けたり自分なりに工夫をしたりして、よく回るこまを作ったり回したりして楽しめていたか。
★ 自分の思いや考えを、相手に分かるように言葉で伝えることの援助ができたか。

214

## 今月の保育

### 友達と楽しんでいろいろな遊びにチャレンジしよう

2月は節分に始まり、桃の節句に向かう季節の変わり目です。ごっこ遊びやルールのある遊びに友達と取り組む姿が見られ、一緒に過ごすことが何より楽しい様子です。その中で、育つ姿を大切にしましょう。今月は子どもたちの成長を発表会につなげています。遊びの中で楽しんでいることや友達と動きたい欲求を表現活動につなげ、いろいろな遊びを通して表現を楽しむ機会にしましょう。球根からは、芽が伸びて春の訪れを告げています。雪や氷、風の冷たさの中に日だまりの温もりも感じる戸外です。友達といろいろな遊びにチャレンジしながら全身で冬から春に向かう自然の変化を感じ取るように保育者も共に動いてみましょう。

## 保育のポイント

### 生活
#### いろいろな遊びにチャレンジ

　自分のやりたい遊びを十分に楽しめるように、また一緒に遊びたい友達を誘って遊びだせるように、遊びの拠点を作る用具・遊具を用意します。
　ルールのある遊びや縄跳び・固定遊具など、全身を使って動く楽しさを味わえるようにしましょう。

### 興味・関心
#### 冬から春に向かう自然の変化に関心を

　よく見ると季節の変化を捉えることができます。保育者も子どもと共に触れて確かめることができるように"春探し"の絵本や虫眼鏡などを準備しておきましょう。

### 友達や保育者との関わり
#### 友達と一緒に表現する楽しさを

　お話の世界やリズムにのって動くことが大好きです。4歳児は"感性と表現の宝庫"です。発表会に向けた活動では、その子らしい表現の仕方やクラスの友達と一緒に楽しんで動く様子が生き生きとした表現活動になるようにつなげていきましょう。

今日はこの絵本の遊びをしよう

## 2月の計画

### クラス作り

冬から春に向かう自然にふれながら、戸外で体を動かしたり自然物を使って遊んだりすることを楽しめるようにしていきたい。また、「やりたい!」と思った遊びを友達と一緒に繰り返し十分に楽しませたい。遊びの中で楽しんできたことを発表会につなげ、友達と一緒になり切って表現する楽しさを味わえるようにしたい。

| | 前月末の幼児の姿 | ねらい | 幼児の経験する内容(指導内容) |
|---|---|---|---|
| 生活 | ●感染症の予防につながることを知り、丁寧に手洗い・うがいをしようとしている。<br>●寒さの中でも戸外で体を動かして遊ぶことを楽しんでいる。<br>●霜柱や氷などを見つけ、保育者に知らせたりたくさん集めたりしている。 | ●いろいろな遊びに自分から取り組んだり、挑戦したりすることを楽しむ。 | ●自分のやりたい遊びを楽しむ。<br>●友達のしていることを見て、やってみたいことに取り組む。<br>●友達と一緒に互いにルールを理解していきながら遊ぶ。<br>●寒さに負けずに戸外で体を動かすことを楽しむ。 |
| 興味・関心 | ●こま回しや縄跳びなど自分で挑戦したい遊びを見つけて繰り返し取り組んでいる。<br>●自分がやってみたい楽器を音楽に合わせて鳴らすことを楽しんでいる。<br>●節分の由来や意味を知り、製作などを楽しんでいる。 | ●自分の思いを表して、友達と一緒に伸び伸びと表現する楽しさを味わう。 | ●今まで親しんできた遊びをみんなで遊ぶ。<br>●ごっこ遊びの中で、自分がやりたい役になって表現しながら遊ぶことを楽しむ。<br>●役になって自分なりに表現することを楽しみ、自分が考えたことも言葉で表す。<br>●劇に必要な物を楽しみながら作る。<br>●物語の世界を友達と一緒に表現したり言葉を言ったりしながら劇遊びに取り組む。 |
| 友達や保育者との関わり | ●絵本をクラスのみんなで見てお話の世界を楽しんでいる。<br>●友達と思いや考えを伝え合うようになってくるからこそ思いの違いからトラブルになることもある。 | ●冬から春に向かう自然の変化に興味をもち、ふれて遊ぶ。 | ●友達の表現をみんなで見ることを楽しむ。<br>●みんなで声を合わせて歌ったり曲に合わせて楽器を鳴らしたりする心地良さを味わう。<br>●霜柱や氷など冬の自然事象に関心をもち、触れたり作ってみたりして遊びに取り入れる。<br>●草木の芽や日差しの暖かさなどに気付く。<br>●節分やひな祭りなどの日本の伝統行事に関心をもつ。 |

**家庭・地域との連携**

■ インフルエンザや胃腸炎など、感染症が流行する時季なので、園での発生状況を丁寧に知らせて注意を促すとともに、正しい手洗い・うがいの仕方などの予防法を伝えていく。

■ 発表会に向けて子どもたちが取り組んできたことをクラス便りや降園時のやり取りの中で伝えていく。当日に向けて一人ひとりが伸び伸びと表現を楽しんできたことや経験してきたこと、成長した姿を保護者と共有できるようにする。

■ 雪や氷、霜柱などに触れて遊べるように自分で扱える手袋や上着、着替えなどの準備を依頼する。

## 園生活の自立に向けての配慮点

- ●感染症の流行を防ぐため、丁寧な手洗い・うがいを繰り返し指導する。
- ●予告なしの避難訓練を行ない、安全に避難することができるかを確認するとともに、進んで身を守ろうとする姿を認める。
- ★発表会に向けての取り組みや5歳児クラスからの当番活動の引き継ぎなど、午前中の活動の比重が大きい日は午後の活動をふだんよりもゆったり過ごすなど子どもの様子を見ながら調整をする。

●は健康・食育・安全、
★は長時間にわたる保育への配慮、
♥は保育者間のチームワークについて記載しています。

### 要領・指針につながるポイント

**✿ 子どもたちの「社会性」の深まりを受け止めて遊びの展開へ**

みんなが一人ひとりの個性を知り合い、得手不得手も分かってきたクラス集団になり、盛んに大勢で群れて遊びが展開していく時期です。子ども同士でルールを決めて遊んだり、友達がしていることへの関心を高めたり、自分も挑戦したりして仲間と過ごすための「社会性」がぐんと深まる時期です。

## 環境の構成と保育者の援助

### いろいろな遊びを自分から楽しんだり、挑戦する楽しさを味わったりできるように

- ●自分がしたい遊びを楽しむことができるように、子どもの動きをよく見たり、聞いたりして、それに適した材料の製作コーナーを準備する。
- ●自分なりの目当てをもち、じっくりと取り組む姿を認め、頑張っている気持ちやできた喜びに共感して子どもの自信につなげていく。
- ●保育者も仲間になって一緒に遊びのヒントを出したり、楽しい雰囲気をつくったりする。
- ●友達がしていることへの関心をもって、挑戦している子どもの姿を認め、繰り返しやってみようという意欲をもてるようにする。
- ●ルールのある遊びを友達と一緒に楽しむ中で、ルールの理解の違いなどから思いの違いが起きたときには保育者がそれぞれの思いを聞き取り、一人ひとりが納得して遊びを続けられるようにする。
- ●5歳児の遊びや活動に興味をもつようになる時期なので、5歳児クラスの担任と連携を図りながらしぜんな形で5歳児と交流できるようにする。

### 楽しんできた遊びが発表会につながっていくように

- ●一人ひとりがお話の世界を楽しみ、自分のやりたい役を繰り返し楽しめるようにする。その中にこれまで楽しんできた様々な遊びを工夫して取り入れ、どの子どもも意欲をもって参加できるようにする。
- ●友達の表現を見たりまねたりして自分なりに取り入れながら表現することが楽しめるように、役になり切って表現している姿を互いに見合う機会をつくる。
- ●表現する楽しさが味わえるように、必要な衣装や道具を自分たちで作れるよう話し合いながら進めていく。
- ●お話の世界の役を演じたり、必要な物を作ったり、自分の思いや考えをみんなに伝える機会をつくる。
- ●楽器を子どもが出し入れしやすい場所に用意したり、子どもたちが気に入っている曲を録音しておいたりすることで、やりたいと思ったときに繰り返し楽しめるようにする。

### 冬から春への自然の変化に気付いていけるように

- ●2月初旬頃には1月から続く霜柱や氷、雪などに触れたり試したりすることができるような環境を大切にし、寒いときならではの遊びが十分できるようにする。
- ●季節が移るにつれ寒さが身に染みる日の空気の冷たさや、少し寒さが和らいだ日の日ざしの暖かさを感じられるよう、子どもの言葉を受け止めたり保育者が感じたことを言葉に出したりする。

### 反省・評価のポイント

- ★自分がやりたいことや、やってみたいことを繰り返し楽しんでいたか。
- ★クラスのみんなと一緒に伸び伸びと表現することを楽しみながら発表会に向かえるような援助ができていたか。
- ★冬から春に向けての自然の変化に気付けるような環境を構成できたか。

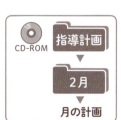

# 2月 1週の計画

2/1(木)〜10(土)

**今週の予定**
● 節分、立春

## 前週の幼児の姿
● 劇遊びに出てくる様々な役になって遊んだり、友達と一緒に楽器を鳴らしたりして、表現して遊ぶことを楽しんでいる。
● 鬼のお面作りや節分に関する絵本の読み聞かせを通して、豆まきを楽しみにしている。

## ねらい(●)と内容(・)
● 好きな遊びの中で、友達と一緒に様々な表現をして遊ぶ楽しさを味わう。
● 節分がどのような行事か分かり、豆まきを楽しむ。
・気に入った役になり切って動いたり、友達とやり取りしたりして遊ぶ。
・劇遊びに使う道具や衣装を、保育者や友達と一緒に考えたり作ったりする。
・友達と一緒に歌ったり、音楽を聞いてリズムを感じながら楽器を鳴らしたりして楽しむ。
・節分の由来や意味を知り、豆まきを楽しむ。

## 具体的な環境(◆)と保育者の援助(＊)

◆ いつでもお話の世界に浸って遊べるように、劇遊びの一場面が想像できるような大道具や、役になり切ることができるような衣装などを用意し、子どもが自由に使えるように置いておく。(絵本に出てくる店の看板や品物、動物のお面、お母さん役のエプロン など)

＊ 劇遊びで取り組む話を、絵本やパネルシアターなどを通して繰り返し楽しみ、ストーリーに親しんだり、話に出てるせりふのやり取りのおもしろさをみんなで味わえるようにする。

＊ 役に必要な物を子どもたちと話し合い、いろいろな意見が出るようにしていく。その上で子どもたちの考えを実際に形にすることができるように、必要な材料を用意したり一緒に作ったりする。
（お面…帽子に目、耳、鼻などを付ける
　体…カラーポリ袋を使ってかぶり型の衣装を作る
　エプロン…カラーポリ袋や不織布などを使って作る　など）

◆ 劇遊びの大道具や背景は、子どもと共同で作り、子どもは色を塗ったり紙を貼ったりして完成させるなど、それぞれの工夫をし、無理なく子どもたちが自分たちが作ったという満足感や喜びを味わえるようにする。

◆ 親しみあるメロディーの曲やリズムを取りやすい曲を取り入れ、クラスのみんなで歌ったり、手拍子や足踏みなどのボディーパーカッションを楽しんだりする。(♪:『こどものせかい』『わらいごえっていいな』『ホ！ホ！ホ！』『ミッキーマウスマーチ』など)

◆ 楽器遊びでは、曲想に合う楽器や打ち鳴らしやすい楽器を取り入れるようにし、好きな遊びの時間にもふれて楽しむことができるように分類して置いておく。

◆ 先週作った鬼のお面を手に届く所に飾っておき、身に着けて遊んだり、装飾を作り足したりできるようにする。

＊ イワシの頭、ヒイラギ、豆がらなどに実際に触れたり匂いをかいだりする機会を取り入れ、それらを飾る意味を伝える。

## 反省・評価のポイント
★ 役になって遊んだり、劇遊びに使う物を作ったり、音楽に合わせて歌ったりして、表現する楽しさを味わったか。
★ 子どもが節分の由来や意味を知り、親しみながら、節分を楽しむことができるような環境の工夫ができたか。

## 2月 2週の計画

2/12(月)〜17(土)

### 今週の予定
● 発表会、保護者会、避難訓練

### 前週の幼児の姿
● 発表会を楽しみにし、クラスのみんなで劇遊びをしたり歌をうたったりすることを楽しんでいる。
● 好きな遊びの時間にも、発表会でする役の衣装を着てごっこ遊びをしたり、音楽をかけて友達と一緒に楽器を鳴らしたりしている。

---

● 友達と一緒に表現する楽しさや伸び伸びと表現する楽しさを味わう。
● クラスのみんなで一つのことに取り組む楽しさや満足感を味わう。
● 体を動かして遊んだり、季節の自然物に触れたりしながら、戸外での遊びを楽しむ。
・ 自分の役や楽器に愛着をもち、伸び伸びと表現する楽しさを味わう。
・ 友達と動きやせりふ、気持ちを合わせて歌ったり楽器を鳴らしたりして、表現を楽しむ。
・ 霜柱や氷、雪などに触れて遊び、冷たさを味わったり気付いたことを友達や保育者と話したりする。
・ 寒さに負けず戸外に出て遊び、体を動かして遊ぶ。

---

◆ 好きな遊びの中で、自分の役になって遊ぶことを繰り返し楽しむことができるように、衣装や小道具、楽器などを使いやすいように分けてカゴに入れておくなどして、子どもが自由に使えるようにする。

◆ 道具や衣装作りの続きをする、音楽をかけて踊る、役になって動くなど、様々な遊びが同時に展開されることが予想されるので、それぞれの遊びに必要な場や物を用意し、安全に取り組みを進めることができるように保育者同士が連携を図る。

＊ 自分の役になって表現すること、友達とせりふを言うこと、音楽に合わせて楽器を鳴らすことなど、その子が楽しんでいることや自信をもって取り組んでいることを大いに認め、表現する楽しさを味わえるようにする。

＊ 伸び伸びと表現する姿や頑張っている姿をその時々に認めることと同時に、クラス全体の場でも大いに認めていき、その子の自信につなげていく。そしてクラス全体で表現することへのおもしろさ、楽しさが高まっていくようにする。

＊ みんなで歌ったり楽器遊びをしたりするときには、みんなで歌う心地良さや友達と音がそろったときの楽しさを実感できるような言葉を掛け、表現が深まるようにする。

◆ 他クラスの劇遊びを見せてもらったり、自分たちの劇遊びや楽器遊びを見てもらったりする機会をつくり、楽しい雰囲気を感じたり、発表会への期待を高めたりする。

◆ 発表会に向けての取り組みに偏ることがないように、戸外に出て遊ぶことを促したり、クラスのみんなで鬼ごっこなどをして体を動かす時間を意図的に設けたりする。

＊ 霜柱や氷、雪などが見られる日は、積極的に戸外に出て、保育者も触れてみて感じたことを言葉にして表したり、子どもの気付きや感想を受け止めたりする。

◆ 氷や雪で遊ぶことができるような遊具や材料を用意しておく。（空きカップ、バケツ、シャベル、絵の具 など）

◆ 今までに楽しんできた鬼ごっこやルールのある遊びを友達同士で誘い合って楽しむことができるように必要な物を置いておいたり、保育者も一緒に楽しんだりする。

---

反省・評価のポイント

★ クラスの中で、一人ひとりが伸び伸びと表現し、発表会では十分に力を発揮することができるような援助ができたか。

★ 友達や保育者と一緒に体を動かしたり、身近な自然に関心をもって関わったりして、戸外での遊びを楽しんだか。

# 2月 3週の計画

2/19(月)〜24(土)

**今週の予定**
● 誕生会、身体計測

**前週の幼児の姿**
- 発表会に向けて、クラスのいろいろな友達と一緒に、役になって遊んだり楽器を鳴らしたりして遊ぶことを楽しみ、発表会当日は張り切って参加していた。
- 他の年齢や他クラスの劇遊びや楽器遊びにも関心をもち、見たり聞いたりしている。
- 戸外で鬼ごっこや中当てドッジボールなど、体を動かす遊びに取り組む姿も多い。

## ねらい（●）と内容（・）

- 表現する楽しさを味わいながら、友達と一緒に遊びを楽しむ。
- したい遊びに取り組む中で、繰り返し挑戦する楽しさや体を動かす楽しさを味わう。
- 友達と一緒に、発表会の余韻を楽しみながら、役を交替して遊んだり、楽器遊びをしたりする。
- 他の年齢や他クラスのしていた劇遊びや合奏をまねたり、自分たちの遊びに取り入れたりして楽しむ。
- 気に入っている遊びやできるようになりたい遊びに繰り返し取り組み、楽しむ。
- 鬼ごっこやボール遊び、縄跳びなど、友達と一緒に体を動かす遊びを楽しむ。

## 具体的な環境（◆）と保育者の援助（＊）

＊発表会で頑張ったことや楽しかったことを一緒に喜び、満足感がもてるようにしていく。そして、"もっと遊びたい""別の役（楽器）もやってみたい"といった気持ちを受け止めるようにする。

◆自分たちが劇遊びで使った道具や衣装、楽器遊びで使った楽器や音楽などに加えて、他の年齢や他クラスが劇遊びに使っていた道具や衣装なども自由に使うことができるように用意しておき、表現して遊ぶことを繰り返し楽しめるようにする。

◆個々に挑戦する楽しさを味わえるような遊び（縄跳び、フープ回し、鉄棒、あやとり、こま、指編み など）を楽しめるように、遊びに使う物を目に付きやすい場所に置いておく。

＊友達が取り組む姿を見て、"自分もやってみたい"という気持ちをもつ姿も予想されるので、友達の姿に目が向くような言葉を掛けたり、関心をもっている様子が見られたときには遊びに誘って一緒に取り組んだりする。

＊新しい遊びに挑戦する姿やしたい遊びを繰り返す姿などそれぞれの子どものやりたい気持ちを受け止め、うまくいかないときは手助けしたりヒントを知らせたりする。

◆鬼ごっこやボール遊び、縄跳びなど、今までに親しんできている遊びを通して体を動かす楽しさを味わえるように、必要な物を自分たちで出し入れできるように用意しておいたり、遊びの場を確保したりする。（しっぽ取りのしっぽ、サッカーゴール、中当てドッジボールのコート、大縄、短縄、フープ など）

＊子どもたちが体を動かす遊びにより意欲的に取り組めるように、保育者も一緒に遊びながら、モデルとなるような動きをしたり、楽しい雰囲気をつくり出したりする。

＊鬼ごっこやボール遊びでは、クラスで確認しているルールが共通になっているかを見守る。ルールややり方をめぐってもめごとになったときには、仲立ちをしながら、みんなが楽しさを感じながら体を動かせるようにする。

## 反省・評価のポイント

★発表会で経験したことを生かしたり、余韻を楽しんだりしながら、表現して遊ぶ楽しさを味わっていたか。
★自分の目当てをもち、取り組む遊びや友達と一緒に体を動かす遊びを楽しめるような環境の構成ができたか。

## 2月 4週の計画
2/26(月)〜28(水)

### 今週の予定
● 未就園児一日入園

### 前週の幼児の姿
- 発表会での経験を基に、いろいろな役になってごっこ遊びをしたり、他の年齢や他クラスのしていたことを自分たちの遊びに取り入れたりしている。
- 鬼遊びや転がしドッジボール、縄跳び、フープ回し、あやとりなど、気に入った遊びを繰り返し楽しんだり、今まではあまり関心がなかった遊びにも挑戦したりしている。

---

- ● もうすぐ進級することが分かり、様々な活動に意欲をもって取り組む。
- ● 冬から春に向けての自然の変化や季節の行事に関心をもち、関わって楽しむ。
- ・未就園児が来ることを楽しみにし、プレゼントを作る。
- ・5歳児から当番のやり方を教えてもらうことを知り、楽しみにする。
- ・秋に植えたスイセンやチューリップが生長する様子を見て喜んだり、気付いたことを話したりする。
- ・ひな人形を飾る意味を知り、人形を見たり、歌をうたったりして親しむ。
- ・いろいろな材料や技法を使って作る楽しさを味わいながら、ひな人形作りをする。

---

◆ 未就園児が来園することを知らせ、してあげられることを子どもたちと一緒に考えたり、そのアイディアを生かしながら当日の計画を立てたりする。（発表会で取り組んだ歌や楽器遊びを披露する、手作りのプレゼントをあげる など）

＊ 未就園児へのプレゼントを作る際は、「小さいお友達が喜んでくれるといいね」「どんなお友達が来るか楽しみだね」など、期待が高まるような言葉を掛ける。

◆ 進級するという実感や当番活動への意欲や期待を高めていけるように、5歳児に保育室に来てもらって当番の引き継ぎをすることを知らせてもらう。

＊ 次週に当番活動を5歳児に教えてもらうことを楽しみにしたり、関心を高めたりすることができるように、5歳児の取り組みの様子を見せてもらう。

◆ 暖かい日も増えてくるので、戸外では日だまりに遊びのスペースを用意し、冬から春への自然の変化を体感できるようにする。（ゴザ、ベンチ、テーブル など）

◆ スイセン、チューリップのプランターを見えやすい位置に配置し、子どもの関心が高まるようにする。

＊ 春に向かって植物が生長する様子などを見て子どもが気付いたことや発見したことを受け止め、一緒に観察したり、友達同士で伝え合えるような仲立ちをしたりする。

◆ 園内に飾られたひな人形をみんなで見たり、人形を見ながら『うれしいひなまつり』の歌をうたったりする。

＊ ひな祭りに関する絵本を読み聞かせたり、ひな祭りの由来を子どもが分かるように知らせたりする。
（📖：『もりのひなまつり』『おひなさまのいえ』 など）

◆ ひな人形のイメージに合う材料（千代紙、和紙、金紙、もみかつら、ひな壇、友禅紙 など）を用意し今までの経験を生かしてできるような作り方を提示する。

＊ ひな人形作りはその子のペースで取り組めるように時間を確保し、工夫したり頑張ったりして取り組む姿を認める。時間をかけて次第にできあがっていく様子を保育者や友達と共に喜ぶようにする。

---

★ 進級に向けての様々な活動を楽しみにし、意欲をもって取り組んでいたか。
★ 子どもが自然の変化に関心をもったり、伝統行事に親しんだりできるような環境の工夫や働き掛けができたか。

## 2月 日の計画
### 2/13(火)

| | |
|---|---|
| **ねらい** | ●興味のあることやしたいことにじっくり関わって遊ぶことを楽しむ。<br>●友達と一緒に劇遊びや楽器遊び、歌や踊りを楽しむ。 |
| **内容** | ●遊びに使いたい物を自分たちで用意したり、作ったりすることを楽しむ。<br>●友達と一緒に絵本のストーリーを楽しみながら、役になり切って動いたり、やり取りをしたりすることを楽しむ。<br>●戸外で友達と一緒に繰り返し体を動かして遊ぶ。 |

### 指導計画 2月 日の計画

| | 環境を構成するポイント | 予想される幼児の活動 | 保育者の援助 |
|---|---|---|---|
| **登園～14時頃** | ●劇遊びの大道具を目に付く所に置き、衣装や小道具を繰り返し使えるよう、子どもが取り出しやすいようにしておく。<br>●発表会の曲や、親しんでいる曲を用意しておき、やりたいときにすぐにできるようする。<br>●園庭にラインを引いておいたり、遊具を整理しておき、自分たちで遊びだせるようにする。<br>●大道具や小道具など保育者と一緒に用意し、自分たちで準備することも楽しめるようにする。<br>●友達の表現に気付いたり楽しんだりできるよう見合える位置に、役ごとに待つ場所をつくる。<br>●午後の暖かい時間を活用し、戸外で思い切り体を動かせるようにする。 | ●登園し、朝の挨拶をする。<br>・所持品の始末や身支度をする。<br>●好きな遊びをする。<br>(室内：ごっこ遊び、製作、楽器遊び<br>戸外：鬼ごっこ、固定遊具、縄跳び など)<br>●手洗い・うがい・排せつをする。<br>●クラスのみんなで『ぐるんぱのようちえん』の劇遊びをする。<br>●お面や衣装を身に着け、役になり切って表現する。<br>●友達の表現を見て楽しむ。<br>●友達と歌をうたったり、踊ったりする。<br>●昼食の準備をし、食事をする。<br>●好きな遊びをする。<br>●クラスのみんなで集まる。<br>・しっぽ取りをする。<br>・歌をうたう。(♪：『わらいごえっていいな』)<br>●降園準備をして、降園する。 | ●朝のうちは、発表会に向けての活動、体を動かす遊びなどそれぞれがやりたいことを楽しめるようにする。<br>●劇遊びで、役になって自分で考えて表現していることや、楽しんでいることを褒め、言葉にして伝え、自信をもって取り組めるようにする。<br>●発表会があることが分かって、一人ひとりが頑張っていることや、楽しんでいることをクラス全体の場で認める。また、子どもたちが気付いたことや感じたことをみんなと共有できるようにし、更に表現することに意欲をもてるようにする。<br>●昼食後は保育者も一緒に仲間になり、思い切り体を動かす心地良さや、楽しさに共感していく。 |
| **14時頃～降園** | ●午睡後は、目覚めた子から順次静かに過ごせるように遊ぶ場を構成し遊具や材料を準備しておく。<br>●好きな遊具を選んで、自分のペースで楽しめるよう、遊びの場を設定する。 | ●着替えて、午睡をする。<br>●目覚めた子から、好きな遊びをする。<br>●おやつを食べ、クラスで集まる。<br>・保育者の話を聞く。<br>・自分の持ち物をまとめる。<br>●好きな遊びをする。<br>(製作、折り紙、パズル、ブロック、<br>ごっこ遊び など)<br>●片付ける。<br>●降園する。 | ●感染症が流行する時季であることを伝え、手洗い・うがいを丁寧に行なえるよう声を掛けていく。また、一人ひとりの体調をよく見て、ゆったりと過ごせるようにする。<br>●劇遊びや楽器遊びで自分の頑張っていることや楽しんでいることを話す姿を受け止めて、うれしさに共感する。 |

★友達と一緒に表現することの楽しさを味わえるような援助ができたか。
★役になり切ったり、せりふを言ったりして自信をもって取り組んでいたか。
★発表会に向けての活動、体を動かす遊びなどそれぞれがクラスのみんなと一緒に一日をリズム良く楽しく過ごすことができたか。

# 3月

## 今月の保育

### 保育者や友達との関わりを楽しみ、成長を共に喜び合う

ボール遊びや鬼ごっこなどのルールのある遊びやおうちごっこなど、これまで楽しんできた遊びでは遊びに必要な物が分かり、友達と一緒に自分たちで進めようしています。今月は当番活動の引き継ぎや就学を祝う会などの行事があり、5歳児と関わる機会が増えます。5歳児に誘われて一緒に遊ぶことも増え、憧れや親しみがより一層高まります。こうして、徐々に自分たちが5歳児クラスになることへの期待や自信も膨らんでいきます。春の日だまりに誘われて戸外での遊びにも興味が広がる季節です。うきうき、わくわくした気持ちを保育者も共に感じながら、4歳児の締めくくりの月を充実させていきましょう。

## 保育のポイント

### 生活

#### 5歳児への憧れが、自分たちが成長する目当てとなるように

当番活動の引き継ぎや就学を祝う会などの行事を通して、5歳児への感謝や憧れを抱きます。5歳児クラスの保育者と進め方などの連携を密にとり、感謝の気持ちを自分なりに伝えたり、張り切って準備したりする姿を他の年齢の保育者からも認めてもらい、自信につなげていきます。

### 興味・関心

#### 子どもたちの発見を友達と伝え合い、共感する楽しさに

春は草木の開花、生き物との出会いや発見にわくわくします。公園への散歩を計画したり、春の図鑑や絵本を自由に見られる場をつくったりします。子どもたちが「きれい、いいにおい、ふしぎ」など、感じたことを友達や保育者と伝え合う時間を十分に楽しめるようにします。

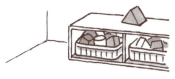

### 友達や保育者との関わり

#### 友達と一緒に自分たちの遊びを進めていけるように

楽しかった遊びの経験がこうしたい、こうしようと友達と一緒に遊びを進めていく力になります。時には互いの思いに行き違いが生じても、自分の気持ちを伝えたい、分かってもらいたいというそれぞれの気持ちを保育者は受け止め、仲立ちとなって援助していきます。

指導計画 3月

# 3月の計画

## クラス作り

様々な活動や、5歳児と関わる遊びや行事に進んで取り組みながら、いよいよ自分たちが5歳児クラスになるという期待と喜びを胸に、自信をもって進級できるようにしたい。また、友達と一緒に、自分の思いを出し合いながら今まで楽しんできた遊びを、自分たちで主体的に進めていく楽しさを味わわせたい。

| 前月末の幼児の姿 | ねらい | 幼児の経験する内容(指導内容) |
|---|---|---|
| **生活**<br>●手洗いや着替え、食事の準備や片付けなど身の回りの生活習慣がほぼ身につき、自分で行なっている。<br>●積極的に戸外に出て、鬼ごっこや中当てなどで、体をたくさん動かして遊んでいる。 | ●友達と一緒に遊びを進めていくことを楽しむ。 | ●戸外に出て、伸び伸びと体を動かして遊ぶ。<br>●友達や保育者と一緒に、ルールのある遊びを繰り返し楽しむ。<br>●やりたい遊びに集まった友達や気の合う友達と一緒に自分たちで遊びを進めていく。<br>●身近な材料を使って、遊びに必要な物を試したり工夫したりして、作ることを楽しむ。<br>●自分の気持ちを相手に伝えたり、相手の話を聞こうとしたりする。 |
| **興味・関心**<br>●自分で植えた球根(チューリップ、スイセン など)に水やりをしながら生長の変化に気付き、喜んで見ている。<br>●生活発表会で使った小道具や不織布・カラーポリ袋で作った衣装などを使って、友達と劇遊びやごっこ遊びを繰り返し楽しんでいる。 | ●いろいろな活動に進んで取り組む中で、5歳児クラスになることに期待をもつ。 | ●保育者や友達とお別れ会の準備をしながら、5歳児への"ありがとう"の気持ちをもつ。<br>●就学祝い会に場に合った態度で参加し、5歳児の姿に憧れの気持ちをもつ。<br>●友達と一緒に、春の歌やお別れ会の歌をうたうことを楽しむ。<br>●5歳児から当番の仕方を教えてもらい交流する。<br>●5歳児と一緒に遊んだり、玩具の遊び方を教えてもらったりして5歳児クラスになることを楽しみにする。 |
| **友達や保育者との関わり**<br>●友達との遊びを楽しむだけでなく、中には5歳児のドッジボールに入れてもらい、うまくボールを扱えなくても喜んで参加している子どももいる。<br>●友達と思いがぶつかり、言い合いになることもあるが、同じ相手と遊ぶことが多い。 | ●身近な春の自然にふれ、興味や関心をもつ。 | ●日差しの暖かさ、草木の芽吹きなどの変化に気付き、季節が変わっていくことを知る。<br>●身近な場所で見つけた生き物に関心をもつ。 |

### 家庭・地域との連携

■園便りやクラス便りで、進級に向けて意欲的に活動している姿や、一年間の子どもの成長した姿を伝え、保護者と喜びを共有していく。また、一年間の園運営の協力に対して感謝の意を伝える。

■新年度に向けての準備やお願いなど、見本や写真などを用いて、分かりやすく伝える。

■進級に向けて、期待とともに不安を感じている保護者には、子どもの様子や5歳児になってからの過ごし方を伝えながら丁寧に話を聞き、安心して新年度が迎えられるようにする。

## 園生活の自立に向けての配慮点

- ●寒暖の差が大きく、体調を崩しやすいので、健康観察を丁寧に行なう。
- ●大きな地震を想定した避難訓練に参加し、自分の身の守り方を知る。
- ★日が長くなってきたので、夕方の時間も可能な限り戸外遊びを取り入れ、異年齢児とたっぷり関われるように構成していく。
- ♥進級に向けてのクラス移動がスムーズにできるように、保育者間の連携をとりながら進めていく。

●は健康・食育・安全、★は長時間にわたる保育への配慮、♥は保育者間のチームワークについて記載しています。

### 要領・指針につながるポイント

★成長への喜びを伝え合い、楽しんで進級へ向かえるように

5歳児と関わる機会が多いこの月は4歳児にとってこれまでにない新鮮な生活です。自分が大きくなっていくんだという実感を味わう活動を大切にして成長への喜びを伝え合いましょう。この体験は次へのステップの大きな糧になります。クラスの仲間と大いに楽しんで進級に向かいましょう。

## 環境の構成と保育者の援助

### 友達と一緒に自分たちで遊びを進めていく楽しさを味わえるように

- ●自分たちで好きな遊びを繰り返し楽しめるよう、用具や場を用意し、友達と一緒に遊びを進めていく楽しさを存分に経験できるようにしていく。
- ●ルールのある遊びには保育者も加わり、場面を捉えて、その場で守らなければならない決まりやルールの大切さを子どもたちと共に確認していく。
- ●遊びの中で、友達と思いが違ったときには、互いの思いを受け止めながら、仲立ちしたり、どうしたら良いか一緒に考えたりできるよう援助していく。
- ●お別れ会の飾りや5歳児へのプレゼント作りに必要な用具や材料を用意し、アイディアやヒントを出して、作る楽しさを味わえるようにしていく。

### 進級することを楽しみにして、進んで活動に取り組めるように

- ●5歳児と一緒に行なった活動（遠足や行事 など）を振り返り、楽しかったことやうれしかったことなどを話す時間をもち、5歳児への"ありがとう"の気持ちをもって、プレゼント製作やお別れ会の準備を進めていけるようにする。
- ●当番活動では任されたことを喜び、進んで取り組めるよう励ましたり、頑張りを認めたりする言葉を細やかに掛けていく。

- ●5歳児が行なっている遊びに興味をもち、やってみようとする姿を認め、仲間に加わったり自分たちなりにまねして楽しんだりできるようにしていく。
- ●この一年間で、何が楽しかったか、どんなことを頑張ってできるようになったかなど、一人ひとりの姿を保育者と振り返る機会をもち、楽しい思い出を共有し合い、成長を喜び、自信につなげていく。

### 身近な自然の変化に気付き、春の訪れを感じられるように

- ●「サクラが咲く頃には、○○組だね」などの言葉を掛けながら、春の訪れと進級への喜びとを重ね、期待がもてるようにする。
- ●身近な自然の中で子どもたちが発見したことや気付いたことを調べて見つける楽しさを味わえるよう虫や植物の図鑑を用意しておく。
- ●戸外で体を動かして遊ぶ中で、上着を着なくても寒くないことや、夕方、日が長くなってきたことなど、子どもの体験したことや発した言葉などを取り上げ、季節の変化を共有できるようにしていく。

### 反省・評価のポイント

- ★自分の思いを言葉で伝え、相手の話を聞きながら、友達と一緒に好きな遊びを進めていくことを楽しめたか。
- ★様々な活動に進んで取り組み、進級への期待を膨らませることができたか。
- ★身近な自然の変化と進級への期待を重ね、興味や関心を高めることができたか。

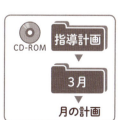

# 3月 1週の計画

3/1(木)～10(土)

**今週の予定**
- ひな祭り、避難訓練

**前週の幼児の姿**
- 飾られたひな人形を見たり、歌をうたったりしながら、ひな祭りを楽しみにしている。
- 鬼ごっこやボール遊びなど、友達と戸外で遊ぶことを楽しんでいる。
- チューリップの芽やスイセンの生長など、自然の変化に気付いて保育者や友達に知らせている。

## ねらい（●）と内容（・）

- ● ひな祭りの由来を知り、伝統文化にふれる。
- ● 友達と一緒に自分たちで遊びを進める楽しさを味わう。
- ● 5歳児と遊んだり、お別れ会の準備をしたりして、5歳児に親しみや感謝の気持ちをもつ。
- ・ ひな祭りの集会に友達と一緒に参加して話を聞いたり、歌をうたったりして楽しむ。
- ・ 戸外で友達とルールのある遊びや思い切り体を動かして遊ぶことを楽しむ。
- ・ 保育者や友達と一緒にお別れ会の計画を立てたり、5歳児へのプレゼントを作ったりする。

## 具体的な環境（◆）と保育者の援助（＊）

◆ 自分たちで作ったひな人形を保育室に飾ったり、本物のひな人形を間近で眺められるようにしたりする。ひな祭りにちなんだ食べ物や花などを用意して季節感や日本の伝統文化にふれる機会をつくっていく。
（ひなあられ、ひしもち、モモ、ナノハナ など）

＊ ひな祭りに関する絵本・紙芝居や各地のひな祭りの様子を写真で紹介するなどしてひな祭りの由来を知る機会をつくる。
（📖：『のはらのひなまつり』『なぜおひなさまをかざるの？』）

◆ 友達と誘い合って、好きな遊びを始められるよう、遊びの場や用具を用意しておく。

＊ 友達と一緒にルールのある遊びや、自分たちで決めたルールを取り入れた遊びを進めていけるように、保育者も仲間に加わり、みんなで遊ぶ楽しさを一人ひとりが存分に味わえるようにしていく。
（中当て、氷鬼や色鬼などの鬼ごっこ）

＊ トラブルが起きた際は互いが自分の思いを伝えられているかを見ながら、言葉を補ったり必要な言葉を引き出したりして、自分たちで解決できるようにしていく。

＊ 5歳児と遊んだことや楽しかったことなどを振り返り、親しみや感謝の気持ちをもってお別れ会の準備に取り組めるようにする。

＊ お別れ会についての子どもたちとの話し合いでは、これまで楽しんできたゲームやダンス、歌などを取り入れて一緒に楽しめる内容を提案し、みんなで準備を進めていけるようにしていく。

◆ 5歳児へのプレゼント製作やお別れ会の装飾に必要な材料や道具を用意したり、新しい道具の扱い方を知らせたりする。（型抜きパンチ、ホッチキス など）

＊ プレゼント作りは、具体的に「誰にあげたいのか」「学校に行っても使ってもらえる物はどうか」など、子どもたちの意見を取り入れながら進めていく。

＊ 気持ちを込めて作ると5歳児に気持ちが伝わり、喜んでくれることを伝えていく。

## 反省・評価のポイント

★ ひな祭りの伝統文化にふれ、友達と一緒に楽しむことができたか。
★ 友達と一緒にルールのある遊びを楽しんだり、自分たちで遊びを進める楽しさを味わえたりできるように援助ができたか。
★ 一人ひとりが自分の思いや考えを表現しながら、お別れ会の準備やプレゼント作りに参加できたか。

## 3月 2週の計画
### 3/12（月）〜 17（土）

**今週の予定**
- お別れ会、誕生会、身体計測

**前週の幼児の姿**
- ひな祭りの集会に参加して友達と一緒に話を聞いたり歌をうたったりして楽しんでいた。
- 友達と戸外に出て中当てを楽しんでいる。自分たちだけで続けられるときもある。

---

- 5歳児への"ありがとう""おめでとう"の気持ちをもちながら会を進める楽しさを味わう。
- 当番活動のやり方を教えてもらい、進んで行なおうとする。
- 友達と一緒に自分たちで遊びを進める楽しさを味わう。
- 5歳児へ感謝の気持ちをもち、お別れ会に参加する。
- 5歳児に教えてもらいながら一緒に当番活動を行なう。
- 自分の思いを伝えたり、相手の思いも聞こうとしたりしながら遊びを進める。

---

- ◆ お別れ会の会場は、みんなで作った物で飾り付けをして、期待をもって参加できるようにしていく。
- ＊ 子どもたちがお別れ会の役割分担や内容を理解して進行できるよう、分かりやすいようにホワイトボードなどに表示したり、確認したりしていく。
- ＊ プレゼント作りや会の進行役など、一人ひとりが自分の力を発揮できる場をつくり、みんなで一緒に会をつくり上げたという達成感が味わえるようにしていく。
- ＊ お別れ会では5歳児と一緒にゲームをしたり、歌ったり踊ったりしてみんなで楽しめるようにする。
- ＊ これまでの5歳児との交流を思い出し、楽しかったことやお世話になったことを振り返り"ありがとう"の気持ちがもてるようにしていく。

- ◆ 当番活動では、手順を分かりやすいよう絵にして掲示したり、自分たちで確認できるように絵カードを作ったりして分かりやすいようにしておく。
- ◆ 5歳児の保育者に当番活動の引き継ぎの時間をつくってもらい、当番のやり方を教えてもらう機会をもつ。
- ＊ 5歳児から、当番活動の内容や手順を教えてもらい、少人数ずつ一緒に行なうなどして、自分からやってみようとする気持ちを育てていく。

- ＊ 身体計測では、一年間でどのくらい大きくなったかを知り、大きくなったことをみんなで喜び合い、自信につなげていく。（身長は紙テープやリボンの長さ、体重はペットボトルの重さなどで一人ひとりに伝えていく）
- ◆ 子どもたちが関心を寄せている5歳児の遊びや、やりたい遊びに必要な用具を準備し5歳児と一緒に遊びが始められるようにしておく。
（短縄、ボール、ライン引き、段ボール箱　など）
- ＊ ボール遊び、鬼ごっこなど、ルールを共通にしながらみんなで遊ぶ楽しさが味わえるようにしていく。

---

**反省・評価のポイント**
- ★ 5歳児に親しみや感謝の気持ちをもち、お別れ会の準備をしたり、会の進行をしたりすることができたか。
- ★ 当番活動に期待をもち、意欲的に取り組むことができたか。
- ★ 自分たちで遊びを進める楽しさを味わえるような援助ができたか。

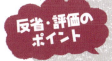
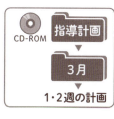

# 3月 3週の計画

3/19(月)〜24(土)

**今週の予定**
- 春分の日、進級・就学祝い会（卒園式・修了式）

**前週の幼児の姿**
- ルールのある遊びやごっこ遊びなど、友達と一緒に遊ぶことを楽しんでいる。
- 自分たちで5歳児のためにお別れ会ができた喜びを感じていると同時に、当番活動の引き継ぎや5歳児との遊びを通して、もう少しで5歳児とお別れになることを感じている。

## ねらい（●）と内容（・）

- 5歳児クラスになることに期待をもち意欲的に遊びに取り組む。
- 一年間の成長を知り進級への期待をもつ。
- ジャガイモを植えたり、身近な植物の生長を楽しみにしたりする。
- 5歳児へお祝いの気持ちをもって就学祝い会に参加し、自分たちも進級することを感じる。
- 一年間の生活を振り返り自分たちの成長を喜ぶ。
- 土に触れ感触を楽しみながら、ジャガイモを植え世話をする。

## 具体的な環境（◆）と保育者の援助（＊）

◆ 就学祝い会の練習のときも、本番同様、座席や演台、BGMなどを準備し、式の雰囲気が感じられるようにしていく。

＊ 就学祝い会の意味を伝え、5歳児と言葉のやり取りを行なうなどして"おめでとう"の気持ちをもちながら就学祝い会に参加できるようにしていく。

＊ 式での5歳児の真剣な取り組みから、就学祝い会が大切な会であることが分かり、場に応じた態度で参加できるよう、言葉を掛けていく。

＊ 就学祝い会での、子どもたちのしっかりと参加できた姿を褒め、進級することに期待がもてるようにしていく。

＊ 友達と気持ちを合わせ、歌う楽しさや心地良さが感じられるようにしていく。（♪：『大切なたからもの』『世界中のこどもたちが』『友達になるために』など）

＊ 短い時間でも、戸外遊びを積極的に取り入れ、思い切り体を動かして遊ぶことができるようにしていく。

◆ 作品集の表紙作りができるように必要な材料や用具を用意しておく。
（画用紙、クレヨン、リボン、モール、のり など）

＊ 作品を整理しながら、その作品を作ったときのことを思い出しながら、楽しかったことや頑張ったことなど、この一年を振り返ることができるような言葉を掛けていく。

◆ ジャガイモの植え付けに必要な道具を用意する。
（シャベル、バケツ、じょうろ、土ふるい、種イモ など）

＊ 土の感触を楽しみ、植え付けができるようにしていく。虫の発見など子どもたちの好奇心も受け止め、自然への興味・関心がもてるようにする。

＊ 栽培の仕方や5歳児になったら収穫できることを知らせ、生長を楽しみに世話ができるようにする。

◆ 草花や虫など発見したことや気付いたことを調べられるように図鑑や絵本を用意しておく。

＊ チューリップの生長やサクラのつぼみなど、戸外に出て春の自然にふれられるようにする。

## 反省・評価のポイント

★ 就学のお祝いの気持ちをもって場に合った態度で就学祝い会に参加し、進級への期待と喜びをもてたか。

★ 一人ひとりの成長を感じ、進級への喜びや期待をもてるような援助ができたか。

★ 身近な植物の世話や生長に興味がもてるような働き掛けや援助ができたか。

## 3月 4週の計画
3/26(月)〜31(土)

### 今週の予定
● お別れ散歩

### 前週の幼児の姿
● 就学祝い会に参加して、自信をもちもうすぐ5歳児クラスになることを喜んでいる。
● 自分たちの成長を喜び、張り切って生活している。
● ジャガイモや身近な草花の生長を楽しみにしている。

---

- 5歳児クラスになることを喜び、意欲的に生活や遊びに取り組む。
- 身近な自然の変化に気付き、春の訪れに興味や関心をもつ。
- 友達と戸外で体を十分に動かして一緒に遊びを進めていく楽しさを味わう。
- 一年間使った保育室や道具や用具をきれいにして進級することを楽しみにする。
- 保育室を移行し、進級への喜びや期待をもちながら、進んで生活を進めようとする。
- 日ざしや風の暖かさを感じたり、動植物の生長に気付いたりしながら、春の自然にふれて遊ぶ。

---

◆ 保育室の掃除や片付けがしやすいように必要な用具を用意しておく。
（雑巾、バケツ、室内用のほうきとちりとり、靴箱用のミニほうきとミニちりとり など）

＊ 保育室をきれいにして進級してくる友達が気持ち良く過ごせるようにすることを話し合う場を設け、目的をもって掃除に取り組めるようにする。

＊ 5歳児の保育室への移行では、自分の衣服や持ち物を運んだり、新しい遊具を見たり、みんなで置き場所を考えるなどして自分たちのこれからの生活への期待につなげていく。

＊ 進級に不安を感じている子もいるので、気持ちを受け止め、保護者へも様子を伝え、神経質にならない対応を共有したり、楽しい話題を伝えたりして、安心感が生まれるようにしていく。

＊ 入園式の歌や言葉、プレゼントなど子どもたちと一緒に考え、年長児として初めての活動に期待や楽しみをもてるようにする。
（♪：『ポンポンポンと春が来た』『ぞうさん』）

＊ お別れ散歩では少人数ごとの縦割りグループで、ゲームや歌などのオリエンテーリングを楽しみ、5歳児との関わりを楽しみながら遊べるようにする。

◆ 異年齢児で一緒に食事をする機会をつくり、3歳児や5歳児との楽しい時間をもてるようにする。

◆ 戸外で遊ぶ中で春の訪れを感じ、体を十分に動かしていつでも遊びだせるように場や用具などを準備しておく。

＊ 暖かい日差しの中で友達とルールのある遊び（バナナ鬼、色鬼）や5歳児とドッジボールをするなど、体を十分に動かして遊べるようにしていく。

＊ チューリップやサクラの開花、草花の生長、ダンゴムシなどの生き物の様子、日ざしや風の暖かさなど、春への自然の変化への子どもたちの気付きや発見に共感していく。

＊ 子どもたちが発見したことを調べたりみんなで共有できるよう写真に撮ったり図鑑を用意したりする。

### 反省・評価のポイント
★ 進級への期待や喜びをもって意欲的に過ごすことができたか。
★ 春の訪れを感じながら自然にふれられるような環境を準備し、子どもの発見に共感できたか。

## 3月 日の計画 3/6(火)

**ねらい**
- 5歳児へ"ありがとう"という気持ちをもちながら、お別れ会をどのようにしていきたいのか話し合う。
- 友達と一緒に戸外で思い切り体を動かして遊ぶ。

**内容**
- 行事などの思い出や5歳児との関わりで心に残っていることについて話をする。
- お別れ会に向けて自分の思いやアイディアを言葉で伝えようとする。
- 友達と一緒に氷鬼や中当てなどをして体を十分に動かして遊ぶ。

### 環境を構成するポイント
- 当番の仕方や順番を掲示したり、持ち歩きながら見られるようにしたりして、取り組みやすいようにする。
- 子どもたちが考えを出し合う時間を大切にし、十分な時間をとり、みんなで取り組む楽しさを味わえるようにする。
- 5歳児との関わりを振り返りやすいように、行事や遊びの写真など視覚的な資料を用意しておく。
- 話し合いで出た意見を書き出せるようホワイトボードや紙を用意しておく。
- 自分たちで遊びが進められるよう、ボールや縄を用意しておいたり、ラインを引いておいたりしておく。
- 食後は落ち着いて過ごせるようなゲームやパズル、絵本、色紙などを用意する。
- 好きな遊びや午前中の遊びの続きなど、やりたい遊びができるよう遊具や材料を用意しておく。

### 予想される幼児の活動
- 登園する。
- 朝の身支度をする。
- 戸外・室内で好きな遊びをする。
  （ごっこ遊び、ブロック、縄跳び など）
- 5歳児から当番活動の仕方を教えてもらい、一緒に行なう。
- お別れ会でやりたいことを出し合う。
- 5歳児との関わりを振り返り、楽しかったことや5歳児への思いを自分の言葉で伝える。
- 5歳児にしてあげたいことやアイディアを出し合う。
- 戸外で好きな遊びをする。
  （氷鬼、中当て、縄跳び など）
- 昼食の準備をして食事をする。
- 食事の片付けをして、ゆったりと過ごす。
- 午睡をする。
- おやつを食べる。
- 好きな遊びをする。
  （ごっこ遊び、ブロック、積み木、装飾作り、プレゼント作り など）
- 降園する。

### 保育者の援助
- 一人ひとりと挨拶を交わし、保護者対応をしながら、丁寧に健康観察をする。
- 当番活動は、数人ずつ5歳児と一緒に行なうことで、楽しく覚えられるようにする。
- 楽しかったことや5歳児にしてもらってうれしかったことなど、一人ひとりが自分の思いを言葉で伝えられるよう、話しやすい雰囲気をつくったり、必要に応じて言葉を補ったりする。
- 「プレゼントを作りたい」「飾りを作りたい」「踊りを見せたい」など子どもたちから出た意見を大切にし、やりたいことごとにグループをつくり、少人数で話ができるようにする。
- お別れ会に向けての話し合いの後は、戸外で友達と体を思い切り動かして楽しく遊ぶことができるようにして静と動のバランスがとれるようにする。
- 迎えに来た保護者に今日の活動の様子を伝える。

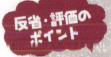
★ 5歳児に"ありがとう"の気持ちをもち、お別れ会に向けて考えを出し合えるよう援助できたか。
★ 友達と一緒に戸外で氷鬼や中当てなどをして体を十分に動かして楽しむことができたか。

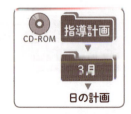

# おたより

イラストや文例など、おたよりの素材を
12か月分たっぷり掲載しています。読みやすく、
分かりやすいおたより作りに大活躍！

文例・イラスト案／永井裕美

※本書掲載のおたより素材は、『月刊 保育とカリキュラム』2013〜2015年度の連載『毎月のおたよりイラスト＆文例』に修正を加えたものです。

# おたより レイアウト例

おたより作りのポイントをおさえたレイアウト例をご紹介します。

**保護者に伝わる ポイント**
進級した喜びを伝え、季節の挨拶と組み合わせてみましょう。

**保護者に伝わる ポイント**
園行事について分かりやすく書いておきましょう。

---

## 4がつ だより　〇〇〇〇年 4月　〇〇〇〇園

### 進級おめでとうございます

子どもたちが心待ちにしていた新学期が始まりました。新しいクラス・担任・友達など、期待と不安でいっぱいだと思います。一人ひとりの気持ちを大切に受け止め、楽しく生活できるよう、おうちの方々と協力して子どもたちを見守っていきたいと思います。

**新しい友達が入ってきました**
〇〇〇　〇
〇〇　〇〇

**担任紹介**
〇〇　〇〇
〇〇　〇〇〇

### 家庭訪問

新しい生活が始まり1か月がたちました。子どもたちの笑顔も増え、元気に毎日を過ごしています。おうちではどのように過ごしていますか？周りの環境はどうですか？園では見られない子どもたちの姿や地域との関わりなどを教えていただきたく、家庭訪問を予定しています。日程などの詳細は、後日お手紙でお知らせしますので、よろしくお願いいたします。

### 4月の行事予定

〇〇日　〇〇〇〇
〇〇日　〇〇〇〇
〇〇日　保育参観

### 保育参観
■ 入園から1か月が過ぎ、子どもたちも園生活に慣れてきました。日頃の様子を見ていただきたく、保育参観を予定しています。

### 欠席・

新体調が
るときな
〇組の〇〇
ます）」な
ください。
（インフ
風しん、
プール熱、

**保護者に伝わるポイント**

学年が変わると一日の流れも変わってきます。保護者にも分かるように書いておきましょう。

クラスの目標 ●○○○○○○○○○
●○○○○○○○○○○○○○○

1日の流れ

○○:○○ 登園する
○○:○○ ○○○○○○
○○:○○ ○○○○○○
○○:○○ ○○○○○○
○○:○○ ○○○○○○
○○:○○ ○○○○○○
○○:○○ ○○○○○○
○○:○○ ○○○○○○

4月うまれのおともだち

○○ ○○（○○日）
○○○ ○（○○日）
○○○ ○○○（○○日）

**チェック！**

お願いをしたいことは分かりやすいタイトルとともに書いておきましょう。

欠席・遅刻をするときは

新体調が悪くて休むときや、病院へ行って遅れるときなどは、必ず園に連絡してください。「○組の○○です。○○○の理由で休みます（遅れます）」など、組・名前・症状や理由をお知らせください。病気によっては出席停止になります（インフルエンザ、はしか、おたふく風邪、○しん、水ぼうそう、溶連菌感染症、○ール熱、はやり目　など）。

登園前に健康チェック

新しい生活が始まり、緊張や慣れないことが続くと疲れがたまってきます。朝起きられない、顔色が悪い、朝ごはんが食べられない、きげんが悪いなど、子どもたちのようすがいつもと違うときは無理をせず、ゆっくりおうちで過ごすことも大事です。

おたより

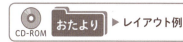

4月

イラスト

234

## 囲みイラスト付き文例

※ CD-ROM 内の囲みイラスト付き文例は Word 文書です。
Excel で使用される際は、P.270 をご参照ください。

### 進級おめでとうございます

子どもたちが心待ちにしていた新学期が始まりました。新しいクラス・担任・友達など、期待と不安でいっぱいだと思います。一人ひとりの気持ちを大切に受け止め、楽しく生活できるよう、おうちの方々と協力して子どもたちを見守っていきたいと思います。

404-22

### 持ち物に名前を

ハンカチ・コップ・靴など、持ち物に名前を書いていますか？ 去年から使っている物は、名前が消えかかっているかもしれません。名前が見えないと、間違えたり落とし物として届けられたりします。名前があれば子どもたちにすぐに渡せますので、確認しておいてください。

404-23

### 身体計測

日々成長する子どもたちの身長と体重を計測します。毎月お便りで計測日をお知らせしますので、当日は身長を正しく測るため、髪の毛を頭の上で結ばないようにして、衣服は着脱しやすい物を選んでください。結果は健康手帳に記入し、持って帰ります。確認してサインしていただきましたら、園に持って来てくださいね。

404-24

### 家庭訪問

新しい生活が始まり1か月がたちました。子どもたちの笑顔も増え、元気に毎日を過ごしています。おうちではどのように過ごしていますか？ 周りの環境はどうですか？
園では見られない子どもたちの姿や地域との関わりなどを教えていただきたく、家庭訪問を予定しています。日程などの詳細は、後日お手紙でお知らせしますので、よろしくお願いいたします。

404-25

## 書き出し文例

### 子どもの姿

- 赤・白・黄色のチューリップが並んで咲き、新学期を迎えた子どもたちをお祝いしてくれています。　404-26
- 爽やかな季節になりました。園生活に慣れてきた子どもたちは、戸外で元気いっぱい乗り物に乗ったり、ままごとをしたりして遊んでいます。　404-27
- 園庭に集合した子どもたちは、音楽に合わせて体操をしたり仲良し遊びをしたりして、友達や保育者とのふれあいを楽しんでいます。　404-28

### 健康

- 小鳥のさえずりが聞こえ、穏やかな季節になってきました。朝は早起きをして、しっかりごはんを食べてから登園しましょう。　404-29

**文章の最後にチェック！**

**読みやすい文章とは**

短い文章ほど読みやすく印象に残ります。読点「、」で文章を長々とつないでいくと、伝えたい内容がぼやけてしまいます。一文にたくさんの事柄が入ると、読んでいるうちに混乱してくることもあるでしょう。長い文章は読み直して、短く切ったり箇条書きにしたりするなどしてまとめましょう。

おたより　4月

5月 イラスト

## 囲みイラスト付き文例

※ CD-ROM 内の囲みイラスト付き文例は Word 文書です。
Excel で使用される際は、P.270 をご参照ください。

### みどりの日

5月4日は「みどりの日」、4月15日〜5月14日を「みどりの月間」といいます。緑のとてもきれいな季節です。公園や山などに出掛けて、身近な自然に目を向けてみましょう。いろいろな木の名前や役割などを知るきっかけになるといいですね。

405-23

### 八十八夜

八十八夜は立春から数えて八十八日目、5月2日くらいを指します（昔は立春を1年の始まりとしていました）。夏に向けて準備をする縁起の良い日とされていました。八十八を組み合わせると「米」という字になることから、田植えの時季の目安にもなっていたそうです。

405-24

### 旬の食べ物「豆」

栄養たっぷりで今が旬の豆は、インゲンマメ、スナップエンドウ、サヤエンドウ、グリンピース、ソラマメなど、種類が豊富です。炭水化物（糖質）、たんぱく質、ビタミン、ミネラルなどがバランス良く入っており、食物繊維やポリフェノールも豊富です。いろいろな料理で豆の味を楽しんでみましょう。

405-25

### しっかり手洗いしよう

食事前や遊んだ後、戸外から帰って来たときは、しっかり手洗いをしましょう。病気の予防にもなります。
水で手をぬらす→②泡を立て手のひらを洗う→③手の甲→④指の間→⑤親指の周り→⑥爪→⑦手首→⑧水で洗い流す
最後はハンカチやタオルできれいに拭きましょう。

405-26

## 書き出し文例

### 子どもの姿

● 赤いイチゴがたくさん実りました。子どもたちは毎日「はやくたべたい」と、収穫の時季を楽しみに待っています。
405-27

● こいのぼりが元気に泳ぐ季節になりました。子どもたちの成長を願って、力いっぱい応援してくれているようです。
405-28

● 過ごしやすい爽やかな季節になりました。戸外で遊ぶ子どもたちも、楽しそうに走ったり砂場で遊んだりしています。
405-29

### 健康

● 戸外から帰ったときや食事前などには、手洗いとうがいをしましょう。毎回続けることで習慣づくよう、頑張りましょう。
405-30

### 文章の最後にチェック！　「ず」「づ」の使い分け①

「ず」「づ」は間違いやすい文字です。
しっかりチェックして、正しくお便りを書きましょう。

| ○ | × |
|---|---|
| 少しずつ | 少しづつ |
| 言葉づかい | 言葉ずかい |
| 片づく | 片ずく |
| 近づく | 近ずく |
| 手づくり | 手ずくり |
| 気づく | 気ずく |
| いずれは | いづれは |
| つまずく | つまづく |

おたより　5月

# 6月

**イラスト**

406-01

406-02

406-03

406-04

406-05

406-06

406-07

406-08

406-09

406-10

406-11

406-17

406-12

406-13

406-14

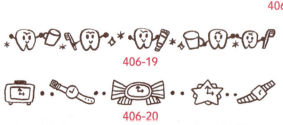
406-19

406-20

406-18

406-15　406-16

このメッセージが見えるまでページを開くと、きれいにコピーできます。

## 囲みイラスト付き文例

※ CD-ROM 内の囲みイラスト付き文例は Word 文書です。
Excel で使用される際は、P.270 をご参照ください。

### 保育参観

新しい年度が始まり2か月が過ぎようとしています。今月は保育参観を予定しています。初めての集団生活を経験している子どもや、進級した喜びを感じながら遊んでいる子どもなど、みんな元気に過ごしています。おうちでは見られない子どもたちの様子や関わりを見てください。

406-21

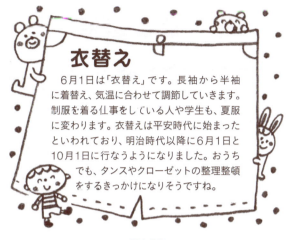

### 衣替え

6月1日は「衣替え」です。長袖から半袖に着替え、気温に合わせて調節していきます。制服を着る仕事をしている人や学生も、夏服に変わります。衣替えは平安時代に始まったといわれており、明治時代以降に6月1日と10月1日に行なうようになりました。おうちでも、タンスやクローゼットの整理整頓をするきっかけになりそうですね。

406-22

### 気を付けよう、傘の扱い

傘は梅雨に大活躍しますが、気を付けてほしいことがたくさんあります。振り回さない、持ったまま走らない、畳んだ傘の先は下に向ける、つえのように地面につかない、自転車に乗るときは使用しないなどです。また、使った傘は陰干ししてから片付けましょう。ぬれた傘を畳んだままにしておくと、さびたり色が落ちたりします。

406-23

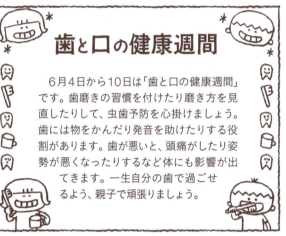

### 歯と口の健康週間

6月4日から10日は「歯と口の健康週間」です。歯磨きの習慣を付けたり磨き方を見直したりして、虫歯予防を心掛けましょう。歯には物をかんだり発音を助けたりする役割があります。歯が悪いと、頭痛がしたり姿勢が悪くなったりするなど体にも影響が出てきます。一生自分の歯で過ごせるよう、親子で頑張りましょう。

406-24

## 書き出し文例

### 6月のあいさつ

● 初夏の風が爽やかに吹き、公園や園庭の花も夏色に衣替えをして、元気いっぱい咲いています。　　　　406-25

### 子どもの姿

● 爽やかな初夏の季節、戸外で元気に遊ぶ子どもたち。水を使った遊びを取り入れたり、砂場で大胆に穴を掘ったりしています。　　　　406-26

● 『とけいのうた』を元気良く歌う子どもたちの声が聞こえてきます。園にある時計を見ながら歌っている子どももいます。　　　　406-27

### 夏野菜

● 夏野菜の苗が、恵みの雨でたくさんの水分と栄養をもらって大きく生長してきました。収穫したらおうちに持って帰る予定です。　　　　406-28

---

**文章の最後にチェック！**

### 「じき」3通り

「じき」の漢字は3通りあります。
意味をよく理解して、正しい漢字を書けるようにしましょう。

時季→そのことが盛んに行なわれる季節、シーズン
時期→そのことをするとき、季節
時機→ちょうどよいとき、チャンス、タイミング

# 7月

イラスト

407-01

407-02

407-03

407-04

407-05

407-06

407-06

407-07

407-17

407-08

407-09

407-10

407-11

407-12

407-13

407-14

407-19

407-20

407-15

407-16

407-18

このメッセージが見えるまでページを開くと、きれいにコピーできます。

## 囲みイラスト付き文例

※ CD-ROM 内の囲みイラスト付き文例は Word 文書です。
Excel で使用される際は、P.270 をご参照ください。

### 夏休みの約束

もうすぐ夏休みです。園では子どもたちに、交通ルールを守る、公園などに一人では出掛けない、危ない所には近寄らない、知らない人について行かない、などの話をしました。おうちでも約束を確認し、安全に楽しく夏休みを過ごしましょう。

407-21

### プール遊び

子どもたちが楽しみにしていたプール遊びが始まります。汗をたくさんかきながら、子どもたちと一緒にプールの掃除などをして、準備を進めてきました。毎日たっぷり遊ぶためにも、早寝早起きをする、朝ごはんを食べる、排便をするなど、規則正しい生活を心掛けましょう。

407-22

### 水分のとり方

暑くなると、冷たい飲み物が欲しくなります。お茶や水などで適度に水分補給をしましょう。炭酸飲料やスポーツドリンクなどは、つい飲み過ぎてしまいがちですが、糖分のとり過ぎにならないよう気を付けましょう。

407-23

### 土用の丑

夏バテを防ぐためにウナギ料理を食べることがありますが、土用の丑の日にウナギを食べる習慣には諸説あります。もっともよく知られているものは、江戸時代中頃に平賀源内が考案したというものです。ウナギ屋からウナギが売れないことを相談された平賀源内が、「土用丑の日」とお店に貼り紙をしたところ、とても繁盛したそうです。

407-24

## 書き出し文例

### 7月のあいさつ

● 青空がとてもまぶしい季節になりました。ギラギラと音が聞こえてきそうな太陽の光が、園庭の隅々まで届きます。

407-25

### 子どもの姿

● 梅雨が明け、暑さも本格的になってきました。子どもたちは全身で水の感触を楽しみながら、プールで遊んでいます。

407-26

● 夏祭りの準備をしています。魚釣り、輪投げや食べ物屋さんなど、子どもたちがいろいろなお店を考えました。

407-27

### 夏休み

● 1学期もあっという間に過ぎ、夏休みを迎えます。生活リズムを崩さないように過ごしてください。

407-28

### 文章の最後にチェック！ 文体を統一しよう

文章の終わりの文体には「ですます調」と「である調」があります。

● ですます調 →です、ます、でした、ました
● である調　 →である、だ

一つの文章の中に、二つの文体があると読みにくくなります。文章を書くときには、統一するようにしましょう。

# 8月 イラスト

242

## 囲みイラスト付き文例

※ CD-ROM 内の囲みイラスト付き文例は Word 文書です。
Excel で使用される際は、P.270 をご参照ください。

### 鼻の日

8月7日は語呂合わせで「鼻の日」です。日本耳鼻咽喉科学会によって、鼻の病気について考える日とされています。鼻は匂いを嗅いだり呼吸をしたり大切な役割を果たしています。鼻が悪いと中耳や肺なども病気になりやすく、生活に支障がでてきます。鼻に違和感を覚えたら、かかりつけの医師に相談しましょう。

408-24

### 原爆記念日、終戦記念日

8月6日は「広島原爆記念日」、9日は「長崎原爆記念日」、15日は「終戦記念日」です。第二次世界大戦中、世界で初めて日本に原爆が落とされ、たくさんの方が亡くなり傷つきました。今の平和な生活に感謝しながら、世界の平和をみんなで祈りましょう。

408-25

### 夏の食生活

夏休みやお盆休みなどに入ると、食生活も不規則になりがちです。早起きをして朝ごはんをしっかり食べ、遊んだり運動したりした後は、お昼ごはんや晩ごはんを抜かないようにしましょう。食事の前には必ず手を洗い、「いただきます」「ごちそうさま」の挨拶も忘れずに言いましょう。

408-26

### 野菜の日

野菜の知識と理解を深める日として、8月31日は語呂合わせで「野菜の日」に制定されています。暑さや夏の疲れから、食欲が落ちたり夏バテ気味になったりすることがあります。旬の野菜をしっかり食べて栄養をたっぷりとり、元気に過ごせるようにしましょう。

408-27

## 書き出し文例

### 8月のあいさつ

- 夜空に輝く花火が、夏の終わりを感じさせます。園で行なう夏の集いの最後にも、花火を予定しています。お楽しみに。　408-28

### 子どもの姿

- セミのにぎやかな声が聞こえると、子どもたちはうれしそうに網やカゴを用意して、セミを捕まえようと必死です。　408-29

- 暑さも峠を越し、朝晩には虫の声が心地良く聞こえるようになりました。園では子どもたちが虫探しに夢中です。　408-30

### 冷たい食べ物

- スイカやアイスクリーム、ジュースなど、冷たい物を食べたり飲んだりする機会が多くなりますが、糖分のとり過ぎには気を付けましょう。　408-31

### 文章の最後にチェック！ 重複表現

過剰に表現していませんか？

- 炎天下の下→炎天下
- 今現在→現在
- 約10㎝程度→約10㎝（または、10㎝程度）
- 返事を返す→返事をする
- 必ず必要である→必要である（または、必ず要る）
- 期待して待つ→期待する
- 頭痛が痛い→頭痛がする（または、頭が痛い）
- 尽力を尽くす→尽力に努める（または、尽力する）

おたより　8月

# 9月

## イラスト

409-01

409-02

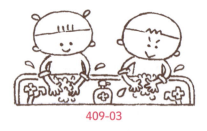
409-03

409-04

409-05

409-06

409-07

409-15
409-08

409-09

409-10

409-11

409-12

409-13

409-17

409-14

409-16

409-18

このメッセージが見えるまでページを開くと、きれいにコピーできます。

**囲みイラスト付き文例**

※ CD-ROM 内の囲みイラスト付き文例は Word 文書です。Excel で使用される際は，トリセツをご参照ください。

### 防災の日

9月1日は"防災の日"です。台風、津波、地震などの災害について知り、対応を考えたり話し合ったりしてみましょう。避難場所や避難経路を確認したり、避難に必要な物をそろえたりして、災害に備えておくことも大切です。家の周りの避難所や避難経路などを、しっかりと確認しておきましょう。

409-19

### 秋分の日

今年の9月23日は「秋分の日」です。「祖先をうやまい、なくなった人々をしのぶ日」として、祝日になりました。昼と夜の時間が同じくらいになり、この日を境にして冬に向かって少しずつ夜の時間が長くなっていきます。お墓参りをして、みんなでご先祖様を思い出す日にしてみてもいいでしょう。

409-20

### 十五夜

1年で一番きれいにお月様が見える時季です。この時季の夜空に現れる月を"中秋の名月"と呼びます。"仲秋の名月"という表現もありますが、これは旧暦8月の月を指す言葉で、八月十五夜の月に限定されません。旧暦の8月15日を指すときは、「秋の中日」である"中秋"と書きます。

409-21

### 靴の確認

少しずつ涼しい風が吹き、過ごしやすくなってきました。2学期は運動会をはじめ、体を動かす機会が多くなります。力いっぱい動いたり走ったりできるように、子どもが履いている靴の横幅やかかとが合っているか、爪先に余裕があるか、などを確認してみてください。

409-22

**書き出し文例**

### 9月のあいさつ

● 爽やかな秋がやってきました。アカトンボが優雅に園庭を飛び、空に浮かぶ雲が高くなり、あちらこちらで季節を感じられます。
409-23

● 久しぶりに登園して来た子どもたちは、一回り大きく成長したように感じます。お休み中にいろいろな体験をしたようですね。
409-24

### 敬老の日

● おじいちゃんやおばあちゃんと一緒に過ごす「敬老の日の集い」を予定しています。一緒に遊んだり子どもたちの演技を見たりして楽しんでください。
409-25

### 健康

● 秋の連休が始まります。楽しい時間を過ごした後は、疲れがたまらないように休息をとり、体力を回復させましょう。
409-26

**文章の最後にチェック！ 正しい漢字を**

間違いやすい漢字です。
気を付けて正しい漢字を使いましょう。

| ○ 低温 | × 抵温 | ○ 栽培 | × 裁培 |
| ○ 徐々に | × 除々に | ○ 収穫 | × 集穫 |
| ○ 子ども同士 | × 子ども同志 | ○ 検討 | × 険討 |

## イラスト

410-01

410-02

410-03

410-04

410-05

410-06

410-07

410-08

410-09

410-10

410-11

410-17

410-12

410-13

410-14

410-15

410-16

410-19

410-18

410-20

このメッセージが見えるまでページを開くと、きれいにコピーできます。

## 囲みイラスト付き文例

※ CD-ROM 内の囲みイラスト付き文例は Word 文書です。
Excel で使用される際は、P.270 をご参照ください。

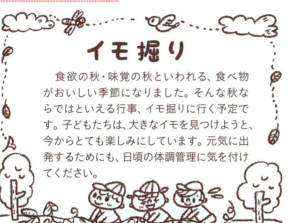

### イモ掘り

食欲の秋・味覚の秋といわれる、食べ物がおいしい季節になりました。そんな秋ならではといえる行事、イモ掘りに行く予定です。子どもたちは、大きなイモを見つけようと、今からとても楽しみにしています。元気に出発するためにも、日頃の体調管理に気を付けてください。

410-21

### 土踏まずをつくる

扁平足(へんぺいそく)や足指の変形など、足のトラブルを抱える子どもたちが増えています。姿勢や骨格のゆがみを防ぎ、平衡感覚などを養うためにも、5～6歳頃までにほとんど形成されるという土踏まずの成長を促しましょう。そのためにも、足に合った靴選びや、戸外で体を動かして足を鍛える運動などをしましょう。

410-22

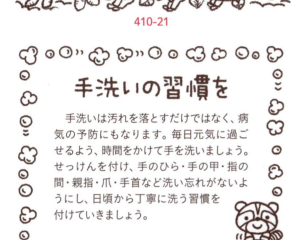

### 手洗いの習慣を

手洗いは汚れを落とすだけではなく、病気の予防にもなります。毎日元気に過ごせるよう、時間をかけて手を洗いましょう。せっけんを付け、手のひら・手の甲・指の間・親指・爪・手首など洗い忘れがないようにし、日頃から丁寧に洗う習慣を付けていきましょう。

410-23

### 読書週間

10月27日～11月9日の2週間は「読書週間」です。園の貸し出し絵本やおうちにある本などを、親子で一緒に読む時間をつくってみましょう。絵本を通して考えたり想像したりする楽しさが感じられるといいですね。1日に1冊でも、数ページずつでもいいので、読み進めてみてください。

410-24

## 書き出し文例

### 10月のあいさつ

- ようやく秋も本格化してきました。雲や風などから季節の移り変わりを感じることができますね。　410-25

### 子どもの姿

- 爽やかな秋晴れの中、子どもたちは元気に走ったりダンスをしたりして、運動会に向けて頑張っています。　410-26
- 木々においしそうな果物が実り、秋を感じさせてくれます。給食やお弁当に入っていると、子どもたちも大喜びです。　410-27

### 目の愛護デー

- 戸外での活動も増え、太陽の光を浴びて、目も疲れています。テレビやゲームは時間を決め、暗い所で本を読まないようにするなど、目を大切にしましょう。　410-28

### 文章の最後にチェック！ ひらがなと漢字を使い分けよう

文章を書くとき使いたい言葉を、漢字かひらがなどちらにするか考えることがあります。そのときは、言葉の意味や文章の内容によって使い分けましょう。ひらがなのほうが分かりやすい場合もあります。

イラスト

## 囲みイラスト付き文例

※ CD-ROM 内の囲みイラスト付き文例は Word 文書です。
Excel で使用される際は、P.270 をご参照ください。

### 七五三

11月15日は「七五三」です。女の子は三歳と七歳、男の子は三歳と五歳になったらお宮参りをして、成長と健康をお祝いします。細くて長い千歳飴には、長生きできるように、という意味があります。最近は15日にこだわらず、前後の休日にお参りをすることもあります。

411-22

### 歯ブラシをチェック

毎日使っている歯ブラシは、1か月に1度点検をしましょう。毛先が開いていたら交換の時期です。歯ブラシは、一人ひとりに適した硬さがあります。自分に合った歯ブラシを使って、丁寧にゆっくり磨きましょう。

411-23

### 文化の日

「自由と平和を愛し、文化をすすめる」ことを趣旨として、1948年に制定されました。家族で博物館や美術館などに行き、日本や世界の文化にふれることも大切ですね。文化の日には、文化の発展に功労のあった人々が皇居に招かれ、文化勲章の授与式が行なわれます。

411-24

### 地産地消（ちさんちしょう）

地元で生産された物を、その地元に住む人たちで消費しましょうという取り組みが「地産地消」です。地産地消運動には、農業や食材について興味・関心をもってほしい、環境問題について理解してほしい、地元の産業に親近感をもってほしいなどの思いも込められています。住んでいる地域で採れる食材を調べてみましょう。

411-25

## 書き出し文例

### 11月のあいさつ

● 優しい風が吹くと、キクの花の香りが漂ってきます。色や花の大きさ、種類などを楽しめる、秋の代表的な花ですね。
411-26

● 木の葉が舞い、秋から冬へと季節のバトンタッチが行なわれようとしています。服装の枚数も増えてきますね。
411-27

### 健康

● 乾燥してくるとインフルエンザもはやってきます。手洗いやうがいを丁寧にして、日頃から感染症や病気にならないように予防をしていきましょう。
411-28

### 七五三

● 七五三を迎える子どもたちの成長を、みんなでお祝いしましょう。病気をすることなく、これからも元気に過ごせるようにお祈りします。
411-29

### 文章の最後にチェック！ 正しい送りがな

間違いやすい送りがなです。
しっかりチェックして、正しいお便りを書きましょう。

| ○ | × | ○ | × |
|---|---|---|---|
| 自ら | 自から | 新しい | 新い |
| 備える | 備る | 少ない | 少い |
| 半ば | 半かば | 短い | 短かい |
| 親しい | 親い | 快い | 快よい |

おたより　11月

## 囲みイラスト付き文例

※CD-ROM 内の囲みイラスト付き文例は Word 文書です。
Excel で使用される際は、P.270 をご参照ください。

### 換気は大切！

暖房を入れて窓を閉め切っていると、部屋の空気は汚れます。晴れた日には窓を開け、換気をしましょう。まず1か所の窓を少しだけ開け、次に対角線上の窓を全開にして空気が部屋を通り抜けられるようにします。空気が流れにくい場所なら換気扇や扇風機を回しましょう。換気は風邪やインフルエンザ予防にもなります。

412-20

### 冬至（とうじ）

二十四節気の一つ「冬至」は、毎年12月22日頃です。1年で一番昼が短く夜の長い日で、この日を境に昼の時間が長くなっていきます。昔は野菜の少ない時季だったため、栄養補給のためにカボチャを食べたり厄（やく）を落とすためにユズ風呂に入ったりして、無病息災を願うようになったそうです。

412-21

### 冬休み

今学期は大きな行事を通して、子どもたちの大きく成長した姿を見ることができました。冬休みに入っても規則正しい生活を心掛け、戸外で元気に遊んだり家の手伝いをしたりして過ごしたいですね。年末年始は忙しく、出掛けることもあると思いますが、無理をしないようにしましょう。

412-22

### 餅つき

お餅を食べると力が湧いてくるといわれていて、昔からお祝いのときにはお餅が食べられてきました。今年も園でおもちつきを予定しています。きねや臼など道具の名前を伝え、伝統行事を大切にしていけたらと思っています。

412-23

## 書き出し文例

### 12月のあいさつ

●寒気の厳しい日も増え、冬本番を迎えようとしています。年末で忙しいと寒さも吹き飛んでしまいそうですね。
412-24

### 子どもの姿

●年内も残り少なくなってきました。園では保育室、廊下やホールなど、いつも使っている場所の掃除をしました。子どもたちも張り切って拭き掃除をしてくれました。412-25

●めっきり寒くなり、戸外に出るのもためらってしまいそうです。子どもたちは、音楽に合わせてマラソンをしたり体操をしたりして頑張っています。412-26

### クリスマス会

●楽しい音楽が聞こえ、気持ちも明るくなってくる気がします。クリスマスのお楽しみ会は、みんなで楽しく過ごしたいと思います。
412-27

### 文章の最後にチェック！ 「が」「の」の連続

助詞の「が」や「の」を連続して使うと、読みにくくなります。読み直して他の言葉に変えたり、省略したりしましょう。

おたより ▶ 12月

# 1月

**イラスト**

401-01

401-02

401-03

401-04

401-05

401-06

401-07

401-08

401-09

401-18

401-10

401-11

401-12

401-13

401-14

401-15

401-20

401-19

401-16

401-17

このメッセージが見えるまでページを開くと、きれいにコピーできます。

252

## 囲みイラスト付き文例

※CD-ROM内の囲みイラスト付き文例はWord文書です。Excelで使用される際は、P.270をご参照ください。

### 伝承遊び

昔から受け継がれてきた伝承遊びには、こま回し、羽根突き、けん玉、あやとり、たこ揚げなどがあります。伝承遊びを通して、集中力や瞬発力、根気などが育つといわれています。家族でかるたやすごろくを楽しんではいかがでしょうか。園でも伝承遊びを楽しみたいと思います。

401-21

### 鏡開き

1月11日は鏡開きです。「鏡」は円満、「開」は末広がりを意味しています。「割る」や「切る」は縁起が悪いということで、包丁を使わずに、木槌（きづち）で鏡餅をたたいて「開き」ます。お餅は家族の円満を願いながら、子どもたちも一緒に食べる予定です。

401-22

### 110番の日（ひゃくとおばん）

1月10日は語呂（ごろ）合わせで「110番の日」です。事故や事件が起きたことを伝えるときは、周囲の信号機・電柱・建物の住所表示などで場所を確認し、どんな状況なのかを落ち着いて話します。ふだん通っている道も、意識しながら歩いてみましょう。

401-23

### お雑煮

お雑煮は、1年の無事を祈りながら食べる伝統料理です。中に入っているお餅は、昔からお祝いごとや特別な日に食べていました。丸餅や角餅、すまし汁・白みそや小豆汁など、地域によって中身は違います。どんな具が入っているのかなど、「我が家のお雑煮」に関心をもって食べてみるのもいいですね。

401-24

## 書き出し文例

### 1月のあいさつ

● 園庭や公園などでは、赤いツバキがきれいに咲いています。冷たい風にも負けず、元気に咲いている姿は立派ですね。
401-25

● ヒヤシンスの花が咲き、保育室に良い香りが漂ってきます。子どもたちが毎日進んで花の水換えをしてくれているおかげです。
401-26

### 子どもの姿

● 戸外では寒さに負けず、子どもたちは鬼ごっこやドッジボールなどをして、元気に体を動かして遊んでいます。
401-27

### 健康

● 乾燥した日が続きますが、手洗いやうがいをしっかりして、生活リズムを整えて健康に過ごしましょう。
401-28

### 文章の最後にチェック！ 正月のいろいろ

正月とは、本来1月のことを示していました。最近では1月1日～3日までを三が日、7日までを松の内（地域によって違う場合もある）、この間を正月といっています。

元日は1月1日のこと、元旦は1月1日の朝のことをいいます。

元旦に最初に昇る太陽のことを「初日の出」といいます。

おたより ▶ 1月

# 2月

### イラスト

402-01 　 402-02 　 402-03

402-04 　 402-05 　 402-06

402-15 / 402-17 　 402-07 　 402-08 　 402-09

402-10 　 402-11 　 402-12

402-16 　 402-13 　 402-14

402-18 　 402-19

このメッセージが見えるまでページを開くと、きれいにコピーできます。

※ CD-ROM 内の囲みイラスト付き文例は Word 文書です。
Excel で使用される際は、P.270 をご参照ください。

## 節分

節分に豆まきをして邪気を払うようになったのは、室町時代以降だそうです。江戸時代には、春を迎える前の厄払いとして、年の数だけ豆を食べるようになりました。現在では、関西を中心に恵方巻きの風習があります。節分の夜に恵方（歳徳神の住む方角で、その年に吉となる方角）を向き、願い事を念じながら無言で太巻きを丸かじりします。節分の伝統行事を楽しみましょう。

402-20

## 発表会

まだ風が冷たい日が続きますが、子どもたちは元気に登園しています。毎日、楽器遊びをしたり劇遊びの役を楽しんだりして、発表会に向けて取り組んでいます。当日は、頑張っている子どもたちを温かく見守り、拍手をよろしくお願いします。

402-21

## マスクの付け方

せきやくしゃみなどの症状が出るときは、マスクをして飛沫を防ぎましょう。マスクは鼻部分を鼻筋に合わせて隙間ができないようにし、ゴムを耳に掛けて固定させたら、顎の下まで広げて鼻と口を覆うように調節します。外すときは内面を触らないように持ち、ごみ箱に捨てましょう。最後に手洗いを忘れないようにしましょう。

402-22

## チョコレートの効能

2月14日は「バレンタインデー」です。チョコレートは虫歯や太る原因といったイメージがありますが、実は体にいい面もあります。チョコレートの香りは集中力や記憶力を高め、カカオ成分は虫歯菌を抑える力があります。また、食物繊維が豊富で便秘予防につながり、ポリフェノールによりアレルギーの活性酸素の過剰な働きが抑えられます。でも食べ過ぎには注意しましょう。

402-23

### 書き出し文例

**2月のあいさつ**

● ウメのつぼみが見られるようになり、少しずつ春を発見できるようになってきました。春はそこまで来ていますね。

402-24

**子どもの姿**

● 園庭にたくさんの雪が降り、子どもたちは大喜びで雪だるまを作ったりお団子を作ったりして、雪の感触を楽しんでいました。

402-25

**発表会**

● 今月は生活発表会を予定しています。歌をうたったり劇遊びをしたりして、表現する楽しさを感じながら頑張っています。

402-26

**健康**

● 花粉が飛び始める季節になってきました。アレルギー症状のある人は、マスクや眼鏡などで予防しましょう。

402-27

### 文章の最後にチェック！ 敬語の「お」「ご」の使い分け

| 「お」の場合 | 「ご」の場合 |
| --- | --- |
| ● お断り | ● ご住所 |
| ● お手紙 | ● ご説明 |
| ● お話 | ● ご意見 |

例外もありますが、「ご」は音読み「お」は訓読みと覚えておいてもいいですね。

おたより 2月

# 3月

## イラスト

### 囲みイラスト付き文例

※ CD-ROM 内の囲みイラスト付き文例は Word 文書です。
Excel で使用される際は、P.270 をご参照ください。

#### 1年間を振り返って

基本的生活習慣は身につきましたか？
1年間を振り返ってチェックしましょう。

- □ 早寝早起きをした
- □ 朝ごはんを食べた
- □ 顔を洗った
- □ 歯磨きをした
- □ 挨拶をした

403-21

#### ありがとうの日

3月9日は「サンキュー」の語呂合わせで「ありがとうの日」です。1年間を振り返り、送り迎えをしてくれたおうちの人や、給食・お弁当を作ってくれた人、いろいろなことを教えてくれた人など、近くで見守ってくれているたくさんの人たちに感謝の気持ちを伝えたいですね。

403-22

#### 春分の日

春分の日（3月21日頃）は「自然をたたえ、生物をいつくしむため」の日で、1948年に国民の祝日として制定されました。昼と夜の長さがほぼ同じになり、冬眠していた動物たちも目覚め、動き出す時季です。また、春分の日前後の7日間（3月18日〜24日）は春の彼岸（ひがん）であり、お墓参りをしてご先祖様に感謝の気持ちを伝えます。

403-23

#### 理想の朝ごはん

朝ごはんはどのような物を食べていますか？主食・主菜・副菜がそろっていれば理想的です。主食とは、ご飯やパン、主菜は肉や魚、大豆です。副菜は、のりやおひたし、野菜や海藻です。後は、味噌汁や果物、乳製品があればいうことなしです。朝ごはんは1日の始まりであり、体や脳が元気に働くためにも大切ですね。

403-24

### 書き出し文例

#### 3月のあいさつ

● クラスではプレゼント作りに励んでいます。卒園する年長組に感謝の気持ちを伝える、心の込もった内容です。　403-25

#### 子どもの姿

● サクラもちらほら咲き始め、子どもたちは元気に戸外で遊んでいます。今のクラスの友達と過ごすのもあと少しですね。　403-26

#### 春休み

● 春休みが始まります。おうちの手伝いをしたり約束を決めたりして、規則正しい生活を送るようにしましょう。　403-27

#### 進級準備

● 春分の日が過ぎ、今年度も終わりを迎えようとしています。1年の間に心身共に大きく成長した子どもたちです。新学期に向けて頑張りましょう。　403-28

#### 文章の最後にチェック！「ず」「づ」の使い分け②

「ず」「づ」は間違いやすい文字です。
しっかりチェックして、正しくおたよりを書きましょう。

| ○ | × |
|---|---|
| 一つずつ | 一つづつ |
| 色づく | 色ずく |
| ずかん | づかん |
| 活気づく | 活気ずく |
| 読みづらい | 読みずらい |
| うなずく | うなづく |
| ひざまずく | ひざまづく |
| おとずれる | おとづれる |

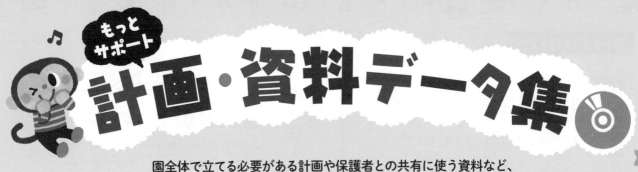

# 計画・資料データ集

園全体で立てる必要がある計画や保護者との共有に使う資料など、
もっと保育をサポートするために、資料の例をデータにしました。
園運営に必要な保健計画や子育て支援計画といった計画や、与薬依頼票などが入っています。
これらのデータは、CD-ROMの 計画・資料データ集 に入っています。

※本書掲載の指導計画とのつながりはありませんが、一例としてご覧ください。

## 健康

### 健康支援年間計画

CD-ROM ▶ 健康 ▶ 健康支援年間計画

## 子育て支援

### 子育て支援年間計画

CD-ROM ▶ 子育て支援 ▶ 子育て支援年間計画

## 安全・防災

### A 施設の安全管理チェックリスト

▶ A_施設の安全管理チェックリスト

### B 施設安全チェックリスト

▶ B_施設安全チェックリスト

### C 防災チェック表

 ▶ C_防災チェック表

## 保健

### 保健年間計画

 ▶ 保健年間計画

## 計画・資料データ集

# 避難訓練

### A 避難訓練年間計画

CD-ROM ▶ 避難訓練 ▶ A_避難訓練年間計画

### B 避難訓練年間計画

CD-ROM ▶ 避難訓練 ▶ B_避難訓練年間計画

### C 避難訓練年間計画

CD-ROM ▶ 避難訓練 ▼ C_避難訓練年間計画

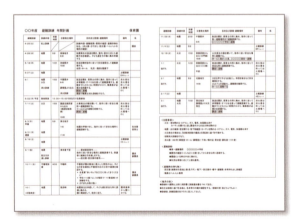

## 食育

### A 0〜5歳児の食育計画

### B 食物アレルギー指示書

CD-ROM 食育 ▶ B_食物アレルギー指示書

CD-ROM 食育 ▶ A_0〜5歳児の食育計画

## 病気関連書類

### 登園許可証明書

### 与薬依頼票

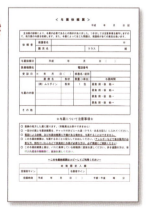

CD-ROM 病気関連書類 ▼ 登園許可証明書

CD-ROM 病気関連書類 ▶ 与薬依頼票

計画・資料データ集

## 今日の保育記録

### 今日の保育記録

## 苦情処理

### 苦情申出書

### 苦情受付書

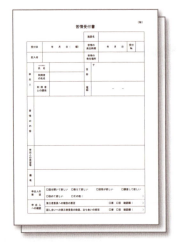

### 苦情受付報告書

# CD-ROMの使い方

ここからのページで、CD-ROM内のデータの使い方を学びましょう。

## ⚠️ CD-ROM をお使いになる前に必ずお読みください

付属の CD-ROM は、「Microsoft Word 2010」で作成、保存した Word 文書（ファイル）、
Word で開くリッチテキストデータ、イラスト画像（PNG 形式）データを収録しています。
お手持ちのパソコンに「Microsoft Word 2010」以上がインストールされているかご確認ください。
付属 CD-ROM を開封された場合、以下の事項に合意いただいたものとします。

## ●動作環境について

本書付属の CD-ROM を使用するには、下記の環境が必要となります。CD-ROM に収録されている Word データは、本書では、文字を入れるなど、加工するにあたり、Microsoft Office Word 2010 を使って紹介しています。処理速度が遅いパソコンではデータを開きにくい場合があります。
○ハードウェア
　Microsoft Windows 10 以上推奨
○ソフトウェア
　Microsoft Word 2010 以上
○ CD-ROM を再生するには CD-ROM ドライブが必要です。
※ Mac OS でご使用の場合はレイアウトが崩れる場合があります。

## ●ご注意

○本書掲載の操作方法や操作画面は、『Microsoft Windows 10』上で動く、『Microsoft Word 2010』を使った場合のものを中心に紹介しています。
　お使いの環境によって操作方法や操作画面が異なる場合がありますので、ご了承ください。
○データは Word 2010 に最適化されています。お使いのパソコン環境やアプリケーションのバージョンによっては、レイアウトが崩れる可能性があります。
○お客様が本書付属 CD-ROM のデータを使用したことにより生じた損害、障害、その他いかなる事態にも、弊社は一切責任を負いません。
○本書に記載されている内容に関するご質問は、弊社までご連絡ください。ただし、付属 CD-ROM に収録されているデータについてのサポートは行なっておりません。
※ Microsoft Windows、Microsoft Word は、米国マイクロソフト社の登録商標です。
※ その他記載されている、会社名、製品名は、各社の登録商標および商標です。
※ 本書では、TM、®、© マークの表示を省略しています。

## ●本書掲載おたより、指導計画など CD-ROM 収録のデータ使用の許諾と禁止事項

CD-ROM 収録のデータは、ご購入された個人または法人・団体が、営利を目的としない掲示物、園だより、その他、家庭への通信として自由に使用することができます。ただし、以下のことを遵守してください。

○他の出版物、企業の PR 広告、商品広告などへの使用や、インターネットのホームページ（個人的なものも含む）などに使用はできません。無断で使用することは、法律で禁じられています。なお、CD-ROM 収録のデータを変形、または加工して上記内容に使用する場合も同様です。
○ CD-ROM 収録のデータを複製し、第三者に譲渡・販売・頒布（インターネットを通じた提供も含む）・賃貸することはできません。
○本書に付属の CD-ROM は、図書館などの施設において、館外に貸し出すことはできません。
（弊社は、CD-ROM 収録のデータすべての著作権を管理しています）

## ● CD-ROM 取り扱い上の注意

○付属のディスクは「CD-ROM」です。一般オーディオプレーヤーでは絶対に再生しないでください。パソコンの CD-ROM ドライブでのみお使いください。
○ CD-ROM の表面・裏面ともに傷を付けたり、裏面に指紋をつけたりするとデータが読み取れなくなる場合があります。CD-ROM を扱う際には、細心の注意を払ってお使いください。
○ CD-ROM ドライブに CD-ROM を入れる際には、無理な力を加えないでください。CD-ROM ドライブのトレイに正しくセットし、トレイを軽く押してください。トレイに CD-ROM を正しく乗せなかったり、強い力で押し込んだりすると、CD-ROM ドライブが壊れるおそれがあります。その場合も一切責任は負いませんので、ご注意ください。

263

# CD-ROM 収録データ一覧

付属の CD-ROM には、以下のデータが収録されています。

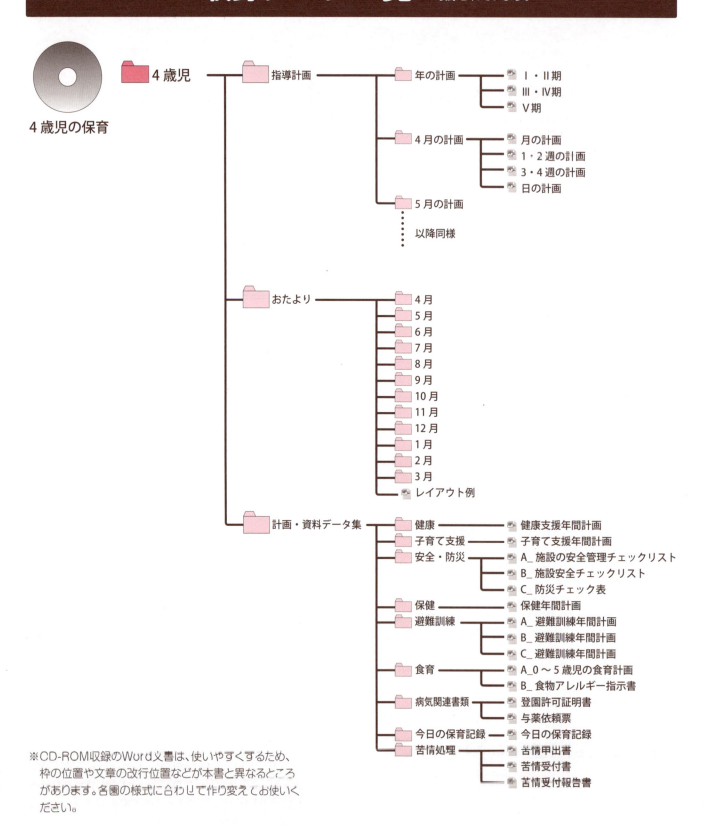

※CD-ROM収録のWord文書は、使いやすくするため、枠の位置や文章の改行位置などが本書と異なるところがあります。各園の様式に合わせて作り変えてお使いください。

# 付属のCD-ROMのデータを使って
# 指導計画やおたよりを作ろう

『Word』を使って、指導計画やおたよりを作ってみましょう。付属のCD-ROMのWord文書はMicrosoft Word 2010で作成されています。ここでは、Windows 10上で、Microsoft Word 2010やペイントを使った操作手順を中心に紹介しています。

（動作環境についてはP.263を再度ご確認ください）
※掲載されている操作画面は、お使いの環境によって異なる場合があります。ご了承ください。

## CONTENTS

- Ⅰ ファイルの基本操作 …………… P.265
  - 1 ファイルを開く　　3 印刷する
  - 2 名前を付けて保存する
- Ⅱ 文章を変更する ………………… P.266
  - 1 文章を変更する
  - 2 書体や大きさ、文字列の方向、行間、文字の配置を変える
- Ⅲ 枠表の罫線を調整する ………… P.267
  - 1 セルを広げる・狭める　　2 セルを結合する・分割する
- Ⅳ イラストを挿入する …………… P.268
- Ⅴ イラストに色を塗る
  - 1 ペイントからCD-ROMのイラストを開く　3 名前を付けて保存する
  - 2 色を塗る
- Ⅵ 囲みイラスト付き文例を利用する …… P.270
- Ⅶ 文例を利用する ………………… P.271
- Ⅷ テキストボックスを挿入する

## Ⅰ ファイルの基本操作

### 1 ファイルを開く

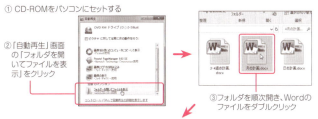

〈テンプレートの文書構成〉
収録されているWordテンプレートは、A4横または縦の表で構成されています。表内にカーソルがあるので、リボンには「表ツール」が表示されています。

### 2 名前を付けて保存する

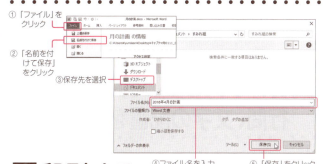

### 3 印刷する

265

# Ⅱ 文章を変更する

担当クラスの様子や、子どもたちに合わせて文章を変更しましょう。
文字の書体や大きさを変えるなどアレンジしてみてください。

## 1 文章を変更する

### 1. 変更したい文章を選択する

変更したい文章の最初の文字の前にカーソルを合わせてクリックし、ドラッグして変更したい文章の範囲を選択します。

ここにカーソルを合わせて、変更したい所までドラッグします。

ここでマウスをはなすと、クリックした所から、ここまでの文章が選択されます。

選択された文字の背景の色が変わります。

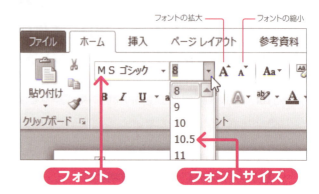

**フォント** / **フォントサイズ**

### 2. 文字列の方向・配置を変更する

変更したいセルを選択し、【表ツール】の「レイアウト」タブの「配置」から文字列の配置や方向を設定します。

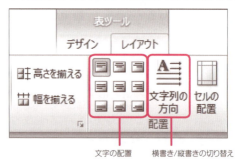

文字の配置　　横書き/縦書きの切り替え

### 3. 「行間」を調整する

行と行の間隔を変更したい段落を選択して、「ホーム」タブ「段落」にある「行と段落の間隔」ボタンをクリックして、数値にマウスポインターを移動させると、ライブプレビュー機能により、結果を確認することができます。行間の数値をクリックすると決定します。

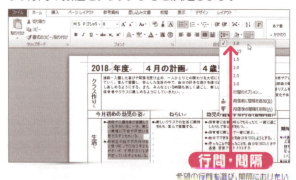

**行間・間隔**
希望の行間を選び、間隔におおりたい数字を打ち込みます。

## 2 書体や大きさ、文字列の方向、行間、文字の配置を変える

### 1. 文字の「書体」や「大きさ」を変える

文字を好きな書体（フォント）に変えたり、大きさ（フォントサイズ）を変えたりしてみましょう。
まず、「1.変更したい文章を選択する」の方法で、変更したい文章の範囲を選択します。
次に、「ホーム」タブのフォントやフォントサイズの右側「▼」をクリックし、書体とサイズを選びます。
※フォントサイズ横の「フォントの拡大」「フォントの縮小」ボタンをクリックすると少しずつサイズを変更できます。

# Ⅲ 枠表の罫線を調整する

枠表の罫線を動かしてセルを広げたり狭めたりして調整してみましょう。
自分で罫線を引いたり消したりすることもできます。

## 1 セルを広げる・狭める

表の罫線上にマウスを移動すると、マウスポインターが ⇕ や ⇔ に変化します。そのままドラッグして上下または左右に動かすと、セルの高さや幅を変更することができます。

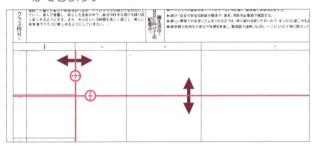

※特定のセルの幅を変更する場合は、そのセルを選択し、【表ツール】「レイアウト」タブ「表」にある「選択→セルの選択」をクリックしてから左右の罫線をドラッグします。

## 2 セルを結合する・分割する

### 1. 複数のセルを選択して、結合する

結合したいセルをドラッグして選択し、【表ツール】の「レイアウト」タブ「結合」の「セルの結合」ボタンをクリックします。

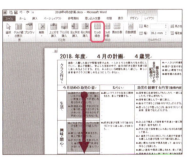

右図のように2つのセルが結合されて1つになります。

### 2. 1つのセルを複数のセルに分割する

表の行数や列数を変更したい場合、一旦、セルを結合してから分割します。

①行数と列数を変更したいセルをすべて選択します。

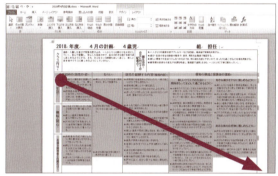

②「Delete」キーを押して文字を消去します。

③もう一度、行数と列数を変更したいセルをすべて選択します。

④【表ツール】「レイアウト」タブ「結合」の「セルの結合」ボタンをクリックすると、下図のように大きな1つのセルになります。

⑤【表ツール】「レイアウト」タブ「結合」の「セルの分割」ボタンをクリックして表示された画面で、列と行を設定して「OK」をクリックします。

列数を「3」、行数を「5」に設定してみます。

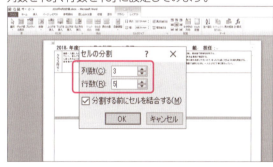

3列5行に分割されました。

## Ⅳ イラストを挿入する

CD-ROMに収録されているイラストはPNG形式の画像データです。Word文書に「挿入」して使います。

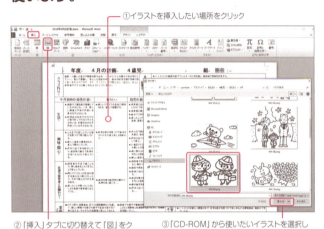

①イラストを挿入したい場所をクリック
②「挿入」タブに切り替えて「図」をクリック
③「CD-ROM」から使いたいイラストを選択して「挿入」をクリック

**図が挿入されると一時的にレイアウトが崩れるので設定を変更します**

④【図ツール】の「文字列の折り返し」をクリックして「前面」を選択

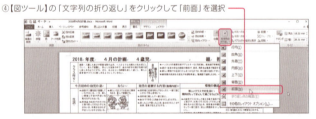

**イラストのサイズ変更と移動**

⑥イラストの角のハンドル（○）をドラッグしてサイズを調整します。

⑦イラストをドラッグして任意の場所へ移動します。

### ★文字列の折り返しについて

「文字列の折り返し」は、挿入したイラスト（画像）と、画面に入力した文字列（テキスト）との関係を設定するものです。

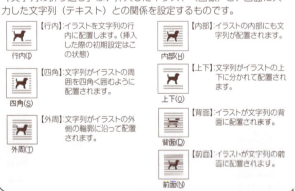

【行内】：イラストを文字列の行内に配置します。（挿入した際の初期設定はこの状態）
【四角】：文字列がイラストの周囲を四角く囲むように配置されます。
【外周】：文字列がイラストの外側の輪郭に沿って配置されます。
【内部】：イラストの内部にも文字列が配置されます。
【上下】：文字列がイラストの上下に分かれて配置されます。
【背面】：イラストが文字列の背面に配置されます。
【前面】：イラストが文字列の前面に配置されます。

※囲みイラスト付き文例については、P.270を参照下さい。

## Ⅴ イラストに色を塗る

Windowsに付属しているお絵かきソフト「ペイント」で、イラストにクレヨン調の色を塗ってみましょう。

### 1 ペイントからCD-ROMのイラストを開く

**1. ペイントを起動する**

①デスクトップのスタートボタンの右側にある検索ボックス（Cortana）に「ペイント」と入力します。

②デスクトップアプリの「ペイント」が表示されるので、クリックします。

①「ペイント」と入力
②クリック

〈ペイントを開いたときの画面と主なボタンの役割〉

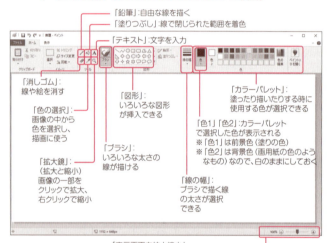

「鉛筆」：自由な線を描く
「塗りつぶし」：線で閉じられた範囲を着色
「テキスト」：文字を入力
「消しゴム」：線や絵を消す
「色の選択」：画像の中から色を選択し、描画に使う
「図形」：いろいろな図形が挿入できる
「拡大鏡」：（拡大と縮小）画像の一部をクリックで拡大、右クリックで縮小
「ブラシ」：いろいろな太さの線が描ける
「線の幅」：ブラシで描く線の太さが選択できる
「カラーパレット」：塗ったり描いたりする時に使用する色が選択できる
「色1」「色2」：カラーパレットで選択した色が表示される
※「色1」は前景色（塗りの色）
※「色2」は背景色（画用紙の色のようなもの）なので、白のままにしておく
「表示画面を拡大縮小」：表示させている画面の大きさを変えることができる。

**2. ペイントからCD-ROMのイラストを開く**

①画面左上のボタンをクリック
②「開く」をクリック
③「コンピュータ」の中の「CD-ROM」をダブルクリック
④イラストを選択
⑤「開く」をクリック

# 2 色を塗る

## 1. 閉じている面を塗るとき

「塗りつぶし」を使って色を塗ります。

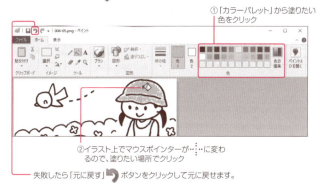

① 「カラーパレット」から塗りたい色をクリック

② イラスト上でマウスポインターが…に変わるので、塗りたい場所でクリック

失敗したら「元に戻す」ボタンをクリックして元に戻せます。

## 2. 閉じていない面を塗るとき

閉じていない面で塗りをクリックすると、線がとぎれた部分から色がはみ出して広い範囲で着色されます。このような場合は、とぎれている部分をつないで面を閉じてから塗りつぶします。

線が離れているので植込みと背景が同じ色で塗られてしまいます。

「鉛筆」を使って途切れている線をつなげてみましょう。

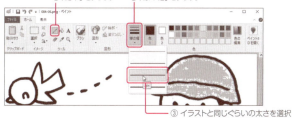

① 「鉛筆」をクリック　② 「線の幅」をクリック

③ イラストと同じぐらいの太さを選択

ブラシボタンの▼をクリックしてブラシの種類を変えることができます。

④ キャンバスのマウスポインターが🖉に変化するので、途切れている線の端をドラッグして線を描き足します。

⑤ 面が閉じたら、「塗りつぶし」を使って色を塗ります。

---

## V イラストに色を塗る

### ★線や色を消す場合

① 「ホーム」をクリック
② 「消しゴムツール」をクリック

③ マウスポインタが□に変わるので消したい所をドラッグする

# 3 名前を付けて保存する

完成したら、いつでも使えるように名前を付けて保存します。

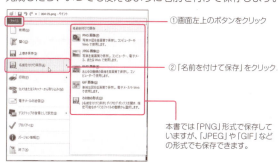

① 画面左上のボタンをクリック

② 「名前を付けて保存」をクリック

本書では「PNG」形式で保存していますが、「JPEG」や「GIF」などの形式でも保存できます。

③ 保存先をクリック

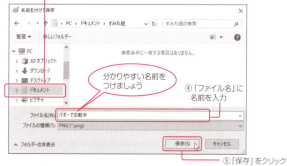

分かりやすい名前をつけましょう

④ 「ファイル名」に名前を入力

⑤ 「保存」をクリック

## できあがり

269

## ヒント

### イラストをべた塗りするには

ペイントの「塗りつぶし」ツールは、クリックした場所と同じ色に適用されます。CD-ROMのイラストは、きれいに印刷できるように同じ白でも少しずつ色味が異なる階調を持っているため、クレヨンで塗ったようになります。

そこで、一旦、色数の少ない画像形式（16色ビットマップ）に変換してからPNG形式に戻すと、べた塗りすることができるようになります。

①色を塗りたいイラストを開き、「ファイル」タブをクリックして、「名前を付けて保存」を選択します。

②「ファイルの種類」のVをクリックして「16色ビットマップ」を選択して「保存」をクリックします。

③次のようなメッセージが表示されたら、「OK」ボタンをクリックします。

④もう一度「ファイル」タブをクリックして、「名前を付けて保存」を選択し、「ファイルの種類」のVをクリックして「PNG」を選択して「保存」をクリックします。

P.269の手順で色を塗ると、右図のようにきれいに塗ることができます。

## VI 囲みイラスト付き文例を利用する

CD-ROM内の囲みイラスト付き文例はWord文書にイラスト（PNG形式）とテキストボックスが組み合わさってできています。毎月のおたよりなどにご利用ください。

① 囲みイラスト付き文例を挿入したい Word 文書を開いておきます。

② CD-ROM から使いたい囲みイラスト付き文例を開きます。

④「ホーム」タブ「クリップボード」の「コピー」をクリックします。

③イラストの端の部分をクリックすると、外枠が表示されます。

⑤作成中の文書に切り替えて、挿入したい部分をクリックしてから、「ホーム」タブ「クリップボード」の「貼り付け」ボタンをクリックします。

※Excelで使用される際は、ここでご使用の文書を開いてください。

→囲みイラスト付き文例のイラストとテキストボックスは、グループ化されているので、ひとつの図のように移動することができます。

→「文字列の折り返し」については、P.268へ

### ★文例の書式を解除したい場合

（字下げだけではなく、文字サイズや行間なども）

囲みイラストつき文例の文例だけをコピーして、別の場所に貼り付けると、元の書式も一緒に貼り付きます。このような場合は、次のいずれかの方法でテキストだけを貼り付けます。

[A]「ホーム」タブ「クリップボード」の「貼り付け▼」をクリックして「A」（テキストのみ保持）をクリック

[B] 貼り付け後、右下に表示される「貼り付けオプション」ボタンをクリックして「A」（テキストのみ保持）をクリック

## Ⅶ 文例を利用する

**CD-ROM内の文例はリッチテキスト形式として収録されており、Wordで開くことができます。**

※リッチテキストとは、文字と文字の書式情報（フォントやフォントサイズ、色、太字、斜体など）を持つ文書ファイル形式です。
　CD-ROM内の文例の書式は、MSゴシック、10.5ptです。

①文例を使いたいWord文書を開いておきます。
②CD-ROMから文例ファイルを開きます。

③使用したい文章をドラッグして選択します。

④「ホーム」タブ「クリップボード」の「コピー」をクリックします。

⑤文例を使いたいWord文書に切り替えて、貼り付けたい位置をクリックします。

⑥「ホーム」タブ「クリップボード」の「貼り付け▼」をクリックして「A」（テキストのみ保持）をクリックします。

## Ⅷ テキストボックスを挿入する

**テキストボックスは、囲み罫やイラストに重ねて文章を入れたいときに使います。**

### イラストの「文字列の折り返し」を「前面」に設定する

イラストにテキストボックスを重ねる場合、イラストの「文字列の折り返し」は「前面」に設定しておきます。

①イラストをクリックして選択します。
②【図ツール】の「書式」タブ「配置」の「文字列の折り返し」をクリックします。

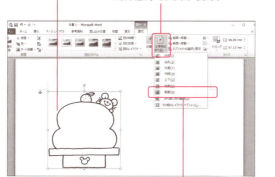

③【図ツール】の「書式」タブ「配置」の「文字列の折り返し」をクリックして「前面」をクリックします。

### テキストボックスを挿入する

**囲みケイやイラストに重ねて文章を入れたいときに使います。**

①「挿入」をクリック　　②「テキストボックス」をクリック

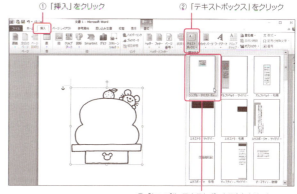

③「シンプル-テキストボックス」をクリック

④テキストボックスの文章が反転している状態で、文字を入力します。

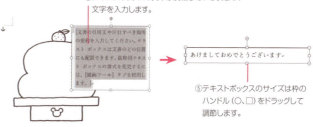

⑤テキストボックスのサイズは枠のハンドル（○、□）をドラッグして調節します。

⑥テキストボックスの外枠をドラッグして、イラストの上に配置します。

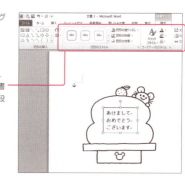

テキストボックスの枠を選択すると、ボックス内の文字の文字書式や段落書式を「ホーム」タブの「フォント」や「段落」のツールで変更できます。

既定のテキストボックスは、塗りつぶしが白色、枠線が黒色です。イラストに重ねる場合は、【描画ツール】「図形のスタイル」で両方とも「なし」に設定します。

▼塗りつぶしなし　　　　　　　▼枠線なし

**できあがり**

| 監修 | 神長美津子 | 國學院大學教授<br>幼保連携型認定こども園教育・保育要領の改定に関する検討委員会<br>中央教育審議会 教育課程部会幼児教育部会主査代理<br>元・文部科学省初等中等教育局幼児教育課教科調査官<br>『月刊 保育とカリキュラム』総監修 |
|---|---|---|

### 保育のきほん
- 監修・執筆　神長美津子
- 　　　　　　馬場耕一郎　（聖和短期大学准教授、厚生労働省保育課保育専門調査官、大阪・幼保連携型認定こども園 おおわだ保育園 理事長）

### 4歳児保育のきほん
- 監修・執筆　神長美津子

● 発達と生活・発達と遊び
- 監修・執筆　塩谷 香　（國學院大學特任教授、NPO法人「ぴあわらべ」理事）

### 環境とあそび
● 環境づくり
- 執筆　永井由利子　（松蔭大学教授）
- 写真協力園
  - 東京　石浜橋場こども園、北大泉幼稚園、京橋朝海幼稚園、小日向台町幼稚園、さくらだこども園、千駄木幼稚園、高島幼稚園、立花幼稚園、東京学芸大学附属幼稚園竹早園舎、西が丘保育園、ふじみこども園、船堀幼稚園、本駒込幼稚園、武蔵野東第一・二幼稚園、明化幼稚園、湯島幼稚園
  - 神奈川　岡本幼稚園、報徳幼稚園
  - 千葉　入船南幼稚園、百合台幼稚園

● 子どもとつくる部屋飾り
- 監修　村田夕紀　（四天王寺大学教授）
- 　　　内本久美　（四天王寺大学非常勤講師）
- 製作協力　西村久美子、南 睦子

● ちょこっと遊ぼう・いっぱい遊ぼう・行事あそび
- 執筆　小倉和人　（KOBEこどものあそび研究所所長）
- 写真・実践協力園
  - 兵庫　須磨区地域子育て支援センター、認定こども園まあや学園、よこやま保育園

● じっくりゆったり遊ぼう
- 執筆　中尾博美　（姫路日ノ本短期大学非常勤講師、元・姫路市立保育所保育士）

### 指導計画
- 執筆　『月刊 保育とカリキュラム』東京 4歳児研究グループ
- チーフ　大竹節子　（元・品川区立二葉すこやか園園長）
- 　　　　小田 豊　（聖徳大学教授）
- 　　　　神長美津子
- 　　　　黒澤聡子　（元・江東区立ちどり幼稚園園長）
- 　　　　兒玉夏子　（元・東京文化短期大学教授）
- 　　　　坂場美枝子　（北区教育委員会）
- 　　　　佐藤佳代子　（蒲田保育専門学校学術顧問）

● 今月の保育
- 執筆　大竹節子、黒澤聡子、兒玉夏子、坂場美枝子、佐藤佳代子

● 月の計画 要領・指針につながるポイント
- 執筆　兒玉夏子、佐藤佳代子

### おたより
- 文例・イラスト案　永井裕美　（保育士・幼稚園教諭）

### もっとサポート 計画・資料データ集
- 協力園
  - 東京　武蔵野東学園幼稚園
  - 千葉　柏井保育園
  - 大阪　寺池台保育園、たんぽぽ学園
  - 奈良　ふたば保育園

※本書掲載の一部は、『月刊 保育とカリキュラム』2009〜2017年度の内容に加筆・修正を加え、再編集したものです。
※所属は、本書初版当時のものです。

---

### STAFF
- 本文デザイン　株式会社フレーズ（宮代佑子、武田紗和、岩瀬恭子）
- 本文DTP　株式会社フレーズ（江部憲子、小松桂子）
- 製作物・イラスト　あきやまりか、いとうみき、イケダヒロコ、オビカカズミ、菊地清美、北村友紀、白川美和、鈴木えりん、田中なおこ、常永美弥、中小路ムツヨ、なかのまいこ、ナシエ、楢原美加子、福島幸、みやれいこ、Meriko、やまざきかおり、shoko
- 撮影　佐久間写真事務所、山田写真事務所
- 編集協力　太田吉子、川城圭子、堤谷孝人、株式会社どりむ社、pocal（本城芳恵、和田啓子）
- 楽譜浄書　株式会社クラフトーン
- 校正　株式会社どりむ社、永井一嘉
- 企画・編集　安部鷹彦、山田聖子、松尾実可子
- CD-ROM制作　NISSHA株式会社

> 本書のコピー、スキャン、デジタル化等の無断複製は著作権法上での例外を除き禁じられています。本書を代行業者等の第三者に依頼してスキャンやデジタル化することは、たとえ個人や家庭内の利用であっても著作権法上認められておりません。

---

年齢別クラス運営シリーズ

# 4歳児の保育

2018年 2月　初版発行
2024年12月　第8版発行

監修者　神長美津子
発行人　岡本 功
発行所　ひかりのくに株式会社
　〒543-0001　大阪市天王寺区上本町3-2-14
　TEL06-6768-1155　郵便振替00920-2-118855
　〒175-0082　東京都板橋区高島平6-1-1
　TEL03-3979-3112　郵便振替00150-0-30666
　ホームページアドレス　https://www.hikarinokuni.co.jp
印刷所　NISSHA株式会社

©2018　乱丁、落丁はお取り替えいたします。
〈JASRAC 出1715538-409〉

Printed in Japan
ISBN978-4-564-61388-9
NDC376　272P　26×21cm